国家自然科学基金项目（41201148）资助

中国入境旅游流扩散模式研究

——以北京、上海、广东为例

李创新　著

中国环境出版社·北京

图书在版编目（CIP）数据

中国入境旅游流扩散模式研究：以北京、上海、广东为例/李创新著．—北京：中国环境出版社，2015.3

ISBN 978-7-5111-2278-0

Ⅰ．①中…　Ⅱ．①李…　Ⅲ．①旅游客源—研究—中国　Ⅳ．①F592.6

中国版本图书馆 CIP 数据核字（2015）第 049726 号

出 版 人　王新程
责任编辑　孔　锦
责任校对　尹　芳
封面设计　宋　瑞

出版发行　中国环境出版社
（100062　北京市东城区广渠门内大街 16 号）
网　　址：http：//www.cesp.com.cn
电子邮箱：bjgl@cesp.com.cn
联系电话：010-67112765（编辑管理部）
010-67187041（学术著作图书出版中心）
发行热线：010-67125803，010-67113405（传真）

印　　刷　北京中科印刷有限公司
经　　销　各地新华书店
版　　次　2015 年 5 月第 1 版
印　　次　2015 年 5 月第 1 次印刷
开　　本　787×960　1/16
印　　张　15
字　　数　250 千字
定　　价　79.00 元

序

入境旅游是一个国家国际竞争力的重要显化指标，入境旅游市场是一个国家参与国际旅游市场竞争的关键指标。

1978 年改革开放以来，中国入境旅游的发展成就举世瞩目，且入境旅游与改革开放同步。纵向对比：历经 30 余年发展，入境旅游取得了巨大发展业绩——入境旅游人次与入境旅游外汇收入从 1978 年的 181 万人次和 2.6 亿美元，分别增长到 2013 年的 1.29 亿人次和 516.64 亿美元，分别增长 70 倍与 198 倍。横向对比：据联合国世界旅游组织（UNWTO）公布的可比数据，2013 年中国接待的入境过夜游客数量为 5568.59 万人次，规模总量位居世界第四，仅次于法国、美国和西班牙；2013 年中国入境旅游实现外汇收入 516.64 亿美元，位居世界第四，仅次于美国、西班牙和法国。

从国家发展战略高度看，入境旅游的功能不单纯是出口创汇，更重要的是具有国际交往、对外窗口、社会、文化、生态和民生等功能。回顾我国入境旅游发展历史，一方面展现了中国秀丽山河和魅力文化；另一方面也推动了旅游产品开发、接待体系构建、业态成长培育、基础设施配套、服务水平专业化。更为重要的是，伴随入境旅游的持续发展，培育了我国旅游业大发展的宏观环境和整体氛围。我国的国家形象逐步确立，人文交流持续深化，国际化步伐逐步加快。入境旅游市场示范并引领了“三大市场”的大发展，国内旅游市场和出境旅游市场相继崛起，“三大市场”全面撬动。因此，从根本上来说，中国入境旅游为旅游业融入国家战略体系奠定了坚实的市场基础和产业基础。

从建设世界旅游强国层面看，入境旅游市场是一个国家从旅游大国走向旅游强国的基础性指标。放眼世界，包括美国、法国、西班牙、德国、英国、意大利等，均是以强大的入境旅游市场为根基，奠定了其全球公认的世界旅游强国地位。近年来，由于外部经济环境的不利影响，全球经济增速相对下降。鉴于旅游业发展对经济增长以及就业创造等综合作用，包括西欧、北美、日本等主要发达国家和地区在内，纷纷出台相关激励和促进措施推动旅游业，尤其是入境旅游的发展。美国不仅连续数年出台《旅游促进法案》，还积极谋划提升机构设置，将原隶属于商务部的旅游发展办公室升格为旅游发展局，以加强对旅游业的统筹管理能力；为将美国建设成世界最具吸引力的国际旅游目的地，奥巴马总统于 2012 年宣布推进签证审核便利化等一揽子举措；近年来，“品牌美国（Brand USA）”全球推广活动成效显著。法国、英国、西班牙、意大利、澳大利亚、日本、俄罗斯、东盟和印度等全球主要经济体及主要旅游目的地国，都更加重视入境旅游发展。

从全面参与国际竞争视角看，入境旅游是国家旅游国际竞争力最重要的表征。21 世纪的今天，越来越多的国家以加强促销、签证便利化、购物免退税、航权开放、区域合作深化等多种方式，参与国际旅游市场竞争。为了能从日趋激烈的国际旅游竞争中胜出，各国政府无不积极作为。以日本为例，早在 2003 年就已确立并实施“观光立国”战略，并将此作为国家战略体系的重要组成部分；2009 年专门成立了由所有中央部门副大臣组成的“观光立国推进总部”，由国土交通大臣担任部长，以扩大入境旅游发展的政府职能覆盖范围。欧盟为有效开发国际旅游市场，颁布了《新欧盟旅游政策框架》；澳大利亚制订了《国家长期旅游业战略》；韩国则召开了多轮国家就业战略会议，提出要着力提升入境旅游的产品品质等发展战略。

从我国入境旅游发展现实看，入境旅游的发展思路、战略定位与方式手段等均需要深入研究。近年来我国的经济发展模式逐渐由“出口导向”向“内需导向”型转变。2008 年国家旅游局提出“大力发展国内旅游，积极发展入境旅游，有序发展出境旅游”的战略性政策导向，本意原在于激发国民旅游消费，培养消费热点，促进国内旅游和入境旅游共同发展。但在实践中，各地自觉不自觉地弱化了对发展入境旅游的战略性与紧迫性的认知与执行。近两年来我国入境旅游市场已出现波动性变化：2012 年我国接待入境游客总量 1.32 亿人次，同比下降 2.23%；2013 年我国接待入境游客总量 1.29 亿人次，同比又下降 2.51%。看来我国入境旅游已进入波动发展期，这一现象应引起我们足够的重视与警觉。故更加深入地研究我国入境旅游，就成为学界、业界之必须。

从当前国际旅游竞争新格局看，中国入境旅游需利用当前战略机遇期，并积极作为。进入新世纪以来，以西欧、北美等发达经济体为代表的传统型入境旅游热点区域在全球入境旅游格局中的地位趋于弱化；与此同时，包括中国在内，以金砖国家等为代表的新兴经济体在全球入境旅游格局中的地位逐步增强。近年来，新兴经济体接待的入境旅游人数正在逐步增加，与发达经济体之间的差距继续缩小。来自联合国世界旅游组织（UNWTO）的数据显示：2000 年发达经济体与新兴经济体接待入境旅游人次的差异为 1.64 亿人次；2013 年这一数据已缩减至 0.73 亿人次。约 15 年时间两者入境旅游人次差异已缩小 9 100 万人次。显而易见，新兴经济体崛起成为全球旅游发展的总趋势。作为全球最大的新兴经济体，中国把握当前绝佳发展机遇期可谓正逢其时。

从关键技术指标入手，中国入境旅游仍有较大发展空间。毫无疑问，当前无论是入境旅游接待人次还是入境旅游外汇收入，我国均已步入世界旅游大国行列，但与世界旅游强国还有一定距离。正如我国的 GDP 总量虽居全球第 2 位，但人均 GDP 却居全球 100 多位一样。我国入境旅游规模总量虽已位居全球前列，但从人均接待入境游客量、人均旅游外汇收入分析，我国仅列全球中等地位。当前我国每年大约 5 500 万的入境过夜游客数量、2 600 万的外国游客接待量，与我国的旅游大国地位不匹配。另外，从入境旅游现实发展质量看，如入境旅游地域结构与空间分布、入境游客在华消费总量与消费结构、入境游客对华旅游感知评价与满意度、入境游客对赴华旅游的口碑效应、入境游客对赴华旅游的投诉意见等关键技术指标，我国的入境旅游发展质量并不是很高。中国入境旅游如能以这些关键技术指标为突破口，仍然具有较大发展潜力与提升空间。

《中国入境旅游流扩散模式研究》立足于中国广袤的地域面积优势，利用社会物理学研究方法，从宏观区域视角切入，选取京、沪、粤作为典型案例地，深入研究中国入境旅游流扩散的时空动态规律特征，并尝试从旅游者与集散地的双重视角探索中国入境旅游流扩散的动态模式及其深层驱动机制，具有理论创新性。该书不乏立意新颖的观点，如提出："入境旅游流扩散的研究发端于对'个体行为视角'的旅游者行为规律分析，指向'区域视角'的社会群体流动规律探讨，这两个命题之间既存在因果关联性，也存在本质差异性。因此，探索入境旅游流的扩散规律需要从旅游者与集散地的双重视角入手，不仅要关注作为个体的每一名入境游客的个人行为及其空间状态的随机性与无序性，更要关注作为群体的旅游流的规律性与秩序性，紧紧围绕旅游流的空间结构和空间相互作用，进而探求入境旅游流扩散的深层驱动机制。"就具有较好的创新性。

该书不拘泥于传统的"O—D"（客源地—目的地）模式研究思路，给予了旅游中转地更多的关注，在理论意义与现实价值方面都有新意。在理论上，客源地、目的地、中转地之间的相互作用情况本就是一种抽象的、综合的关系反映，入境旅游流扩散的时空动态模式乃是三者之间相互作用的共同结果。在现实中，中国的入境旅游发展道路乃是一条超越常规的发展之路，在中国，大型的入境口岸和中转口岸往往会对入境旅游流的扩散产生关键性的影响作用。传统的“O—D”模式不足以全面揭示中国入境旅游流的扩散规律与特征，必须给予旅游中转地更多的关注。北京、上海、广东是中国最大的入境口岸和中转口岸，选取此三地作为研究案例既具有典型性和代表性，又能提炼出普适性结论，对其他地区产生重要的示范作用。

该书作者自2005年起从事旅游学习与研究，主要研究入境旅游流、旅游开发与市场、旅游者行为、旅游与社会文化等，对中国入境旅游做了比较扎实的基础性研究工作。他目前主持国家自然科学基金青年项目1项，主持中国博士后科学基金面上项目1项，并曾先后参与多项国家自然科学基金、国家社会科学基金以及省部级科研项目。目前他作为中国旅游研究院《中国入境旅游发展年度报告》执行主编，该书出版对促进我国入境旅游大有裨益。

是以为序。

2014. 12. 3.

摘　要

旅游流作为旅游学研究的核心问题之一，一直受到国内外学者的广泛关注。由于旅游者是一切旅游活动的主体和核心，对旅游客流的研究自然成为了旅游流系统研究中的焦点。当前针对入境旅游流的研究成果不断涌现，但基于多学科综合视角分析探讨入境旅游流扩散的成果尚不多见。本书基于社会物理视角，通过构建多重指标模型，深入系统地分析入境旅游流在地域空间扩散的动态规律特征，在此基础上通过对定量分析结论的系统总结与综合思辨，升华提炼出入境旅游流扩散的流动模式与驱动机制。研究成果对构建良性的区域旅游竞合关系、制定科学的空间开发战略、实施合理的旅游流调控措施具有重要的理论与实践意义。

本书依托国家自然科学基金项目《入境旅游流对境外客源国文化表征的时空响应研究——以旅华日本游客为例》（NO.41201148）和“中国典型区域入境旅游流东—西递进空间演化机理研究（NO.40771058）”，在多学科理论的指导下，以国家权威部门发布的多年入境旅游统计数据和作者亲身参与其中的 2 989 份入境旅游市场抽样调查资料为基础，把入境旅游流的时空扩散模式作为研究主题，选定其中最有代表性的京沪粤为例，分别从力学、场效应、折射效应、双向对流效应等方面进行深入系统分析，探索入境旅游流扩散的外在规律特征和内在驱动机制。本书旨在从新的视角切入，丰富和强化旅游流研究在宏观区域视角的理论成果，并尝试将旅游者的“个体行为特征”与集散地的“空间相互作用”统一于“社会物理视角”的理论研究框架，与此同时，给予旅游中转地更多的关注。

本书的主要研究内容包括：入境旅游流扩散的力学视角、场效应、折射效应、双向对流分析。研究的主要问题是：探讨入境旅游流扩散与目的地区域之间的交互递进变化及其动态演进模式，寻求影响入境旅游流扩散的关键制约因素；从力学视角出发，借助 SPSS 和 AMOS 软件实证分析京沪粤入境旅游流扩散的正向力与反向力；从入境旅游流扩散场的场势、场能、场地域结构、场熵等多项指标入手，分析不同时间断面京沪粤入境旅游流扩散场的地域结构特征、地域交互作用、时空动态演进模式；结合入境旅游流扩散的规模特征差异，系统全面地分析京沪粤入境旅游流扩散的折射效应；归纳演绎京沪粤入境旅游流扩散的共轭性与对称性，对入境旅游流时空扩散进行系统性和综合性解析；基于社会物理视角，分析京沪粤入境旅游流扩散的时空地域特征，探讨入境旅游流扩散的深层驱动机制。

本书得到主要研究结论如下：

（1）入境旅游伴生而来的差异属性是入境旅游发展时空地域格局产生的根源所在。入境旅游伴生而来的差异属性必然导致入境旅游典型区域的形成，导致极化效应和涓滴效应的出现，进而构建现实的入境旅游时空地域格局。

（2）入境旅游流空间扩散兼具“等级式”与“接触式”特征。入境旅游流向外扩散的目的地区域除了旅游资源等级高的省区和入境旅游业绩突出的东部沿海经济发达地区外，主要还包括与其自身在空间地域邻近的区域。

（3）中国入境旅游流扩散的“东—西递进式”流动模式与“西—东递进式”流动模式并存，但前者的势力更强。这两股势力动态均衡的局面将长久维持下去，在短时期内发生变化的可能性不大。

（4）入境旅游流空间扩散梯级网络结构已初步形成并不断调整优化。环渤海区、长三角区、珠三角区是中国入境旅游流扩散系统的“一级”核心区域；丝路三秦区、川蜀天府区、彩云之南区是“二级”核心区域；海峡西岸区、白山黑水区、大漠草原区、荆楚余韵区可能成长为“三级”核心区域。

（5）入境旅游流空间扩散的根本动力机制源于流空间的天然运动属性，引导和调控入境旅游流空间扩散的关键在于对旅游流天然运动属性的认可，对旅游流空间场的正确疏导，以及对旅游流空间场作用规律的准确把握与恰当运用。

（6）影响入境旅游流在地域空间流动的外部因素多种多样。在这些外部因素的共同作用下，入境旅游流空间扩散系统整体呈现为规模逐步提升、地域空间逐级演替的动态发展模式。

本书在撰写过程中，主要在以下五个方面取得了一定创新：

（1）创新性地将社会物理视角引入旅游流扩散研究，从力学、场效应、客流折射、双向对流四个认识角度，深入系统地分析京沪粤入境旅游流扩散的时空规律特征及其关联互动影响。

（2）从微观与宏观的双重视角研究入境旅游流扩散，区别了随机性的个人行为与秩序性的社会群体流动，并指明扩散的规律是可认知与可观控的。

（3）基于光线折射，提出入境旅游流扩散折射模型的概念，归纳演绎入境旅游流扩散地域格局的“长尾”分布特征，并将扩散的目的地区域划分为“流密介质”和“流疏介质”两类。

（4）立足力学视角把入境旅游流扩散的“正向力”与“反向力”予以区别对待，尝试探索入境旅游流扩散的深层驱动机制，借助 SPSS 和 AMOS 软件，实证分析导致入境旅游流扩散的关键影响因素及其产生作用的力度强弱。

（5）基于大气对流，提出入境旅游流的双向对流效应，借助入境旅游流空间转移态矩阵，系统分析入境旅游流扩散的共轭性与双向对流特征，尝试超越旅游流扩散“单点层次”的思维定式，进入旅游流扩散“系统层次”的研究模式。

Abstract

As one of the core issues in tourism study, tourist flows have gained wide attention of scholars, with new researches emerging continuously. Just because tourist is subject of all tourism activities, research on tourism flows has been focused on tourist flows system logically. Ever since the policy of reform and opening-up was put into practice more than 30 years ago, China has long been in favor of developing inbound tourism. And after these three decades, China has grown to be one of the tourism destinations with fastest inbound tourism growth. Moreover, China is now recognized by tourists as one of the best tourism destinations in the world. Furthermore, inbound tourism in China will have more and wider prospects based on the current development trends. Regional differences of Chinese inbound tourism development have existed for a long time. With times going along, regional differences tend to be severer. Thereby, the development of inbound tourism needs further guidance of related theory and researches urgently.

This research relies on the National Natural Science Foundation Project of China [*The Study on Spatio-temporal Response of Inbound Tourism Flows to Cultural Representation of Inbound Tourism-generating Country: a Case Study of Japanese Tourists in China*] (No. 41201148) and the National Natural Science Foundation Project of China [*The Study of the East-West Progressive and Evolutional Mechanism of Inbound Tourist Flows of Representative Regions in China*] (NO. 40771058). It utilizes inbound tourism statistics published by state authorities since 1994 and 2989 questionnaires from sample surveys of inbound tourism market of which the writer participated in 2008. After systematically analyzing space-time and regional pattern of inbound tourism in China, this research generalizes the dynamic evolving rules of pace-time and regional pattern of Chinese inbound tourism. Beijing, Shanghai and Guangdong are selected as empirical cases as these three regions are the most outstanding cities and areas on developing inbound tourism. From the binary view of time and space，it profoundly and systematically analyzes the field effect of inbound tourist flows spatial diffusion，the character of quantity size of inbound tourist flows spatial diffusion，the spatial refraction mechanism of inbound tourist flows spatial diffusion and the bilateral inbound tourist flows of spatial diffusion. After studying dynamic space-time rules of inbound tourist flows spatial diffusion of Beijing，Shanghai and Guangdong，interactive effects，relevant effects，necessary connections and development trends of inbound tourist flows spatial diffusion among these places are revealed. Thus it attempts to explore the underlying driving mechanism of inbound tourist flows spatial diffusion based on the dynamic space-time analysis.

The core issue of this research is the dynamically involving characters and the internal mechanism of inbound tourist flows spatial diffusion. Spatial diffusion of inbound tourist flows should have regulations to be abided. The basic expression of characters of inbound tourist flows spatial diffusion can be realized with space distance. The transferring of inbound tourist flows under the effect of space distance is corollary of forces，which is a measurement scale attached to the location. Apparently，spatial diffusion of inbound tourist flows presents as features of ribbons or ladder-like shape. However，it exists because of some inherent features of regional combination modes. These features are controlling relations during the process of inbound tourist flows spatial diffusion. Thus exploration of the control relations is the key point of exploring driving mechanism of inbound tourist flows spatial diffusion.

This research gains conclusions and revelations as follows：

Firstly，it is the space-time and regional differences of inbound tourism. The differences born with inbound tourism is the source of regional pattern of inbound tourism development. Based on effects of multiple factors，inbound tourism develops with inherent differences which inevitably form typical inbound tourism regions. After the appearance of typical inbound tourism regions，development of inbound tourism will be doubly affected by polarization effect and trickle-down effect inevitably. Thus the spatial pattern of inbound tourism is realized.

Secondly，it is the regional discipline characters of inbound tourist flows spatial diffusion. Inbound tourist flows spatial diffusion has *hierarchical character* as well as *contact-type character*. Spatial diffusion of inbound tourist flows shows tendency to regions that have attractive tourism products or significant inbound tourism achievements. What's more, it shows tendency to regions that are adjacent to themselves in space too.

Thirdly, it is spatial diffusion system of inbound tourist flows. As a whole, spatial diffusion of inbound tourist flows in China presents the development pattern and evolution trend of *east to west*. On one hand, under the guidance of world-class tourism products and based on regional environment, transport accessibility and tourism resources, spatial diffusion of inbound tourist flows in China shows a significant flow pattern of *westward*. On the other hand, based on economic and social environment, degree of internationalization, tourism facilities and objective need of departure, spatial diffusion of inbound tourist flows in China shows an extensive flow pattern of *eastward*. Under the combined action of these two flow patterns, spatial diffusion of inbound tourist flows in China has actually formed a complex dynamic pace-time system of *the east pushes the west while the west reacts on the east*. At the same time, inside this system, the cascade network structure of inbound tourist flows has been basically formed and constantly adjusted and optimized.

Fourthly, it is the driving mechanism of inbound tourist flows spatial diffusion. The fundamental motive mechanism of inbound tourist flows spatial diffusion is originated from the natural movement attributes of flow space. Natural motion has both inevitability and controllability. Moreover, this attribute can also work with move-economy. Without any external forces, inbound tourist flows spatial diffusion will keep an original state of movement until it is forced to change by some external forces. Therefore, the key points of guiding and adjusting inbound tourist flows spatial diffusion is accepting the natural movement attributes of it, correctly guiding inbound tourist flows space field, with accurately understanding and properly using disciplines of it.

Fifthly, there are several related revelations of inbound tourist flows spatial diffusion. These revelations are as follows: (1) Exploring the driving mechanism of inbound tourist flows spatial diffusion should employ dual perspectives of macroscopic and microscopic simultaneously. (2) The bilateral flow characters of inbound tourist flows indicates that research on inbound tourist flows spatial diffusion urgently needs to be transformed from *single point level* to *system level*. (3) The *experimental* separation of *the ideal* from *the non-ideal* is indispensable when probing into driving mechanism of inbound tourist flows spatial diffusion. （4） Coordinating development of regional inbound tourism should be treated based on local conditions.

This research aims to make innovations in the following four aspects：

Firstly，it is the research methods. Theories and methods of social physics，regional economics，geographic information system，spatio-temporal geographical analysis，mathematical modeling and empirical study are applied to the research of inbound tourist flows spatial diffusion. Therefore，this research presents the multidisciplinary integration and complementary advantages.

Secondly，it is the research perspectives. The macroscopic material motion and microscopic particles disturbance are distinguished. The basic epistemology of knowability and controllability of inbound tourist flows spatial diffusion is established. The innovation of hypothesis of natural movement of inbound tourist flows spatial diffusion is transformed. Natural rules and social phenomenon are communicated with each other by social physics.

Thirdly，it is the research contents. This thesis analyzes the scale characteristics of inbound tourist flows spatial diffusion systematically and dynamically，the field effect，and the spatial refraction mechanism of inbound tourist flows spatial diffusion. In addition，it focuses on conjugation and the bilateral flow of inbound tourist flows spatial diffusion based on analysis of *wholism* and *system of tourist flows*. It attempts to explore the underlying driving mechanism with the dynamic space-time analysis of inbound tourist flows spatial diffusion.

Fourthly，it is the research ideas. This thesis possess idiosyncratic character of exploring mechanism from phenomena that probing into the driving mechanism by space-time dynamic analysis of inbound tourist flows spatial diffusion，which is what the *wholism* expects all the time. The formation of group behaviors is researched by using quantum mechanics principles of massive microscopic tourists' individual behavior in that it aims to discover theories and empirical basis of macroscopic tourist flows' formation and evolution. Thus it shows expansion from the physics quantizing to the humanities and social quantizing. Consequently，the ideas of research present philosophic thinking of spiral.

目 录

第 1 章　绪论 1
1.1　研究背景 1
1.2　选题缘由 3
1.3　研究目标与意义 7
1.4　研究方法和技术路线 9
1.5　主要研究内容及框架 12
1.6　数据来源 14

第 2 章　理论基础与研究综述 16
2.1　旅游流 16
2.2　社会物理学 21
2.3　场论 24
2.4　对流 29
2.5　区域旅游流扩散模式 30
2.6　入境旅游流扩散系统 32

第 3 章　入境旅游流扩散的力学视角分析 33
3.1　项目调查设计 33
3.2　研究方法 34
3.3　正向力的因子分析 37
3.4　反向力的因子分析 56
3.5　正向力的结构方程模型 64
3.6　反向力的结构方程模型 74
3.7　本章小结 81

第 4 章　入境旅游流扩散的场效应分析……84
4.1　模型构建……84
4.2　北京市扩散场效应实证分析……86
4.3　上海市扩散场效应实证分析……101
4.4　广东省扩散场效应实证分析……115
4.5　本章小结……129

第 5 章　入境旅游流扩散的折射效应分析……134
5.1　模型构建……134
5.2　北京市扩散折射效应实证分析……138
5.3　上海市扩散折射效应实证分析……147
5.4　广东省扩散折射效应实证分析……156
5.5　三省（市）对比实证分析……166
5.6　本章小结……168

第 6 章　入境旅游流扩散的双向对流分析……171
6.1　模型构建……171
6.2　北京市双向对流实证分析……173
6.3　上海市双向对流实证分析……181
6.4　广东省双向对流实证分析……189
6.5　本章小结……197

第 7 章　结论与讨论……202
7.1　主要结论……202
7.2　启示思考……204
7.3　拟创新之处……206
7.4　不足之处……206

参考文献……208

后　记……220

第 1 章 绪 论

1.1 研究背景

1.1.1 中国入境旅游高速持续发展

旅游是全球最大、发展最快的新兴产业之一，进入 21 世纪，全球入境过夜游客数量年均增长 4%以上，国际旅游收入年均增长 8%以上，高于全球经济增长率 1～3 个百分点。联合国世界旅游组织（UNWTO）报告更明确指出：包括中国在内的亚太地区旅游业在全球发展最快，中国入境旅游平均增速高于全球 3～5 个百分点[1]。

改革开放三十多年中，中国长期秉承大力发展入境旅游的政策方针，经过三十余年的快速发展，中国入境旅游经历了从无到有、从小到大的发展历程；目前，中国已成为世界上入境旅游增长最快的旅游目的地国之一，也是游客公认的全球最佳旅游目的地之一，无论入境旅游人次还是入境旅游外汇收入，中国均已步入世界旅游大国的行列[2]；据联合国世界旅游组织（UNWTO）预测，未来 10 年中国入境旅游将继续保持 10.4%的增长速度，至 2020 年中国将成为世界第一入境旅游大国[2]。

1.1.2 中国入境旅游发展地域差异客观存在

区域经济理论认为：无论何种社会背景下，社会财富的分配都不可能是绝对公平的，都必然伴随着结构性失衡的存在，这种不均衡性乃是区域经济活动的一种常态[3]。对于入境旅游而言，中国地域面积辽阔，由于受到经济禀赋、区位差异、资源要素、产业环境、历史积淀、基础设施、政策氛围等多重因素的影响，各省区入境旅游的发展水平呈现出显著的地域差异[4, 5]。入境旅游发展的东西部区域差距与经济发展的差距趋同，东部地区入境旅游比西部地区得到超前发展，随着时间的推进，东部地区不断累积有利因素，持续领跑中国入境旅游发展，导致入境旅游东西部区域发展水平的距离日渐拉大，强化和加剧了东西部区域间的不平衡，“马太效应”十分显著[6, 7]。

1.1.3 中国入境旅游流西向扩散特征显著

由于游客是旅游活动的主体与核心，长期以来，对入境旅游客流的研究就是旅游地理学关注的核心问题之一[8, 9]。基于交通区位与经济初始禀赋效应等现实因素，入境旅游客流高度集中于中国东部省区的地域空间特征尤为鲜明[10]；在旅游核心吸引物的引导作用下，以及旅游发展配套设施等产业综合因素的推动作用下，入境游客从中国东部口岸城市进入中国内地之后，往往对中国中西部地区独特的旅游资源向往不已，多通过各种方式或渠道向中国西部深入，从而导致规模化的入境旅游客流转移在地域空间呈现显著的“东—西递进式”流动模式。

若仅针对作为个体的旅游者而言，则其西向扩散转移的行为显得十分随机和无序，然而，当游客数量上升，所有的旅游者共同构成一个整体的“旅游流”时，其群体行为特征的规律性开始呈现：即基于现实交通区位与经济初始禀赋效应，中国入境旅游呈现显著的“东—西递进式”发展格局，中国入境旅游的“一级”目的地和中转地多是东部区域，西部区域则多是中国入境旅游的“二级”目的地和中转地。

1.1.4 中国入境旅游实践超越理论的窘境

中国入境旅游发展缺乏理论的有效指导和支持，发展实践超前而理论研究滞后的现象依然存在[11]。旅游流作为一种社会现象，在现实中呈现出多种动态特性[12-14]。从流量来看：有的客源旅游流增长速度非常快，似乎增长无尽头；有的客源旅游流以常规的 S 形方式发展，在平稳中寻求新的增长契机；有的客源旅游流则徘徊不前、增长乏力，遇到“发展上限”；还有的客源旅游流呈现暴起暴落的情况，在高速发展后又迅速衰退乃至消亡[15-38]。从流向来看：有的客源旅游流选择从北京进入中国大陆，然后向中国中西部扩散转移；有的客源旅游流选择从上海进入中国大陆，然后向中国中西部扩散转移；有的客源旅游流选择从广州、深圳进入中国大陆，然后向中国中西部扩散转移[39-51]。在不同的地域空间之间，入境旅游流的组合方式更是多种多样，国内外学者针对这种现象进行了诸多卓有成效的研究[52-69]。然而，对现象规律掩盖之下的入境旅游流深层驱动机制的研究，在目前的成果中尚不多见[70-72]。

1.2 选题缘由

本书的选题来源于作者导师主持的国家自然科学基金《中国典型区域入境旅游流东—西递进空间演化机理研究》（NO. 40771058），为该基金项目的核心研究命题之一。

1.2.1 问题提出

第一，入境旅游流扩散在地域空间呈现显著的动态模式，如何科学界定与合理概括这类时空动态模式，是旅游地理学研究的一个重要研究命题。

第二，在综合把握入境旅游流扩散时空动态模式的基础上，分析探讨导致入境旅游流扩散的关键影响因素，是入境旅游发展亟待探索的重要课题。

第三，基于社会物理的认识视角，归纳演绎入境旅游流发生相互作用与影响的途径，即它们之间建立发展关系和对各自施以作用的方式，揭示导致入境旅游流扩散的深层驱动机制，是入境旅游流研究在新时期实现突破发展的核心命题。

1.2.2 区域选定

中国的区域经济具有明显的地域分异，其中最为典型的便是环渤海、长三角和珠三角经济区地域格局的形成出现与发展壮大。长久以来，这三大经济区凭借政策、资本、区位、产业、声誉等核心优势，经济总量和份额在全国始终占据绝对优势地位。近些年来，这种经济发展的地域优势依然在持续并不断强化（表 1-1）。

与区域经济的地域分异类似，中国的入境旅游发展也存在地域分异的状况。长期以来，北京、上海、广东凭借优势的区位状况、良好的经济初始禀赋、龙头企业的发展引领、较高的国际知名度，接待入境游客数量和入境旅游外汇收入长期占据中国入境旅游市场的绝大部分份额。近些年来，这种入境旅游发展的非均衡局面一直在持续并不断加剧（表 1-2，表 1-3）。

表 1-1　2006—2009 年中国各省区 GDP 总量及占全国份额

Tab. 1-1 Quantities and proportions of Gross Domestic Product of every province of China from 2006 to 2009

省区	2009 年		2008 年		2007 年		2006 年	
	GDP/亿元	份额/%	GDP/亿元	份额/%	GDP/亿元	份额/%	GDP/亿元	份额/%
北京	11 469	3.24	10 488	3.21	9 006	3.29	7 720	3.37
天津	7 069	2.00	6 354	1.94	5 018	1.83	4 338	1.89
河北	17 068	4.82	16 189	4.95	13 863	5.06	11 500	5.02
山西	7 050	1.99	6 851	2.09	5 696	2.08	4 747	2.07
内蒙古	8 968	2.53	7 600	2.32	6 018	2.20	4 790	2.09
辽宁	14 696	4.15	13 462	4.12	11 021	4.02	9 257	4.04
吉林	7 072	2.00	6 424	1.96	5 226	1.91	4 200	1.83
黑龙江	8 257	2.33	7 856	2.40	7 077	2.58	6 217	2.71
上海	14 345	4.05	13 698	4.19	12 001	4.38	10 297	4.49
江苏	33 479	9.46	31 000	9.48	25 560	9.33	21 548	9.40
浙江	22 717	6.42	21 487	6.57	18 638	6.81	15 649	6.83
安徽	10 191	2.88	8 874	2.71	7 345	2.68	6 142	2.68
福建	11 855	3.35	10 863	3.32	9 160	3.35	7 501	3.27
江西	6 954	1.96	6 480	1.98	5 469	2.00	4 619	2.01
山东	33 621	9.50	31 072	9.50	25 887	9.45	21 847	9.53
河南	19 725	5.57	18 200	5.56	15 220	5.56	12 464	5.44
湖北	12 566	3.55	11 330	3.46	9 150	3.34	7 497	3.27
湖南	12 300	3.47	11 157	3.41	9 145	3.34	7 493	3.27
广东	37 775	10.67	35 696	10.91	30 673	11.20	25 969	11.33
广西	7 903	2.23	7 172	2.19	5 885	2.15	4 802	2.09
海南	1 585	0.45	1 466	0.45	1 229	0.45	1 000	0.44
重庆	5 694	1.61	5 098	1.56	4 111	1.50	3 486	1.52
四川	14 051	3.97	12 506	3.82	10 505	3.84	8 638	3.77
贵州	3 662	1.03	3 350	1.02	2 710	0.99	2 260	0.99
云南	6 178	1.75	5 700	1.74	4 721	1.72	4 002	1.75
西藏	434	0.12	392	0.12	342	0.12	290	0.13
陕西	7 752	2.19	7 000	2.14	5 369	1.96	4 384	1.91
甘肃	3 374	0.95	3 100	0.95	2 699	0.99	2 260	0.99
青海	1 013	0.29	960	0.29	761	0.28	641	0.28
宁夏	1 198	0.34	1 070	0.33	834	0.30	700	0.31
新疆	4 005	1.13	4 203	1.29	3 494	1.28	3 000	1.31
总计	354 028	100	327 099	100	273 833	100	229 256	100
合计（三区）	201 728	56.98	188 083	57.50	158 781	57.98	133 926	58.42

数据来源：中华人民共和国国家统计局网站：http：//www.stats.gov.cn/。

表 1-2 2006—2009 年中国各省区接待入境游客数量及占全国份额

Tab. 1-2 Quantities and proportions of inbound tourists of every province of China from 2006 to 2009

省区	2009 年		2008 年		2007 年		2006 年	
	人次	份额/%	人次	份额/%	人次	份额/%	人次	份额/%
北京	4 125 145	5.13	3 790 378	5.05	4 354 774	5.96	3 902 923	6.36
天津	1 410 244	1.75	1 220 392	1.63	1 032 268	1.41	880 588	1.43
河北	842 185	1.05	750 182	1.00	817 599	1.12	724 838	1.18
山西	1 067 835	1.33	939 260	1.25	737 888	1.01	573 711	0.93
内蒙古	1 289 633	1.60	1 549 328	2.07	1 494 505	2.04	1 232 468	2.01
辽宁	2 931 954	3.65	2 418 707	3.22	2 000 867	2.74	1 612 987	2.63
吉林	680 528	0.85	617 302	0.82	543 602	0.74	434 875	0.71
黑龙江	1 425 122	1.77	2 006 116	2.67	1 414 187	1.93	1 063 723	1.73
上海	5 333 935	6.63	5 264 727	7.02	5 200 981	7.11	4 646 303	7.57
江苏	5 568 257	6.93	5 443 022	7.26	5 125 489	7.01	4 451 922	7.25
浙江	5 706 385	7.10	5 396 682	7.19	5 111 789	6.99	4 268 272	6.95
安徽	1 561 600	1.94	1 320 947	1.76	1 064 296	1.46	803 722	1.31
福建	3 120 348	3.88	2 931 908	3.91	2 687 453	3.68	2 296 781	3.74
江西	964 299	1.20	802 052	1.07	664 686	0.91	497 251	0.81
山东	3 100 379	3.86	2 536 651	3.38	2 496 437	3.41	1 931 342	3.15
河南	1 258 515	1.57	1 043 580	1.39	880 885	1.20	757 401	1.23
湖北	1 334 634	1.66	1 187 549	1.58	1 318 179	1.80	1 055 752	1.72
湖南	1 308 672	1.63	1 110 221	1.48	1 205 713	1.65	970 841	1.58
广东	7 478 009	34.18	5 679 721	34.24	4 608 666	33.66	0 897 105	34.04
广西	2 098 516	2.61	2 010 225	2.68	2 055 188	2.81	1 707 729	2.78
海南	551 483	0.69	706 492	0.94	753 122	1.03	616 932	1.00
重庆	1 048 125	1.30	871 907	1.16	761 676	1.04	603 239	0.98
四川	849 851	1.06	699 525	0.93	1 708 730	2.34	1 401 792	2.28
贵州	399 484	0.50	395 359	0.53	430 021	0.59	321 411	0.52
云南	2 844 902	3.54	2 502 170	3.34	2 219 030	3.04	1 810 017	2.95
西藏	174 910	0.22	67 997	0.09	365 370	0.50	154 818	0.25
陕西	1 450 751	1.80	1 257 278	1.68	1 231 298	1.68	1 061 082	1.73
甘肃	60 711	0.08	83 196	0.11	331 238	0.45	303 254	0.49
青海	36 114	0.04	29 879	0.04	50 010	0.07	42 191	0.07
宁夏	14 523	0.02	11 586	0.02	9 373	0.01	8 665	0.01
新疆	354 895	0.44	363 157	0.48	438 436	0.60	362 499	0.59
总计	0 391 944	100	5 007 496	100	3 113 756	100	1 396 434	100
合计（京沪粤）	36 937 089	45.95	34 734 826	46.31	34 164 421	46.73	29 446 331	47.96

数据来源：中华人民共和国国家旅游局网站：http：//www.cnta.gov.cn/。

表 1-3　2006—2009 年中国各省区入境旅游外汇收入及占全国份额

Tab. 1-3 Quantities and proportions of inbound tourism foreign exchange income of every province of China from 2006 to 2009

省区	2009 年		2008 年		2007 年		2006 年	
	万美元	份额/%	万美元	份额/%	万美元	份额/%	万美元	份额/%
北京	435 668	10.27	445 913	11.23	457 962	12.20	402 639	13.31
天津	118 264	2.79	100 139	2.52	77 871	2.07	62 590	2.07
河北	30 781	0.73	27 395	0.69	30 911	0.82	24 316	0.80
山西	37 794	0.89	30 065	0.76	22 171	0.59	16 421	0.54
内蒙古	55 831	1.32	57 719	1.45	54 485	1.45	40 379	1.34
辽宁	185 621	4.38	152 618	3.84	122 786	3.27	93 430	3.09
吉林	24 294	0.57	21 144	0.53	17 931	0.48	13 729	0.45
黑龙江	63 868	1.51	86 995	2.19	64 270	1.71	49 233	1.63
上海	474 402	11.18	497 172	12.52	467 297	12.45	390 399	12.91
江苏	401 601	9.47	388 020	9.77	346 900	9.24	278 664	9.21
浙江	322 358	7.60	302 408	7.62	270 790	7.21	213 270	7.05
安徽	56 584	1.33	45 445	1.14	34 400	0.92	22 673	0.75
福建	259 923	6.13	239 353	6.03	246 936	6.58	147 110	4.86
江西	28 975	0.68	25 170	0.63	19 554	0.52	13 961	0.46
山东	176 530	4.16	139 110	3.50	135 185	3.60	101 405	3.35
河南	43 303	1.02	37 444	0.94	31 801	0.85	27 376	0.91
湖北	51 020	1.20	44 255	1.11	41 264	1.10	32 000	1.06
湖南	67 270	1.59	61 742	1.56	64 218	1.71	50 336	1.66
广东	1 002 813	23.64	917 498	23.11	870 552	23.19	753 279	24.91
广西	64 334	1.52	60 166	1.52	57 708	1.54	42 312	1.40
海南	27 666	0.65	31 388	0.79	30 160	0.80	22 912	0.76
重庆	53 721	1.27	44 978	1.13	38 231	1.02	30 872	1.02
四川	28 856	0.68	15 388	0.39	51 243	1.37	39 523	1.31
贵州	11 044	0.26	11 697	0.29	12 918	0.34	11 516	0.38
云南	117 221	2.76	100 755	2.54	85 958	2.29	65 844	2.18
西藏	7 873	0.19	3 112	0.08	13 529	0.36	6 094	0.20
陕西	77 107	1.82	66 011	1.66	61 211	1.63	51 087	1.69
甘肃	1 254	0.03	1 603	0.04	7 021	0.19	6 293	0.21
青海	1 542	0.04	1 015	0.03	1 590	0.04	1 325	0.04
宁夏	443	0.01	301	0.01	261	0.01	243	0.01
新疆	13 663	0.32	13 578	0.34	16 190	0.43	12 800	0.42
总计	4 241 624	100	3 969 597	100	3 753 304	100	3 024 031	100
合计（京沪粤）	1 912 883	45.10	1 860 583	46.87	1 795 811	47.85	1 546 317	51.13

数据来源：中华人民共和国国家旅游局网站：http：//www.cnta.gov.cn/。

由表1-2、表1-3可知，以北京、上海、广东为代表的三大经济区既是中国经济发展的三大极核区域，也是中国入境旅游发展的三大极核区域。对北京、上海、广东入境旅游开展研究，能够在最大限度上较完整地表述中国入境旅游的总体发展状况；对北京、上海、广东入境旅游流扩散转移规律性的研究，将能在最大限度上较完整地透视中国入境旅游流空间转移扩散的总体规律特征，进而更好地发掘中国入境旅游流扩散的主体规律特征及其内在演进机理。

由此，本书选取入境旅游发展和入境旅游流扩散最有代表性的北京、上海、广东为实证案例，基于社会物理学视角，建立相关模型，对中国入境旅游流扩散展开系统分析和综合研究。

1.3 研究目标与意义

1.3.1 研究目标

以入境旅游流时空扩散为研究对象，基于社会物理视角，在人文地理学、经济地理学、地理信息系统、空间经济学、应用心理学、行为学、管理学、哲学等多学科理论的指导下，依据实地调查资料和历年来政府权威部门的统计调查等资料，运用问卷调查、深度访谈、数量分析、比较分析、数学建模、GIS分析、时空综合分析等研究方法，以北京、上海、广东为实证案例，通过系统研究年度序列的入境旅游流扩散的规律性，深入分析京沪粤三省（市）入境旅游流扩散的时空动态特征；揭示京沪粤三省（市）入境旅游流扩散的互动效应、关联影响、必然联系及其发展态势；归纳演绎入境旅游流发生相互作用与影响的途径，揭示导致入境旅游流扩散的深层驱动机制。

1.3.2 研究意义

（1）理论意义

①立足社会物理视角研究入境旅游流扩散的时空动态规律特征，丰富该领域的理论研究成果。目前国内对旅游流的研究成果较多，但鲜有学者尝试从社会物理视角对入境旅游流的扩散开展系统深入的理论研究。本书尝试从社会物理的认识视角出发，运用规范的实证研究，采用多学科交叉的研究办法和多学科综合的分析思路，围绕旅游流时空扩散这一核心命题，通过构建多个衡量入境旅游流扩

散的参数模型，提出若干新颖的研究假设，据此构建相关的概念分析模型并对其进行验证，从而系统全面地认识了旅游流时空扩散的规律特征，并构建出描述其规律特征的指标评价体系，旨在扩充入境旅游流领域的理论研究成果。

②立足中国的地域面积优势，从宏观区域视角研究入境旅游流的动态模式。中国拥有 960 万 km^2 的广袤地域面积，且政令统一、语言交流困难少，交通通信设施一体化，不存在政治边界的空间障碍，因此旅游流在地域空间的集聚和扩散效应可以观察得比较清楚[73]。然而，目前国内对入境旅游流的研究成果多集中于局部地区的扩散转移规律研究，基于宏观区域视角对入境旅游流动态模式及其相互作用的理论研究尚显欠缺。本书在借鉴前人研究成果的基础上，立足全国尺度对入境旅游流扩散的时空动态模式开展系统研究，以期丰富中国入境旅游流时空扩散的研究体系内容。

③基于旅游者与集散地的双重视角，探索入境旅游流扩散的规律和深层驱动机制。入境客流扩散的研究发端于对“个体行为视角”的旅游者行为规律分析，指向“区域视角”的社会群体流动规律探讨，这两个命题之间既存在因果关联性，也存在本质差异性。因此，探索入境旅游流的扩散规律需要从旅游者与集散地的双重视角入手，不仅要关注作为个体的每一名入境游客的个人行为及其空间状态的随机性与无序性，更要关注作为群体的旅游流的规律性与秩序性，紧紧围绕旅游流的空间结构和空间相互作用，进而探求入境旅游流扩散的深层驱动机制。本书即贯彻这一认识和分析问题的基本思路：基于统计学的分析方法，对涉及个体入境游客行为的旅游动机、吸引要素、障碍要素等调查指标开展规律统计分析，进而归纳入境旅游流扩散的力学规律特征；基于年度统计数据和抽样调查数据，对入境旅游流扩散的场效应、客流折射效应、客流双向对流效应开展年度序列的时空动态研究，归纳演绎入境旅游流扩散的时空动态规律及其深层驱动机制。

④不拘泥于“O—D”研究范式，给予旅游中转地更多的关注。传统研究多驻足“O—D”（客源地—目的地）模式，对旅游中转地的作用与重要程度估计不足。事实上，客源地、目的地、中转地之间的相互作用情况是一种抽象的、综合的关系反映，入境旅游流扩散的时空动态模式乃是客源地、目的地、中转地之间相互作用的共同结果。中国的入境旅游发展道路是一条超越常规的发展之路，结合中国的现实国情，传统的“O—D”模式不足以全面揭示中国入境旅游流的扩散规律与特征，必须给予旅游中转地更多的关注，因为在中国，大型的入境口岸和中转口岸往往会对入境旅游流的时空扩散产生关键性的影响作用。这是本书选取北京、

上海、广东作为典型研究案例的本意所在。

（2）实践意义

①构建良性区域竞合关系。目前，各区域针对入境旅游客源市场的争夺日趋激烈[74-76]。本书基于社会物理视角深入系统地研究入境旅游流在地域空间扩散的规律与特征，对构建合理的旅游客流、旅游商品、旅游服务等要素发展格局意义重大；对正确引导区域旅游之间的竞争与合作关系，提升入境旅游的整体经营业绩与整体竞争实力具有十分重大的现实意义。

②改进企业经营决策。针对入境客流扩散流动的现实规律，识别入境旅游市场经营中需要改进的问题，为企业的经营决策提供建议和参考，使市场经济体制下的旅游产品更加适销对路；针对入境游客的现实市场需求，适时调整经营策略，加大宣传力度，转变营销观念，开展多级营销，全面拓展入境旅游客源市场。

③提升政府管理绩效。对入境旅游流时空扩散规律的研究在宏观层可为国家旅游业发展战略和政策制定、旅游空间结构体系优化和完善、入境旅游发展投资空间顺序选择、入境旅游流调节与控制提供决策参考；在中观层可为旅游市场开发、旅游产品设计、旅游形象和品牌塑造提供理论依据；在微观层可为选择和培育入境旅游重点发展轴线、匹配旅游节点城市和旅游发展的空间地域格局、完善旅游基础设施和旅游接待服务设施提供借鉴参考。

④构建入境旅游良性发展格局。通过北京、上海、广东三省（市）入境旅游流扩散转移的综合动态研究以及对入境旅游流扩散深层驱动机制的探索，在实践层对加快旅游流在东部地区的流动，实现东部地区入境旅游内涵式增长，具有重要的实践意义；入境旅游向中西部地区的扩散转移以客流的扩散转移为开始的标志，随之带来资本、技术、人才、制度、机制、管理等先进生产方式的转移扩散，这种扩散对中国中西部地区的旅游产业发展、入境旅游管理、市场营销、旅游规划、产品设计和旅游改革等均具有重要的实践意义。

1.4 研究方法和技术路线

1.4.1 研究方法

（1）社会物理学

社会物理学是从实证科学角度用物理学规律研究人类社会的一种学说。它分析问题的基本思路是：在现实世界的虚拟情景中，应用自然科学的思路和原理，经过有效的融合和合理的修正，采用识别、模拟、解析等方式，寻求在现实世界中的社会行为规律和社会结构分布的基本特征。社会物理学的诞生始于现象的涌现和统计的范畴，它立足于自然世界的运行规律，采用数学和物理学的计算法则，揭示社会人文行为的普遍特征和控制规则。

（2）时空地理分析方法

从时间层面研究事物现象的时序演变机理，从空间地理区域分析研究对象的空间结构、空间动态及其空间相关的理论和模式。中国入境旅游的发展也存在着很大的时空差异性：在时间上，既有年度变化的差别，又有年度内的季节性变化差异；在空间上，既有不同点和区域的空间交换与流动趋势，又有不同点和区域的空间相关关系，即相互联系、相互影响和制约的空间相互关系。

（3）数学分析方法

定性研究是旅游研究最常用的研究手段，在学科发展中发挥了重要作用。但定性研究最大的缺点是研究内容不易深化，研究成果不易提升，致使研究水平停留在一个水平，而很难进一步深入。定量研究恰好可以在这方面弥补定性研究的不足，从而定量化倾向是现代旅游研究的发展方向。定量研究具有科学性强、容易获得结论、探索领域宽等优势，特别是在突破经验模式，跨越模糊不确定因素等方面可以发挥重要作用。数学建模是定量研究中最重要的研究方法，在不同学科领域中都发挥了重要作用。

（4）GIS 分析方法

GIS（Geographical Information System）是地理学研究中的一种高新技术。其研究和使用的范围已超越了地理学本身。在国民经济发展、国防等领域也得到了越来越广泛的应用，特别是面向 21 世纪的信息社会，GIS 的应用前景更是不可限量。在本书中，面临着历史和现实的海量数据资料，若采用传统的手工计算和处理方法，显然是不能处理的，必须借助基于现代计算机技术的 GIS 分析方法。

（5）实证研究方法

实证主义所推崇的基本原则是科学结论的客观性和普遍性，强调知识必须建立在观察和实验的经验事实上，通过经验观察的数据和实验研究的手段来揭示一般结论，并且要求这种结论在同一条件下必须具有可证性。实证性研究方法即是通过对研究对象大量的观察、实验和调查，获取客观材料，从个别到一般，归纳出事物的本质属性和发展规律的一种研究方法。

1.4.2 技术路线

在文献检索、实地调研、深度访谈等的基础上，借助哲学、社会物理学、空间经济学、管理学、人文地理学、心理学等学科理论和信息技术、数学建模、GIS分析、区域分析、系统分析等研究手段，对入境旅游流扩散的时空动态规律开展系统研究，探索导致入境旅游流扩散的本原机理。本书的具体技术路线见图1-1。

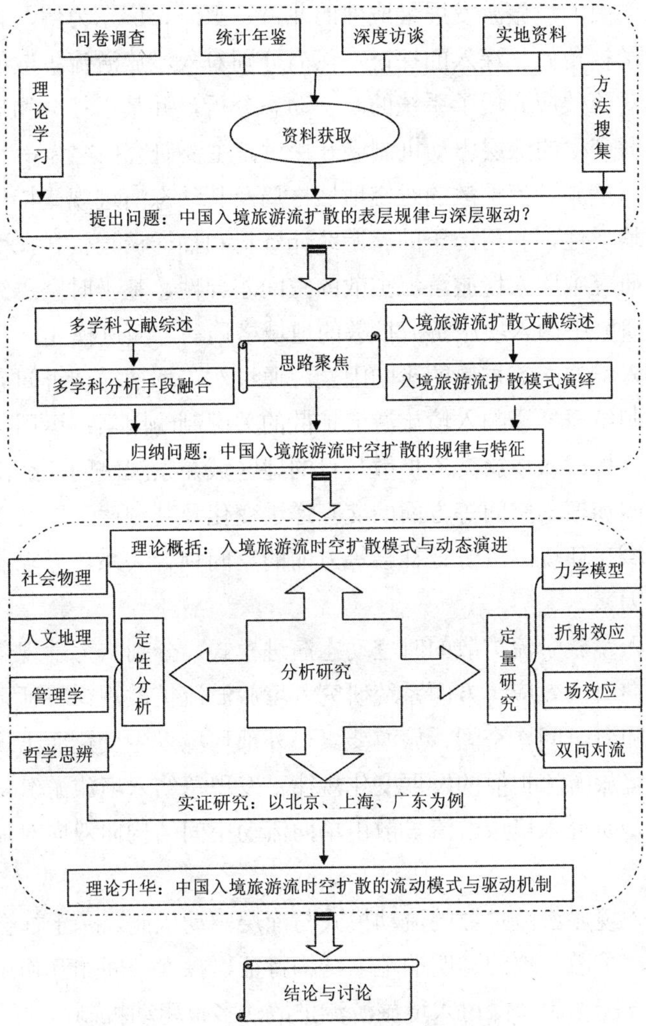

图1-1 技术路线

Fig.1-1 The technique route

1.5 主要研究内容及框架

1.5.1 主要研究内容

基于社会物理的分析研究视角，对中国入境旅游流时空扩散开展深入系统的动态研究，以中国入境旅游发展最成熟的北京、上海、广东为例，首先对入境旅游流扩散从力学视角做了深入的探讨，然后分别对入境旅游流扩散的场效应、折射效应、双向对流效应开展了系统的时空动态分析，并基于社会物理视角对导致入境旅游流扩散产生的深层驱动机制展开探讨。主要研究内容为：

（1）中国入境旅游流扩散的时空地域格局及其动态演进规律特征。立足入境旅游发展的非均质性，利用历年的旅游统计资料和抽样调查资料，引入数理分析等方法，定量研究中国入境旅游流扩散的空间差异性，基于时空思维的综合性分析视角，系统研究中国入境旅游流扩散的地域格局动态演进模式。

（2）中国入境旅游流扩散的影响因素。通过对市场抽样调查问卷的统计整理和深入研究，归纳概括影响入境旅游流扩散的关键制约因素；运用数学建模、统计分析等方法，探讨入境旅游流扩散与目的地区域在景观空间、经济空间、文化空间、生活空间和聚落空间等方面的交互递进变化及其规律，以及入境旅游流扩散同目的地区域在环境、资源、社会等方面的空间耦合关系，寻求制约入境旅游流扩散的主导因素。

（3）中国入境旅游流扩散的时空动态演进模式。分别从力学视角、场效应、折射效应、双向对流效应等方面系统研究入境旅游流扩散规律特征，归纳概括入境旅游流扩散随着时间、空间、旅游要素、外部环境发生变化而出现的不同演化模式。根据入境旅游流扩散的发展变化规律，发现总结入境旅游流空间集散的共轭性与对称性，研究入境旅游流扩散由单向流动空间结构向双向对流空间结构演化等模式。

（4）中国入境旅游流扩散的流动模式与深层驱动机制。基于社会物理视角，分析入境旅游流扩散呈现的鲜明的地域结构特征，探索空间相互作用理论对入境旅游流扩散的支配作用，探讨入境旅游流扩散的多重驱动机制。

作者分析问题的出发点是：中国入境旅游流的空间扩散应当具备有章可循的规律性，对入境旅游流扩散特征的最基础的表述可以通过空间距离来实现，入境旅游流的流动是在空间距离影响下受到力的作用的必然结果，而这种力则是附属于区位的规模化度量；入境旅游流扩散在表象上呈现为带状或阶梯状的特点，但在本质上则源于地域空间组合模式所固有的一些特点，这些特点就是入境旅游流扩散进程中的控制关系，对这种控制关系的把握，就是探讨入境旅游流扩散深层驱动机制的关键。

1.5.2 具体研究框架

本书的核心内容为入境旅游流扩散的动态变化及其扩散演进机理，具体研究框架如下：

第 1 章 绪论。介绍论文的研究背景、选题缘由、研究目标、研究意义、研究方法、技术路线、主要研究内容、具体研究框架、数据来源等。

第 2 章 理论基础与研究综述。重点介绍旅游流、社会物理学、旅游流空间场、区域旅游流扩散模式、入境旅游流扩散系统等方面的理论基础与相关研究进展。

第 3 章 入境旅游流扩散的力学视角分析。基于作者亲身参与的市场调查问卷，从力学视角出发，借助 SPSS 和 AMOS 软件实证分析入境旅游流扩散的正向力与反向力，归纳总结入境旅游流扩散的关键影响因素，提出理论假设，并以定量分析验证理论假设。

第 4 章 入境旅游流扩散的场效应分析。从入境旅游流扩散场的场势、场能、场地域结构、场熵等多指标参数入手，分析不同时间断面北京、上海、广东入境旅游流扩散场的地域结构特征、地域交互作用、时空动态演进模式等，归纳演绎入境旅游流扩散场在地域空间的时空演化规律。

第 5 章 入境旅游流扩散的折射效应分析。结合入境旅游流扩散的规模特征差异，基于时空二元综合的视角，系统全面地分析入境旅游流扩散的折射效应，归纳演绎入境旅游流扩散的空间折射呈现的地域差异性和“长尾”格局特征，揭示入境游客扩散转移数量与入境旅游流折射效应之间“剪刀差”的客观存在。

第 6 章 入境旅游流扩散的双向对流分析。借助扩散指数定量分析入境旅游流扩散的地域集中性，借助集聚指数定量分析入境旅游流集聚的地域集中性，通过建立入境旅游流空间转移态矩阵模型，归纳演绎入境旅游流扩散的共轭性与对称性，尝试超越旅游流扩散 “单点层次”的研究思维定式，进入“系统层次”的研究阶段，对入境旅游流时空扩散进行系统性和综合性解析。

第 7 章 结论与讨论。归纳概括本文的主要研究结论、相关启示思考、拟创新之处和不足之处。

1.6 数据来源

本书的数据来自旅游管理机关发布的权威统计数据和作者亲身参与的市场调查问卷数据，两类数据相辅相成，互为补充。

1.6.1 统计数据

各地接待入境旅游游客数量以及口岸城市向内陆省份扩散转移入境游客人次的统计数据来自 1994—2009 年《中国旅游统计年鉴》[77]和《入境游客抽样调查资料》[78]（由于受 SARS 影响，2003 年的抽样调查数据缺失，故不含 2003 年）。

由于入境游客在大尺度地域空间的人员流动多选用航空交通方式，入境游客在中国的扩散转移多集中于旅游中心城市之间，因此，本书以主要旅游城市之间的航空距离指代各省份之间的空间距离。

仅将入境旅游流扩散用于对入境旅游的研究主要基于以下两点考虑：一是入境游客须通关检验，这一程序保证了入境旅游统计数字的精确性；二是国家入境旅游统计指标体系相对完善，各地对入境旅游的统计时间较早且统计口径较一致，保证了指标的可比性和延续性，而国内旅游统计的准确性和可靠性相对较差；三是国内旅游多表现出明显的空间集聚性，近距范围的游客在区域旅游中往往居于显著主导地位，周边地区往往成为第二核心市场，距离衰减规律在国内游客目的地选择中起很大作用，入境旅游流扩散相关模型的精度在衡量国内旅游时会受到较大程度的干扰。

1.6.2 市场调查

国家自然科学基金项目组将本次问卷设计作为 4 名旅游管理专业博士生、6 名旅游管理专业硕士生的专业课程，预先通过数次讨论，初步设计出市场调查的主体内容以及各个问题的询问与回答格式；之后，组织项目组所有成员对问卷的初步设计进行了 3 次讨论，在广泛听取相关领域专家意见的基础上，邀请数位外语专家将问卷翻译为英语、法语、日语、韩语四种外语问卷形式，最终形成不同形式的市场调查问卷初稿。在开展正式的市场抽样调查之前，预先对 60 位入境游客及留学生开展试调研，针对其中出现的问题，进一步修正和完善问卷内容和语言表达问题，并形成了问卷调查的终稿。2008 年 5—10 月，采用随机偶遇法，分别在北京、上海、广东开展入境游客抽样市场调查，市场调查的样本量见表 1-4。

表 1-4 市场抽样调查样本数量统计

Tab. 1-4 Statistics of samples in market survey

单位：份

城市	发放问卷	回收问卷	有效问卷
北京	865	740	688
上海	865	778	706
广州	708	658	634
深圳	551	518	483
合计	2 989	2 694	2 511

项目组一共开展了两次市场调查：第一次市场调查时间为 2008 年 5 月 7 日～6 月 16 日，第二次市场调查时间为 2008 年 9 月 27 日～10 月 29 日。期间，项目组分别组织了 3 名博士生、3 名硕士生前往北京、广州、深圳开展市场抽样调查，组织了 1 名博士生、3 名硕士生前往上海开展市场抽样调查。

两次市场抽样调查在北京、上海、广东、深圳共发放问卷 2 989 份，回收调查问卷 2 694 份，其中有效问卷 2 511 份。开展问卷调查的地点主要集中在四个城市的机场、车站、广场、商业街区、旅游宾馆和著名旅游景区景点等入境游客密集的区域。

被访个体包括调查中遇到的入境旅游团和入境散客，调查者预先告知被调查者问卷调查的目的，在征得入境游客个人的同意后，向其派发问卷，并随时解答被调查者在答题过程中针对问卷提出的疑问；入境游客在完成问卷中所有的问题之后，还获赠一份小的纪念品。总体来看，本次调查时间合理，入境游客配合度较高，问卷完成质量良好，基本达到了预想的调研效果。

第2章 理论基础与研究综述

2.1 旅游流

2.1.1 旅游流的概念与特征

（1）旅游流的概念内涵

旅游流是旅游地理研究的核心问题之一。道格拉斯·皮尔斯认为旅游流是旅游地理学的六个研究核心之一[79]，我国旅游地理学家认为旅游流是旅游地理研究的十个核心内容之一[80-86]。

作为描述旅游活动的重要概念，其内涵有广义和狭义之分。从广义上讲，根据唐顺铁、郭来喜对旅游流体系进行的研究：旅游流是客源地与目的地之间，或多个目的地之间的单双向旅游客流、信息流、资本流、技术流、物质流、能量流和文化流的集合，是以旅游客流为主体，涵盖旅游信息流、旅游物流和旅游能流的一个复杂的巨系统，旅游客流是旅游流体系的主体和基础[87]。马耀峰（1999）通过对我国入境旅游流的系统研究，对唐顺铁、郭来喜提出的旅游流概念做了补充：旅游流是指客源地与目的地之间，或目的地与目的地之间的单向、双向旅游客流、信息流、资金流、物质流、能量流和文化流的集合，旅游流具有方向性，因而是一个矢量[6]，并认为，旅游者为旅游流的主要研究对象，旅游客量为旅游流研究的主题，资金流、信息流、物质流、能量流和文化流为研究的辅助体[6]。旅客流、信息流、资金流、物质流、能量流和文化流称为旅游流的子流，子流的集合即构成了旅游流，可表达为：

旅游流=｛旅客流，信息流，资金流，物质流，能量流，文化流｝

从狭义上讲，传统观念对旅游流的现象认识是：旅游者离开常住地前往旅游目的地旅游，便构成了具有一定流向、流量特征的游客群体，这一游客群体就称为旅游流，即旅游流就是指旅游客流，是在某一区域由于近似的旅游需求引起的旅游者从客源地到目的地的集体性空间位移现象，是单向的。并认为旅游者从客源地向目的地流动的流向和流量是决定旅游流特性的两个基本因素[88, 89]。

由于旅游者是一切旅游活动的主体与核心，也是形成信息流、资本流、技术流、物质流、能量流和文化流的初始动因，对旅游客流的研究自然成为了旅游流系统中的焦点[6, 90]。在本书中，如无特别说明，旅游流皆指狭义的旅游流，即旅游客流。

旅游流的本质属性是游客的集合即客流，故客流是旅游流的核心所在，旅游流是指客源地与目的地之间的旅游者群；旅游信息是指旅游流发生前或流动中的信息传输，它是游客进行旅游决策的依据和条件，对旅游流可产生导向作用；旅游资金流是指相伴于旅游发生的资金交换；旅游物质流是指伴随于客流流动全过程的物质流动；旅游能量流是指围绕旅游活动的能量消耗；旅游文化流是指伴随旅游活动进行的客流的非物质交流[6]。

显而易见，游客的流动形成了旅游客流，游客流构成了旅游流的主体，客流通过旅游通道，以集聚或扩散的运动方式，与目的地系统进行了“能量”的交换，这种交换是以游客付出货币（资金）为前提，而得到餐饮服务、住宿服务、交通服务、观光服务、娱乐服务和旅游商品等，实质上是产生物质与非物质（信息）的交换，即游客付出钱后，得到消费品、餐饮品、旅游商品（物质）等，还了解了目的地的经济、文化（信息）等，精神上得到的满足[6]。这种交流是双向的，同时游客也给目的地环境、文化带来影响。

作者以为可以这样理解旅游流：旅游目的地的吸引力，使游客在旅游系统内形成集聚或扩散，同时与旅游系统不断地进行资金、物质和信息的集聚与扩散的现象称为旅游流。旅游流包括客流、资金流、物质流和信息流。本书的重点是旅游客流。

（2）旅游流的特征

作为一定时间内旅游者的集体性空间位移现象，旅游流往往伴随了一定的规模和方向，因而旅游流的特征表现在三个要素上，即流向、流量和时间[91]。

旅游流的流向是指旅游流在持续的运动过程中所经过的旅游路径[92]，它反映了目的地与客源地之间关联的方式和途径。由于各种复杂因素的影响，旅游资源和旅游客源之间的关联状态在不同空间地域系统中有着不同的表现，同时某一目的地或中转地在一定时间内所接纳和发送的旅游流会以某种比较稳定的模式呈现。在旅游者开展旅游活动的过程中，旅游客源地、旅游目的地以及在二者之间起连接作用的旅游通道，是决定旅游流的三个主要因素。

旅游流的流量是指旅游流在单位时间内和一定空间上所形成的规模。持续、均衡、大规模的旅游流对旅游目的地有十分重要的意义，巨大的旅游流流量对旅游目的地的社会经济有着广泛而深刻的影响，世界许多旅游胜地和著名的旅游城市每年都吸引着大量的观光游客。

从时间上考察旅游流的特点，包括两个方面的含义：一是旅游流发生的时间，一般来说，游客外出旅游有明显的时间规律性，并且不同的旅游地，旅游流的规模随时间变化的规律性也各有差异；二是旅游流在旅游目的地持续时间的长短，也就是旅游流的流速。旅游流在旅游目的地持续时间越长，在经济、社会、环境上的影响作用也就越强。

旅游流在旅游系统内不断地集聚与扩散，与客源地、目的地和通道等外部环境进行着资金、物质和信息的交流和交换。整个运动过程体现了一定的特征。

①封闭性的流。一股旅游流从客源地开始流向一个或数个目的地，再回到客源地。旅游流的轨迹是一个封闭的、不规则的曲线，有些线路往往重合，所有旅游流的流动轨迹的集合组成了旅游流的空间网络结构。

②双向性的不均衡流。旅游流的流动过程是指游客沿着一定的方向，从旅游客源地到目的地的集聚与扩散，以及旅游流在下一个目的地的再次集散，最后返回旅游客源地的过程。旅游流至少包含两条以上的矢量通道及其所连接的点（目的地或客源地），通常情况下这些点（目的地或客源地）和通道重合的可能性很大。从宏观角度看，旅游流是客源地与目的地之间的集散，因而旅游流可以理解为客源地与目的地之间的流动，且方向是相反的。双向流的观点强调了旅游客源地和目的地之间的相互影响和相互作用，为系统之间开展全面合作提供了理论依据。旅游流的双向性还具有另一层含义，即任何一个旅游客源地，往往又是旅游目的地。把某地当成旅游目的地或当成客源地来衡量时，它所产生或承接的旅游流的大小是不同的，因此旅游流的双向流动具有不均衡性。正因为如此，才有了传统意义上的旅游客源地和目的地的区域划分。这种区域划分是传统意义上旅游营销关注的中心。一些经济发达地区就成了最主要的旅游客源地，同时这些地区又是重要的旅游目的地和空间集散地。

③综合性的系统流。旅游流具有综合性，旅游流包括了旅游客流、资金流、

物质流和信息流。伴随旅游活动而产生的信息传递及交流，使旅游客流同步产生货币流（旅游者随身携带用以支付吃、住、行、游、购、娱的货币）、旅游物质流（旅游者从目的地购买的旅游商品等）。同时，旅游目的地内部为旅游流的涌入而提供食品、日用品、旅游接待设施等，客源地内部也会因旅游者的到访而引起旅游装备等用品的生产和贸易也是旅游流的重要组成部分，客源地、目的地和交通线路之间因旅游流而产生了密切的联系，这些使旅游流成为一个综合的复杂系统。

2.1.2 国内外研究进展与发展趋势

（1）国外学者对旅游流的研究状况

20 世纪 70 年代开始，区域相互作用和空间扩散的诸多理论开始被应用于对旅游流的研究。Matley 分析了国际旅游的地域空间分布格局[93]；Juckle 在人类空间行为研究的基础上分析了美国人口的空间移动现象，并建立了美国人口流动的空间行为模型[94]；Lundgren 实证研究了加拿大旅游研究的发展历程，分析了旅游者在城市间的相互流动，并提出大城市向旅游地的垂直流动模式[95]；Prideaux 以澳大利亚和韩国为例，研究了入境旅游流的双向非均衡性[96]；Pearce 尝试以地理分析方法研究旅游现象，并对旅欧日本客流做了系统研究[97]；Oppermann 系统分析了马来西亚的国际入境旅游流[98]；Myriam 综合分析了欧洲旅游流的区域分布规律[99]；Vladimír Baláz 等对日本游客在中欧的流动规律与未来动向进行了分析预测[100]；Coshall 运用单变量和双变量分析了国际旅游流[101]；Teresa 与 Teodosio 通过建立计量经济模型，实证分析了西班牙国际旅游流的流动模式[102]；Jackson 对在港口城市搭乘豪华旅游客船的客流群体做了宏观经济学分析[103]；Luis 对西班牙北部区域的外国资本流入旅游房产开发的现象做了分析研究和收益核算[104]；Samuel S.Kim 等分析了韩剧的热播对日本入境韩国旅游流的影响[105]。

（2）国内学者对旅游流的研究状况

20 世纪 80 年代以来，国内学者对旅游流的扩散转移开展了卓有成效的研究。陈建昌、保继刚根据旅游者的行为特征归纳了大、中、小三个尺度的游客空间流动模式[106]；张凌云借用普洛格理论研究了旅游流的空间分布规律，并尝试构建出一个旅游流空间分布模型[107]；马耀峰以国内旅游热点城市为例，采用地理空间分析的方法系统研究了旅华境外游客的时空动态模式[9]；张红通过对北京、上海、西安、广州、桂林、昆明等旅游热点城市入境游客的问卷抽样调查资料，对入境旅游流的空间分布形态特征、区域分布特征和流向、流量特征等进行了研究[108]；

刘静艳、马耀峰通过对上海市入境游客的实地问卷抽样调查，综合分析了上海市境外游客的市场结构特征与空间流动趋势[109]；杨国良、张捷以 Zipf 指标和差异度指标，实证研究了四川省旅游流的规模等级结构和旅游流的空间扩散动态差异化规律特征[110]；牛亚菲等分析了北京市旅游客流的时空变化特征、典型景区的客流变化规律与动因并提出了科学调控旅游流的合理对策[111]；章锦河等把空间场理论引入旅游流研究中，并对中国国内旅游流的空间场效应进行了量化分析[112]；薛莹提出了旅游流的区域内聚规律，并对华东区旅游流的区域内聚现象做了理论框架探讨和实证研究[113]；卞显红、沙润等构建了长三角城市的入境旅游者对该区域其他城市旅游目的地选择的模糊综合评判矩阵，并运用该矩阵对长三角入境旅游流的区内城市间流动现象做了系统的对比分析[114]；林岚引入数据库网络分析技术实证研究了大陆航空口岸接待台胞的旅游流空间场效应[115]；汪宇明以上海与长江流域各省区间的旅游流集散为研究对象，实证研究了长江流域各省区之间的旅游流互动现象和规律，并尝试探索旅游流的流动机理[90]；李馥利、吴晋峰综合分析了陕西省入境旅游流的转移特征与时空动态规律[116]；靳诚、陆玉麒构建域内旅游流场强强度模型，对长三角地区旅游流场的地域空间结构做了量化研究，并提出了长三角地区空间地域格局的优化方案[117]；刘宏盈在传统的“推—拉”理论的基础上提出了中转地——目的地之间的“摩擦力”和来自中转地的“中转力”的概念，并以长三角为案例，对中国入境旅游流西向梯度扩散展开实证研究[118]；赵现红基于中国典型入境旅游区域的划分办法，从内驱力、外引力和支持条件等方面剖析了入境旅游流扩散的动因和机制问题[119]；刘法建、张捷通过构建中国入境旅游流网络，对各省级旅游地在旅游流互动关系中的功能角色进行量化分析，并探讨了形成此种功能模式的影响因素[120]；张佑印对北京市入境旅游流集聚与扩散开展了时空动态研究，并通过构建系统动力模型，探讨了导致入境旅游流集聚与扩散的动力机制[121]。

（3）国内外研究评述

国外学者高度关注旅游流的集聚与扩散，十分重视从理论和实证两个层面开展研究，其研究的地域空间尺度趋大，研究方法模型化和定量化的特征十分显著，研究的内容多聚焦于旅游客流分布的地域空间特性、动态演变规律、经济带动效应等方面，其倾向于将现代化信息技术应用于旅游流的研究，研究的方法手段更是呈现学科交叉融合、多元多样的鲜明特点。此外，国外学者对旅游流促进因素的研究相对较多[122-137]，普遍重视旅游客流的统计监测和研究。

国内学者对旅游流作为一个矢量的运动模式、规律、特征及影响因素有较深刻的认识，且十分重视从时空角度对旅游流进行研究；国内学者的研究成果侧重对旅游流规律特征的深入挖掘，且重视对旅游流的变化特征归纳概括和旅游流的未来发展预测；能够立足先天的区域背景和区位的现实状况，基于旅游流地域空间的先天非均质性，分析旅游流的区域非均衡发展，探讨区域旅游流的地域空间结构特征及其内部和外部的影响因素；擅长于借助其他学科的理论成果和方法研究旅游流，并十分重视理论研究与发展实践的结合。

然而国内外学者对旅游流空间演化的递进动态变化、关键制约因素、深层发生机理等方面的深入系统研究仍显欠缺，重要的理论创新尚不多见。特别是在旅游流时空动态演进模式、深层驱动机制等方面，理论和实证的研究相对匮乏。总体来看，旅游流扩散的理论及实践的研究还有很大的提升空间，还需要更系统、更全面的研究才能使该领域的研究更加完善。

2.2　社会物理学

2.2.1　社会物理学的概念及其哲学内涵

社会物理学可定义为：应用自然科学（以物理学为核心）的思路、概念、原理和方法，经过有效拓展、合理融汇和理性修正，来揭示、模拟、移植、解释和寻求社会行为规律和经济运行规律的充分交叉性学科[138]。

在过去数年间，物理学已悄然进入社会科学领域，如今各种物理学术刊物上几乎期期都有分析人类社会行为的文章：从交通到选举、从经济决策到地区战争等。物理学已不仅仅可用以解释原子和电子等的特性，而且用以解释具有自由意志的人的群体行为特征的一门新学科——社会物理学已逐渐形成。

社会物理学的哲学内涵有：

（1）自然世界规律的普遍性

自然世界的规律性极为普遍，一些包含大量单元、同时又有大量相互作用的系统，尽管其细节极其繁杂，但并不必然导致系统的宏观状态也复杂。例如，虽然没有任何两个水分子的行为在某一时刻完全一样，但水分子构成的水体在处于摄氏零度时必定发生“集体”结冰的相变过程。此外，天气冷了，水结成冰，而冰雪又影响人们出行，路上的车缓慢下来，造成交通拥堵。在水结冰和人类驾车发生拥堵这两者之间存在何种关联性吗？答案显然是肯定的。这就表明人和水都不可避免要受到物理规律的统治。

（2）最复杂的系统却最简单

社会物理学的诞生始于现象的涌现和统计的应用，它立足于自然世界的运行规律，采用数学和物理学的计算法则，揭示社会人文行为的普遍特征和控制规则。社会物理学的研究发现，社会行为有时也是极其简单的，也受着类似物理规律的支配。例如，形形色色的车辆聚集在一起，就必然会发生交通拥堵。这和统计物理学发现物质粒子具有普遍性宏观特征是一样的。

统计物理学研究的是包含巨大量粒子的宏观系统的物理性质。因为人类社会的一个典型特点正是包含巨大量个体，而个体之间又有复杂的互动，因此这些概念也可以用于分析社会现象。

（3）把人视为粒子

社会物理学研究，简单地说，就是把传统统计物理学研究的原子替换为人。当然人比原子要复杂得多。原子之间彼此吸引或排斥而相互作用，人就很少这么简单行事。不过在某些情况下，人与人的相互作用并不比原子间的相互作用更复杂。例如在行走时，我们总是尽可能避免碰撞他人及侵犯他人的“私人空间”，这就像人之间有一种斥力存在。

德国物理学家迪尔克·黑尔宾在 20 世纪 90 年代中期根据这个观念建构过一个步行者模型[138]。他在这个模型中假设人们之间存在“斥力”，又假设人们大都是朝向某个目的地有方向地行进，而不是布朗运动似的随机运动。结果表明，这个模型可以很好地用于预测人们在熙熙攘攘的长廊及立交桥上的步行行为。

人有跟随近邻的行为特征，则可视做人们之间的吸引力。1999 年，匈牙利物理学家陶马什·维切克研究出，跟随近邻这种行为特征会怎样使人群在诸如房屋充满烟雾等原因导致能见度恶化的情况下，变得极度恐慌，从而造成相互践踏的危险后果[138]。

在经济交易中，人们的相互作用包括买和卖，还通常要顾及周围商家、顾客的感觉；在选举中，投票人又常劝说周围的人采纳他们的观点、跟他们投一样的票，这很像带磁性的原子协调它们的磁运动一样。受物理学研究分析“相互作用物”的启示，各种社会事物都可以通过计算机建立相应的模型。

这样的模型通常都很复杂，但是分析表明，即使最复杂的模型所得到的结果，也可用统计物理学的经验来加以解释。例如，那些社会行为模型表明人们的社会行为经常呈现非高斯性涨落和指数分布的统计特征，这些特征在物理学中很常见，是非平衡系统的产物。它们表明，人类社会像物理学非平衡系统一样，受着单个元素（在社会中就是各个人）的“强相互关联”的制约。这种“强相互关联”使系统整体行为在细节上很难预测，但并不是随机的、任意的。这也意味着，即使在非常复杂的人类社会系统中，也像较简单的物理系统一样，有着与细节无关的普遍统计特征。在这方面，人和物没有根本区别。

（4）自由意志的有限性

一些社会科学家、思想家对人可以被当做物质粒子一样看待、可以用物理模型来分析社会现象感到不安：这不是意味着人们不过是能对外在的推力和拉力作出怪异木偶式反应的机器人了吗？

过去，针对孔德等人所宣称的社会物理学观，俄国存在主义思想家陀思妥耶夫斯基曾宣称，在这样的“社会力”面前，人们将想尽各种办法来表现他们的自由意志，即使达到不理智、疯狂的程度也在所不惜[139]。

而当代社会物理学研究已超脱这种争论。研究者不是从某种决定论的观点出发来分析人的行为，而只是从这样的事实出发：在现实中，我们的选择经常极其有限，我们不是那么自由。不管自由意志的理念多么可贵，社会规范和习俗的存在会使选择的可能性大大减少。生活在同一种文化中的人穿得相似，吃得也相似，使用的语言也一样。我们不会去问司机是否具有自由意志，因为他们在路上一个紧随一个，行进速度或多或少都差不多，这是可以预测的。

统计物理学并不限定我们心灵的“指南针”应该指向哪个方向，它仅仅是断定这种指向的选择是有限的，而且这种选择特别地受到我们的近邻、周围环境的影响。这就是社会物理学存在的根据。

2.2.2 社会物理视角的入境旅游空间扩散

基于社会物理的视角，中国入境旅游流的时空扩散应该也具备有章可循的规律性。例如，对入境旅游流扩散特征的最基础的表述可以通过空间距离来表现，入境旅游流的流动是在空间距离影响下受到力的作用的必然结果，这种力被定义为附属于区位的规模化度量；入境旅游流的扩散区域虽在表象上呈现为带状或阶梯状的特点，但在本质上，则源于地域空间的组合模式所固有的一些特点，这些特点就是入境旅游流扩散转移进程中的控制关系，对这种控制关系的把握，就是探索入境旅游流扩散本原机理的核心命题。

2.3 场论

2.3.1 场的概念与属性

（1）场的概念

“场”，即相互作用场，它是物质存在的两种基本形态之一。场存在于整个空间，实物之间的相互作用就是依靠有关的场来实现的。场本身具有能量、动量和质量，而且在一定的条件下可以和实物相互转化。根据现代流量子场论的观点，场与基本粒子有不可分割的联系，即一切基本粒子都可以看作相应场的最小单位（量子），例如电子联系于电子场，光子联系于电磁场。这样，一切相互作用都可以归结为有关场之间的相互作用。按照这种观点，场和实物并没有严格的区别。

“场”这个词在日常语言中原是指场所、活动地、区域，是一个空间用词，如剧场、战场、牧场、球场等。现今在数学中这个词仍然用来指空间、区域。物理学的场概念的提出，是学科发展的产物，并成为物理学的基本概念。法拉第在电学和磁学中引进“场”这个词，组成“电场”“磁场”两个概念。这两个概念原是分别指电力线或磁力线所分布的范围。牛顿引力理论告诉我们，实体之间的相互作用，只有通过力才能实现。相互作用力的大小同它们之间的距离成反比，同它们的质量成正比。这两个物体之间有距离，那么怎么能够传递相互作用呢？牛顿用超距离作用加以解释。尽管这些解释并没有对传递力的具体机制作出说明，在力学范围内尚未暴露更多的矛盾，然而，当运用牛顿力学理论来说明电磁现象时，矛盾就尖锐起来了。

（2）场的属性

爱因斯坦说：“我们今天的世界图像就得承认有两种在概念上彼此完全独立的（尽管在因果上是相互联系的）实在，即引力场和电磁场，或者——人们还可以把它们叫做——空间和物质。”[140]“引力场和电磁场”也可以叫做“空间和物质”，这又应如何理解呢？

现代科学已经表明：“场”也是物质的一种形态。古代德谟克里特的原子论把世界看做是有质量的原子和没有质量的虚空组成的，其中，只有有质量的原子才是物质。这样，就把世界想象为物质和虚空的统一。这种观点被牛顿经典物理学所接受并加以发展，认为：物质是由不连续的实物粒子（原子）所组成的，虚空则是一无所有的连续的绝对真空。现代科学证实这种绝对空虚的“真空”是没有的。具有连续性的“真空”虽没有静止质量，却充斥了各种“场”，如电磁场、引力场、核力场……这些场都是不依赖于我们意识的客观实在，它们对物体或各种实物粒子都起着不依赖于我们意识的客观作用[141]。

“场是物质的科学证据之一”就是麦克斯韦已经验证过的事实：电磁场是独立存在的，它不依赖于检验手段，更不依赖于人的主观意志。因为在麦克斯韦看来：电磁场是一种实在的东西，一个变化的磁场总产生电场，不管有没有一根导线去检验它的存在；一个变化的电场也总产生磁场，不管有没有一根磁针去检验它是否存在。在麦克斯韦的理论中，假如知道了场在某一时刻的情况，便可以根据方程推出场在整个空间、时间中的变化情况。这样，通过麦克斯韦方程我们就可以认识到，围绕在一个振荡带电体周围的场的性质，它在场附近处和远处的结构以及它随时间的变化。所以麦克斯韦方程所描述的场是现实的、实在的场。1888 年，赫兹检测到电磁波，并且测定到它的速度等于光速。电磁波是麦克斯韦理论的基本假设，是在承认场的客观实在的基础上作出的。证实了这个假设，也就等于证明了场是客观实在的东西[142]。

“场”作为物质存在的一种基本形式，是物理量在空间区域上的分布，具有一定质量、能量、动量、结构、属性，并在空间中相互联系、相互影响、相互转换和相互作用[143]。自然科学已经十分明确地揭示：同一物质表现为两种最基本的现象形态，一种是实物、粒子形态；一种是场、波的形态[144-149]。在量子场论看来，场是一种基本的、普遍的物质，是相应的时空连续体，粒子只不过是场的局部凝聚[150-152]。物质此起彼伏、时散时聚，聚之起之则表现为粒子，散之伏之即表现为场[153，154]。

“场”的基本特征包括：拥有特定的空间区域；在空间区域存在若干元素；元素有特定的分布规律、运动规律，并相互作用。理论物理学中所说的电磁场、引力场、核力场等物理场都是力场或者说相互作用场。理论物理学界场理论的巨大贡献在于：场理论描述了处于场空间中的物体的相互作用和运动规律；说明了在自然空间中物质之间可以通过场进行相互联系、相互影响、相互转换和相互作用[155]。近年来，随着场理论的不断发展，场论及其研究方法不断趋于完善，应用领域也在不断拓宽。

场与实物一样具有波粒二象性并可以互相转化，场是粒子性和波动特性的统一。电磁场除了有波动特性之外，还有粒子性，也是粒子性和波动特性的对立统一。因为电磁场在和电子相互作用时，电子所能吸收的能量是一份一份的。如果电磁波的振荡频率是υ，那么电子所能吸收的能量就是 $h\upsilon$（h 为普朗克常数）的整倍数。这每一份能量代表一个粒子，成为光量子。电磁波如果撞击到电子上，还可以发生一种随着方位角不同而振荡频率也不同的长波辐射，这好比是一个能量为 $h\upsilon$、动量为 $h\upsilon/c$ 的粒子和电子发生弹性碰撞。1923 年，康普顿所做的实验，证实了这样的碰撞完全遵循能量守恒与转化定律，从而证明电磁场确实既是波又是粒子。

实物以微粒性占优势，而场则以波动特性占优势，但二者都具有波粒二象性；实物的运动速度有大有小，而电磁场则永远以光速运动着，但二者都具有运动速度；等等。同时，实物和场是可以相互转化的。现代物理学还揭示了实物粒子和场具有不可分割的联系，引入了“量子场”的概念。因为实物粒子和场具有对应关系，场的激发，就有粒子产生；反之，粒子就消失。所以，量子场的各种受激态，恰好表示各种不同状态下的基本粒子系统。总之，自然科学提供了足够的材料说明，场和实物一样，都是物质的东西[156]。

众多物理学家对各种“场”作了深入的研究，构造了名目繁多的“场论”：19 世纪 50—60 年代，英国物理学家麦克斯韦首创电磁场理论；20 世纪初，哥本哈根学派的玻尔等著名物理学家创立量子力学，接着量子力学介入场论，使场论量子化，形成“量子场论”；20 世纪初，爱因斯坦将“场”的概念引入牛顿的引力理论，创立了广义相对论及有关引力相互作用的引力场理论[157]。

场的本质是空间，早已为物理学的发展所揭示。通过上述分析，我们已经清楚地认识到：在物理学理论的发展史上，特别是在 19 世纪末洛仑兹的理论中，电磁场是空间的观点就已经取代了电磁场是物质的观点。进入 20 世纪以后，相对论又明确地认为引力场是空间。因而，物理学的发展已经证实、丰富和发展了场是空间的观点。

（3）场理论

场理论作为数学物理的一个重要分支，总的来说可以分为两大类：物理场和社会场。根据场的数学表现形式可分为数量场和矢量场；根据场的要素变化情况可分为稳定场和变化场；根据场变化的可控情况可分为可控场和不可控场。场理论不仅广泛应用于物理、力学、电工理论、无线电等多个科技部门，而且也已应用于物理学以外的社会学、经济学、管理学、生态学、计算机科学等的研究领域中去。

现代统一场论所追求的是四种力（引力、电磁力、弱力、强力）或者说是四种相互作用（引力相互作用、电磁相互作用、弱相互作用、强相互作用）的统一。在这里所指的场的实际内容都是一定范围内的物理力或物理作用；而不是把场当做物质，不是追求四种不同物质的统一。实际上，在物理学中，力（或作用力）与物质是分得很清楚的。

2.3.2 物理场与经济场

经典物理学认为，在统一的物质世界中包含着无限多样的物质形态，场也是物质形态的一种。场与物质的另一种形态——实物是同时存在的，并且密切联系。场与实物都具有一定质量、能量和动量，其形式、结构和属性也存在多样性，场与实物也都具有微粒性和波动性，其不仅决定着相互的运动形态和属性，而且在一定的条件下可以相互转化。而场与实物的差异在于：场可以在同一空间叠加而实物不能在同一空间叠加；场的连续性突出而实物中断性明显；场不具有静止质量及确定的形态和边界，而实物是具有静止质量、确定形态和边界的客观实在[154]。

物理学概念中的“场”，其含义是指一种物质存在的基本形态，包括物质相互作用的空间区域。与此类似，在经济空间中也存在着相应的联系、作用和转换。将场理论引入对经济空间的分析中，就是将空间与场相联系，构造经济空间以及与它相联系的一系列空间集合，同时对空间场要素及其作用方式、表现方式分别进行定义、描述和分析，通过对具体区域在各类空间活动中的行为轨迹的分析，对经济空间进行纵深层次的理论探讨和应用研究[158, 159]。经济客体间的作用也可类似于质量物体间的作用，根据场来描述经济客体对外的影响能力。可依据容量、范围和地表分布形式的不同，将经济客体本身划分为点状经济客体（如：城市、县镇等）、线状经济客体（如交通运输线、经济地带等）和面状经济客体（如经济区域等），从而根据点、线、面、质量场来分别计算分析它们各自对外的影响能力[160]。

2.3.3 空间场与流空间

空间场理论根植于物理学中的引力场和电磁场。空间场的一个重要属性在于它是弥散于全空间的，它把物理状态作为空间和时间的函数来描述，而且，在此空间区域之中，除了有限个点或某些表面外，场函数是处处连续的。由于运动是无处不在的，空间场中物质的物理性质可以用一些定义在全空间的场量描述①，这些场量是空间坐标和时间的函数，它们随时间的变化描述场的运动。空间不同点的场量可以看做是互相独立的动力学变量，因此场是具有连续无穷维自由度的系统。

随着20世纪70年代的信息和通信技术革命，世界范围内的经济组织结构、产业结构以及公司和企业布局范围、组织方式等都发生了巨大的变化，信息流、人流、物流、资金流、技术流等打破了地理资源的限制而得以在全球范围内顺畅流动，从而导致空间形态由静态的位空间转向各种流构成的流空间，最终对地区经济的发展产生深远的影响。

流空间（Space of flows）的概念是由社会学家卡斯泰尔（Castells）正式提出的，他认为流空间是“一种动态化的空间概念，是信息社会占支配性地位的空间形态，并进一步将其定义为通过流动而运作的共享时间之社会实践的物质组织[161]”。对 Castells 的流空间理论，可从网络和流、网络城市、双重城市，以及无限时间这四个不同的方面去解析：网络和流为流空间的基本元素；网络城市表达了流空间理论对应的城市关注；双重城市指出了城市空间的两重属性和流空间作用下经济社会的特性；无限时间理论从时空关联角度探讨了流空间[162]。流空间具有瞬时性、流动性和全球网络一体化这三个基本特征。

流空间产生于各种生产要素的空间流动，其流动的动力机制可抽象为通道、引力和势能：支撑生产要素流流动的通道通过交通与通信技术的发展得以形成；引力是指全球化的经济合作和贸易交流以及全球资源整合产生的全球化生产要素流动的需求驱动[163]；势能是指由于地区差异不同而产生的区域地理势能差异所构成的各种生产要素流流动的动力机制[164]。

2.3.4 社会物理学视角的旅游流空间场

场的本质为空间相互作用的一种形式。旅游流的空间相互作用就产生了旅游流空间场。正如运动的物质表征了“空间场”的存在一样，旅游流的形成与转移也表征了“旅游流空间场”乃是一种客观实在。

参考地理空间场论和流空间的概念，从区域空间角度来看，作者认为旅游流空间指以旅游客流为主导，包括信息流、资金流、物质流、能量流和文化流等的

① 例如电磁场的性质可以用电场强度和磁场强度来描述。

物质组织集合在地理空间内流动形成的一种动态化空间形态。从狭义层面上理解，旅游流空间仍以旅游客流的流动形成的动态空间区域形态为核心，其产生于旅游客流为主体的旅游流在地理空间的转移流动。这也是本文研究的旅游流空间的主体所在。从系统的角度来看，旅游流空间的基本构成要素包括旅游流的结点、通道以及旅游流构成的流空间网络；从时空的角度来看，旅游流空间可以从地域空间尺度和时间演化尺度两个方面来看，因此旅游流空间还具有时间特征这一要素指向；从旅游流空间的形成来看，旅游流空间产生于区域间的旅游流的动态转移，强调的是旅游流在空间转移流动过程中与旅游活动涉及的种种要素在区域间发生的相互作用，因此旅游流空间的边界就是"在效果停止作用的地方"[165]。

旅游流形成于旅游者从客源地向目的地的集体性、规模化的空间位移[166, 167]，旅游流转移表现为旅游者在各旅游节点之间的空间往复，其间各旅游流节点产生作用于其他节点的能量，形成"旅游流空间场"[168-173]。旅游流转移的过程即旅游流场发挥空间效应的过程，这种空间效应也对旅游流转移产生反作用[174, 175]。

2.4 对流

2.4.1 对流的概念

对流指的是流体内部由于各部分温度不同而造成的相对流动，即流体（气体或液体）通过自身各部分的宏观流动实现热量传递的过程[176]。液体或气体中，较热的部分上升，较冷的部分下降，循环流动，互相掺和，最终使温度趋于均匀。因流体的热导率很小，通过热传导传递的热量很少，对流是流体的主要传热方式。

对流可分自然对流和强迫对流两种。自然对流往往自然发生，是由于浓度差或者温度差引起密度变化而产生的对流。流体内的温度梯度会引起密度梯度变化，若低密度流体在下，高密度流体在上，则将在重力作用下形成自然对流。强迫对流是由于外力的推动而产生的对流。加大液体或气体的流动速度，能加快对流传热。

2.4.2 大气对流与反馈作用

大气中的一团空气在热力（动力）作用下的垂直上升运动。通过大气对流一方面可产生大气低层与高层之间的热量、动量与水汽交换；另一方面对流引起的水汽凝结可产生降水。热力作用下大气对流主要是在层结不稳定的大气中，一团空气的密度小于周围空气的密度，因而它所受的浮力大于重力，从而产生上升运动。

夏季经常见到的小范围、短时、突发性的降水和由积雨云形成的降水，常常是热力作用下的大气对流所致。动力作用下的大气对流主要是指在气流水平辐合或存在特殊地形的条件下形成的上升运动。在大气中大范围降水常是锋面及相伴气流水平辐合抬升而形成的，而在山脉附近的固定区域的降水则常是地形强迫抬升所致。一些特殊的地形（如喇叭状的地形）所形成的大气对流既有地形抬升的作用，也有地形导致气流水平辐合的作用。

一方面热力与动力的作用可以形成大气对流；另一方面大气对流又可影响大气的热力与动力结构，这就是大气对流的反馈作用。在热带地区，这种反馈作用尤显重要，大气对流形成的水汽凝结加热常常就是该地区大范围大气运动的重要能源来源。

2.4.3 旅游流扩散的双向对流

参考对流与反馈的相关概念，立足地域空间的认识视角，中国入境旅游流扩散也呈现显著的双向对流特征[177]：基于区位环境、交通可达性、旅游资源等因素，中国入境旅游流高度集中于中国东部省区，并且在世界级旅游产品的引导作用下，中国入境旅游流表现出十分显著的“东—西递进式”流动模式；与此同时，基于经济社会环境、国际化程度、旅游产业配套设施等因素，以及入境游客从口岸城市离境的客观需要，中国入境旅游流表现出规模化的“西—东递进式”流动模式。入境旅游流扩散的“东—西递进式”流动模式与“西—东递进式”流动模式并存，两者之间既对立，又共生，恰如一枚硬币的正面与反面，既互相对应，却又互为因果。在此双向对流模式的作用下，中国入境旅游扩散已成为一个“东部引领西部，西部反作用于东部”的时空地域格局复杂的动态平衡系统。

2.5 区域旅游流扩散模式

区域旅游流扩散模式会因为旅游者和区域的不同而呈现出多种形式，具体表现为不同游客在同一旅游目的地的空间行为差异性和同一旅游流在不同旅游目的地的空间行为差异性。

目前，使用最广泛的区域旅游流流动模式主要有：①Campbell 的游憩与度假旅行模型[178]，将目的地类型根据景区景点布局以及服务中心的分布而划分为大城市周边地区的放射状扩散的游憩设施、区域型非线性度假群组以及沿公路分布的零星度假服务基地 3 种，进而提出旅游流流动的模式，主要度假路径、游憩性度假路径以及游憩路径 3 种具有一定等级差异的空间流动结构；②Lue 的多目的地旅游流流动模式，将旅游流空间流动模式划分为五种类型：单一目的地旅游流流动模式、线型旅游流流动模式、基营式旅游流流动模式、环型旅游流流动模式、链式旅游流流动模式[179]；③Stewart 与 Vogt 的多目的地旅行模式，将旅游区游客旅游流流动模式划分为 5 种类型的旅行线路模式：区域旅游流流动模式、旅行链流动模式、单目的地旅行模式、中途旅行模式、基营式旅行模式[180]；④Lundgren 旅行模式，提出了四种类型的旅游目的地流动模式：处于中心城市型旅游目的地流动模式、周边小城市型旅游目的地流动模型、周边乡村型旅游目的地旅游流模式、自然环境旅游目的地旅游流流动模式[181]；⑤保继刚大、中、小尺度的旅游流流动模式，提出受旅游者的闲暇时间和信息收集量的限制，旅游流流动模式会随着流动空间的大小而呈现出一定规律，其中大尺度旅游流流动模式主要表现为环状流动模式。而中、小尺度旅游流特征主要表现为节点状性流动模式[182]；⑥吴必虎环城游憩带理论，认为大中城市在土地利用、交通可达性、人群流动等因素综合影响下，旅游流流动会以中心城市为核心而呈现放射状的圈层布局结构，即以大中城市为客源地，形成紧密围绕城市并逐步向外扩散的第一旅游环带、第二旅游环带、第三旅游环带，而旅游流流动模式主要表现为近程、短期、高频流动特征[183]；⑦楚义芳旅游线路模式，在讨论大尺度的旅游线路设计时，根据游客行为和意愿特性，将旅游线路大致分为周游型和逗留型两类，任何线路的行为都有两个基本特性：成本最小化和满意度最大化，在具体线路设计时，根据目标的差异性，二者之间会出现四种不同的组合方式和可能条件下的最佳效益组合[184]。

从旅游流在各旅游目的地的流动模式来看，由于旅游资源空间布局的差异性、旅游目的地类型的多样性、旅游目的地现实交通区位的多元性，区域旅游流在旅游目的地的流动模式往往比较复杂，一般会根据实际情况的不同而呈现出单一目的地旅游、线型旅游、基营式旅游、环型旅游、链式旅游等多种旅游模式。

对入境旅游而言，鉴于其典型的大尺度地域空间跨越性，入境游客的交通方式主要是航空交通[185]，入境旅游流在扩散转移的过程中呈现极其显著的交通导向性，入境旅游流扩散转移呈现为典型的直线流动模式；此外，入境游客出于行游时间比最小化的理性考虑，往往在一次行程中游览多个旅游目的地[186]，入境旅游流扩散转移呈现为典型的链式流动模式。

2.6 入境旅游流扩散系统

入境游客从世界各地到达中国东部的入境口岸城市之后，会产生两个流向：一个流向是在入境口岸城市开展旅游活动，从而形成口岸城市内部的入境旅游流；另一个流向是并不在口岸城市开展旅游活动，而是仅仅将口岸城市作为一个入境旅游中转站，其目的在于深入中国内陆，从而形成了典型的东—西扩散入境旅游流。这种东—西扩散入境旅游流，是中国入境旅游流扩散系统中的一级扩散流。

对于深入中国内陆开展旅游活动的入境旅游流而言，其在游览完一处旅游目的地之后，也会产生两个流向：一个流向是离开中国内陆，直接赶赴东部口岸城市出境；另一个是赶往中国内陆另一处旅游目的地继续旅游，从而形成中国入境旅游流扩散系统中的二级扩散流。

此外，由于入境游客旅游线路的复杂性和连续性，深处中国内陆的许多热点旅游目的地往往会出现多级的旅游流扩散，从整体来看，入境旅游流在中国的扩散过程往往不是一两步就能够完成的，还会出现三级扩散，四级扩散等多级扩散模式。

可见，中国入境旅游流的扩散是一个自组织的多级复杂动态系统。然而，在这个系统中，对中国入境旅游流东—西递进空间演进格局具有决定性影响的，仍然是中国入境旅游流扩散系统中的一级扩散流。本书中所指的“入境旅游流空间扩散”，如无特殊说明，即专指中国入境旅游流扩散系统中的一级扩散流。

第3章 入境旅游流扩散的力学视角分析

为了佐证以上观点和见解，国家自然科学基金《中国典型区域入境旅游流东—西递进空间演化机理研究》（NO. 40771058）项目组的成员于2008年5—10月分别奔赴北京、大连、上海、南京、杭州、苏州、广州、深圳、桂林、西安、成都、重庆、昆明13个入境旅游热点城市，采用随机偶遇法开展针对入境游客的抽样市场调查。本章所用数据，主要来源于项目组成员在北京、上海、广州、深圳等地所做的入境游客抽样调查问卷数据。

3.1 项目调查设计

3.1.1 调查问卷内容的设计

调查问卷涉及的内容包括：①旅游动机、停留时间、旅游次数、出游方式、入境旅游的线路安排等个人旅游行为特征；②旅游吸引要素、旅游阻碍因素等方面要素的感知差异；③城市整体形象、城市印象评价等方面要素的综合价值评判；④国籍、性别、年龄、职业、受教育程度、收入水平、家庭结构等个人信息资料。

3.1.2 样本城市和旅游景点的选取

由于入境游客在旅游目的地的选择上多具备十分“挑剔”的择优价值标准，多数入境游客倾向于选择国际知名度较高的旅游热点城市和资源等级较高的旅游景点。此外，基于入境游客必须在口岸城市出入中国国境的客观现实，项目组选择了北京、大连、上海、南京、杭州、苏州、广州、深圳、桂林、西安、成都、重庆、昆明13个入境旅游热点城市和这些城市在国际上知名度高的旅游景点开展针对入境游客的市场调查。

3.1.3 开展市场调查的时间和场所

为避开 2008 年北京奥运会对入境旅游的影响，项目组一共开展了两次市场调查：第一次市场调查时间为 2008 年 5 月 7 日至 6 月 16 日，第二次市场调查时间为 2008 年 9 月 27 日至 10 月 29 日。期间，项目组分别组织了 3 名博士生、3 名硕士生前往北京、广州、深圳开展市场抽样调查，组织了 1 名博士生、3 名硕士生前往上海开展市场抽样调查。

调查地点选择在入境游客相对集中的地方。如各大城市的旅游景点、旅游购物商店、知名旅游街区、旅游集散中心、机场、车站、广场、旅游饭店等。

3.1.4 调查资料的有效性

两次市场抽样调查共在北京、上海、广东、深圳发放调查问卷 2 989 份，回收调查问卷 2 694 份，其中有效问卷 2 511 份（北京 688 份、上海 706 份、广州 634 份、深圳 483 份），问卷有效率达 84.01%。

3.1.5 数据处理与分析方法

根据调查问卷的内容设计，可将研究问题分为：入境旅游客流的人口统计特征、入境客流的旅游动机分析、入境客流的吸引要素分析、入境客流的阻碍因素分析、城市整体形象感知、城市印象评价等多个部分。本章首先采用 SPSS 软件对导致入境旅游流扩散的正向力、反向力开展因子分析；之后，再采用 AMOS 软件对导致入境旅游流扩散的正向力、反向力开展基于结构方程模型的假设检验与结果分析。

本章将 SPSS 因子分析与 AMOS 结构方程模型结合起来，基于力学视角探索北京、上海、广东入境旅游流空间扩散的关键影响因素及其产生作用的力度强弱。

3.2 研究方法

3.2.1 因子分析

因子分析是将现实生活中众多相关、重叠的信息进行合并和综合，将原始的多个变量和指标变成较少的综合变量和综合指标，以利于分析判定。

因子分析的出发点是用较少的相互独立的因子变量来代替原来变量的大部分信息，可以通过下面的数学模型来表示：

$$
\begin{cases}
x_1=\alpha_{11}F_1+\alpha_{12}F_2+\cdots+\alpha_{1m}F_m+\alpha_1\varepsilon_1 \\
x_2=\alpha_{21}F_1+\alpha_{22}F_2+\cdots+\alpha_{2m}F_m+\alpha_2\varepsilon_2 \\
\cdots \\
x_P=\alpha_{P1}F_1+\alpha_{P2}F_2+\cdots+\alpha_{Pm}F_m+\alpha_P\varepsilon_P
\end{cases}
$$

式中，x_1，x_2，x_3，x_4，x_5，…，x_P 为原有变量，是均值为零、标准差为 1 的标准化变量；F_1，F_2，F_3，F_4，F_5，…，F_m 为 m 个因子变量，m 小于 p，表示成矩阵形式为：

$$X=AF+\alpha\varepsilon$$

式中，F 为因子变量或公共因子，可以将它们理解为在高维空间中互相垂直的 m 个坐标轴。A 为因子载荷矩阵，α_{ij} 为因子载荷，是第 i 个原有变量在第 j 个因子变量上的负荷。如果把变量 x_i 看成是 m 维空间中的一个向量，则 α_{ij} 为 x_i 在坐标轴 F_j 上的投影，相当于多元回归中的标准回归系数。ε 为特殊因子，表示了原有变量不能被因子变量所解释的部分，相当于多元回归分析中的残差部分。

因子分析有两个核心的问题：一是如何构造因子变量；二是如何对因子变量进行命名解释。因子分析的 4 个基本步骤分别是：

①确定待分析的原有若干变量是否适合于因子分析；

②构造因子变量；

③利用旋转使得因子变量更加具有可解释性；

④计算因子变量的得分。

3.2.2　结构方程模型

在社会科学以及经济、市场、管理等研究领域，有时需处理多个原因、多个结果的关系，或者会碰到不可直接观测的变量（即潜变量），这些都是传统的统计方法不能很好解决的问题。解决这一问题的最好方法是结构方程模型。

结构方程模型（Structural Equation Modeling，SEM）是一种建立、估计和检验因果关系模型的方法，也是社会科学研究中的一个非常好的方法。结构方程模型中既包含有可观测的显在变量，也可能包含无法直接观测的潜在变量。与传统的回归分析不同，结构方程分析能同时处理多个因变量，并可比较及评价不同的理论模型。与传统的探索性因子分析不同，在结构方程模型中，可以提出一个特定的因子结构，并检验它是否吻合数据。通过结构方程多组分析，可以了解不同组别内各变量的关系是否保持不变，各因子的均值是否有显著性差异等。结构方程模型可以替代多重回归、通径分析、因子分析、协方差分析等方法，清晰分析单项指标对总体的作用和单项指标间的相互关系。结构方程模型提供一个处理测量误差的方法，采用多个指标去反映潜在变量，也可估计整个模型因子间的关系，较传统回归方法更为准确合理。20 世纪 80 年代以来，结构方程模型迅速发展，弥补了传统统计方法的不足，成为多元数据分析的重要工具。

结构方程模型的基本原理涉及：研究假设、结构化验证、模型比较分析等多项基本内涵。

研究假设是结构方程模型的第一个主要内涵，指的是统计学中有关推论统计方面的研究假设，它是推论统计最主要的内容，也是行为科学研究的核心观念。在 SEM 当中，为了验证自己所提出理论观点的适切性，研究者需要提出一套理论性的建构。此时，无论是针对整体模型的适切性考验，或是个别变项间关系的参数估计，都是以研究假设的方式来检验之。

结构化验证是结构方程模型的第二个主要内涵，它指的是对变项关系的探索。通常它并不是单纯的一个变项的推论或两变项关系的讨论，而是涉及一组变项之间关系的讨论，这一组变项除了存在有数学的、表面上的关系外，可能还存有潜在的因果性或阶层性。

模型比较分析是结构方程模型的第三个主要内涵，它是模块化分析的应用。利用先前所讨论的假设检定与结构化验证功能，结构方程模型可以将一系列的研究假设同时结构成一个有意义的假设模型，然后经由统计的程序对此模型进行检证。不同的模型之间，则可进行竞争比较。

在社会与行为科学的研究中，往往相同的一组变项会因为理论观点的不同，对于变项之间的假设关系也会有不同的主张。因此，研究者可以基于不同的理论与假设前提，发展出不同的替代模型，进行模式间的竞争比较。这一利用假设模型进行统计验证的优点，大大改善了传统路径分析在多组回归分析进行同时估计的限制，也提高了分析的应用广度。

3.3　正向力的因子分析

3.3.1　数据的信度和效度检验

为确保问卷和问题间的内在一致性，采用 Cronbach's Alpha 系数对问卷所得数据进行信度评价——Cronbach's Alpha 系数值在 0～1，该系数越逼近 1 则表明数据内部和外部的信度越高。当 Cronbach's Alpha 系数处于 0.9～1.0 时表示数据十分可信；当 Cronbach's Alpha 系数处于 0.7～0.9 时表示数据很可信；当 Cronbach's Alpha 系数处于 0.5～0.7 时表示数据可信；当 Cronbach's Alpha 系数处于 0.4～0.5 时表示数据稍微可信；当 Cronbach's Alpha 系数处于 0.3～0.4 时表示数据如果是用于初步研究，勉强可信；当 Cronbach's Alpha 系数处于 0.3 以下时表示数据不可信。

（1）旅游动机数据检验

对调查问卷所获旅游动机数据的信度分析显示，关于旅游动机的 9 个选项的总体信度 Cronbach's Alpha 系数值为 0.721，表明这类选项的总体信度处于很可信的范围之内。

9 个调查项的效度分析显示"公务"一项偏离 Cronbach's Alpha 系数值较大，说明这一项影响了整体数据的信度和效度；若去掉此项，其余数据的信度可由 0.721 提高至 0.782，数据的效度也有显著的提高。为避免该调查项对其他调查项的干扰，作者在本章的分析里删除了此项。

（2）吸引要素数据检验

对调查问卷所获吸引要素数据的信度分析显示，关于吸引要素选项的数据的总体信度 Cronbach's Alpha 系数值为 0.806，表明这类选项的总体信度处于很可信的范围之内。

9 个调查项的效度分析显示所有选项偏离 Cronbach's Alpha 系数值均较小，表明这类选项的总体效度良好。

3.3.2　确定是否适合于因子分析的检验

因子分析的前提是各指标间必须具有较强的相关性，如果原有各指标间没有共享信息，就不能提取公因子。因此，在因子分析之前，必须对原有变量作相关分析。

最常用的方法就是计算变量之间的相关系数矩阵。如果相关系数矩阵在进行统计检验中，大部分相关系数都小于 0.3，并且未通过统计检验，那么这些变量就不适合于进行因子分析。

SPSS 在因子分析过程中提供了几种检验方法来判断变量是否适用于做因子分析。主要的统计检验方法有 KMO（Kaiser-Meyer-Olkin）检验和巴特利球形检验（Bartlett Test of Sphericity）。

KMO 统计量用于比较变量间简单的相关和偏相关系数。KMO 的取值范围在 0～1，如果 KMO 的值越接近 1，则所有变量之间的简单相关系数平方和远大于偏相关系数平方和，因此越适合于做因子分析。如果 KMO 越小，则越不适合于做因子分析。

Kaiser 给出了 KMO 的检验标准：

0.9＜KMO：非常适合

0.8＜KMO＜0.9：适合

0.7＜KMO＜0.8：基本适合

0.6＜KMO＜0.7：不太适合

KMO＜0.6：不适合

巴特利球形检验是以变量的相关系数矩阵为出发点的。它的零假设相关系数矩阵是一个单位阵，即相关系数矩阵对角线上的所有元素都为 1，所有非对角线上的元素都为 0。巴特利球形检验的统计量是根据相关系数矩阵的行列式得到的。如果该值较大，且对应的相伴概率值小于用户心中的显著性水平，那么应该拒绝零假设，认为相关系数矩阵不可能是单位阵，即原始变量直接存在相关性，适合于做因子分析；相反，如果该统计量比较小，且其对应的相伴概率大于显著性水平，则不能拒绝零假设，认为相关系数矩阵可能是单位阵，不宜做因子分析。

（1）旅游动机选项的检验

调查问卷关于旅游动机数据的 KMO 值与巴特利球形检验的结果见表 3-1。

表 3-1　调查问卷旅游动机选项的 KMO 值与巴特利球形检验

Tab. 3-1 KMO and Bartlett's Test of Sphericity of surveys on tourism motivation

Kaiser-Meyer-Olkin Measure of Sampling Adequacy		0.796
Bartlett's Test of Sphericity	Approx. Chi-Square	4 777.658
	Df	28.000
	Sig.	0.000

由表 3-1 可知，调查问卷的 KMO 值为 0.796，根据 Kaiser 给出的标准，这些涉及旅游动机的数据基本适合进行因子分析。

Bartlett 球形检验给出的相伴概率为 0.000，小于显著性水平 0.05，因此拒绝 Bartlett 球形检验的零假设，认为涉及旅游动机的数据适合进行因子分析。

（2）吸引要素选项的检验

调查问卷关于吸引要素数据的 KMO 值与巴特利球形检验的结果见表 3-2。

由表 3-2 可知，调查问卷的 KMO 值为 0.851，根据 Kaiser 给出的标准，这些涉及吸引要素的数据适合进行因子分析。

Bartlett 球形检验给出的相伴概率为 0.000，小于显著性水平 0.05，因此拒绝 Bartlett 球形检验的零假设，认为涉及吸引要素的数据适合进行因子分析。

表 3-2 调查问卷吸引要素选项的 KMO 值与巴特利球形检验

Tab. 3-2 KMO and Bartlett's Test of Sphericity of surveys on tourism attraction

Kaiser-Meyer-Olkin Measure of Sampling Adequacy		0.851
Bartlett's Test of Sphericity	Approx. Chi-Square	5 511.837
	df	36.000
	Sig.	0.000

3.3.3 旅游动机分析

在 SPSS 软件中选用因子分析对入境客流扩散的旅游动机选项开展分析，分别可得以下结果。SPSS 输出结果文件的第一部分是所做调查问卷中涉及旅游动机的 8 个原始变量的统计描述结果（表 3-3）。

表 3-3 调查问卷旅游动机选项的统计描述结果

Tab. 3-3 Descriptive statistics of surveys on tourism motivation

	Mean	Std. Deviation	Analysis N
1. 摆脱日常工作和生活	2.983 3	1.311 76	2 511
2. 追求身心健康	2.446 9	1.235 03	2 511
3. 追求新奇刺激	3.575 4	1.220 78	2 511
4. 拓宽视野	4.035 2	1.100 36	2 511
5. 受到尊重	2.595 3	1.294 97	2 511
6. 空闲时间	2.965 0	1.276 87	2 511
7. 可自由支配收入	2.449 7	1.258 50	2 511
8. 情感交流	2.652 5	1.268 60	2 511

由表 3-3 可知："摆脱日常工作和生活"的平均得分为 2.983 3，2 511 名被调查游客对此项调查打分的标准差为 1.311 76；"追求身心健康"的平均得分为 2.446 9，2 511 名被调查游客对此项调查打分的标准差为 1.235 03；"追求新奇刺激"的平均得分为 3.575 4，2 511 名被调查游客对此项调查打分的标准差为 1.220 78；"拓宽视野"的平均得分为 4.035 2，2 511 名被调查游客对此项调查打分的标准差为 1.100 36；"受到尊重"的平均得分为 2.595 3，2 511 名被调查游客对此项调查打分的标准差为 1.294 97；"空闲时间"的平均得分为 2.965 0，2 511 名被调查游客对此项调查打分的标准差为 1.276 87；"可自由支配收入"的平均得分为 2.449 7，2 511 名被调查游客对此项调查打分的标准差为 1.258 50；"情感交流"的平均得分为 2.652 5，2 511 名被调查游客对此项调查打分的标准差为 1.268 60。由此可见，这些受调查的客流群体"拓宽视野"的旅游动机相对最强，受"追求身心健康"的影响程度相对最弱。

SPSS 输出结果文件的第二部分是所做调查问卷中涉及旅游动机的 8 个原始变量的相关矩阵（表 3-4）。

表 3-4 调查问卷旅游动机选项的相关矩阵①

Tab. 3-4 Correlation Matrix[a] of surveys on tourism motivation

		1	2	3	4	5	6	7	8
Correlation	1	1.000	0.528	0.279	0.197	0.280	0.407	0.270	0.285
	2	0.528	1.000	0.223	0.135	0.398	0.355	0.353	0.369
	3	0.279	0.223	1.000	0.509	0.158	0.314	0.201	0.239
	4	0.197	0.135	0.509	1.000	0.155	0.243	0.157	0.199
	5	0.280	0.398	0.158	0.155	1.000	0.385	0.352	0.417
	6	0.407	0.355	0.314	0.243	0.385	1.000	0.441	0.336
	7	0.270	0.353	0.201	0.157	0.352	0.441	1.000	0.412
	8	0.285	0.369	0.239	0.199	0.417	0.336	0.412	1.000
Sig.（1-tailed）	1		0.000	0.000	0.000	0.000	0.000	0.000	0.000
	2	0.000		0.000	0.000	0.000	0.000	0.000	0.000
	3	0.000	0.000		0.000	0.000	0.000	0.000	0.000
	4	0.000	0.000	0.000		0.000	0.000	0.000	0.000
	5	0.000	0.000	0.000	0.000		0.000	0.000	0.000
	6	0.000	0.000	0.000	0.000	0.000		0.000	0.000
	7	0.000	0.000	0.000	0.000	0.000	0.000		0.000
	8	0.000	0.000	0.000	0.000	0.000	0.000	0.000	

a. Determinant=0.149.

① 注：表中 1 指"摆脱日常工作和生活"； 2 指"追求身心健康"；3 指"追求新奇刺激"；4 指"拓宽视野"；5 指"受到尊重"；6 指"空闲时间"；7 指"可自由支配收入"；8 指"情感交流"。

表 3-4 的上半部分给出的是 8 个原始变量的相关矩阵，下半部分则给出了每个相关系数的单尾显著性水平（1-tailed）。表格下面给出了相关系数矩阵的行列式值，Determinant = 0.149。

SPSS 输出结果文件的第三部分是所做调查问卷中涉及旅游动机的 8 个原始变量的相关系数的逆矩阵（表 3-5）。

表 3-5　调查问卷旅游动机选项的逆矩阵①

Tab. 3-5 Inverse of Correlation Matrix of surveys on tourism motivation

	1	2	3	4	5	6	7	8
1	1.534	−0.641	−0.145	−0.054	0.000	−0.328	0.016	−0.051
2	−0.641	1.618	−0.071	0.069	−0.301	−0.043	−0.190	−0.193
3	−0.145	−0.071	1.468	−0.646	0.066	−0.201	−0.019	−0.107
4	−0.054	0.069	−0.646	1.375	−0.057	−0.082	−0.010	−0.074
5	0.000	−0.301	0.066	−0.057	1.411	−0.271	−0.137	−0.335
6	−0.328	−0.043	−0.201	−0.082	−0.271	1.533	−0.397	−0.065
7	0.016	−0.190	−0.019	−0.010	−0.137	−0.397	1.425	−0.324
8	−0.051	−0.193	−0.107	−0.074	−0.335	−0.065	−0.324	1.421

SPSS 输出结果文件的第四部分是所做调查问卷中涉及旅游动机的 8 个原始变量的 KMO 检验和 Bartlett 球形检验结果（表 3-1）。

SPSS 输出结果文件的第五部分是所做调查问卷中涉及旅游动机的 8 个原始变量的反映像相关矩阵检验结果（表 3-6）。

表 3-6　调查问卷旅游动机选项的反映像相关矩阵①

Tab. 3-6 Anti-image correlate Matrices of surveys on tourism motivation

		1	2	3	4	5	6	7	8
Anti-image Covariance	1	0.652	−0.258	−0.064	−0.026	0.000	−0.139	0.007	−0.023
	2	−0.258	0.618	−0.030	0.031	−0.132	−0.017	−0.082	−0.084
	3	−0.064	−0.030	0.681	−0.320	0.032	−0.089	−0.009	−0.051
	4	−0.026	0.031	−0.320	0.727	−0.029	−0.039	−0.005	−0.038
	5	0.000	−0.132	0.032	−0.029	0.709	−0.125	−0.068	−0.167
	6	−0.139	−0.017	−0.089	−0.039	−0.125	0.652	−0.182	−0.030

① 注：表中 1 指“摆脱日常工作和生活”；2 指“追求身心健康”；3 指“追求新奇刺激”；4 指“拓宽视野”；5 指“受到尊重”；6 指“空闲时间”；7 指“可自由支配收入”；8 指“情感交流”。

		1	2	3	4	5	6	7	8
Anti-image Covariance	7	0.007	−0.082	−0.009	−0.005	−0.068	−0.182	0.702	−0.160
	8	−0.023	−0.084	−0.051	−0.038	−0.167	−0.030	−0.160	0.704
Anti-image Correlation	1	0.780[a]	−0.407	−0.097	−0.037	0.000	−0.214	0.011	−0.034
	2	−0.407	0.787[a]	−0.046	0.046	−0.199	−0.027	−0.125	−0.127
	3	−0.097	−0.046	0.714[a]	−0.455	0.046	−0.134	−0.013	−0.074
	4	−0.037	0.046	−0.455	0.680[a]	−0.041	−0.057	−0.007	−0.053
	5	0.000	−0.199	0.046	−0.041	0.837[a]	−0.184	−0.097	−0.236
	6	−0.214	−0.027	−0.134	−0.057	−0.184	0.837[a]	−0.269	−0.044
	7	0.011	−0.125	−0.013	−0.007	−0.097	−0.269	0.834[a]	−0.228
	8	−0.034	−0.127	−0.074	−0.053	−0.236	−0.044	−0.228	0.851[a]

a. Measures of Sampling Adequacy（MSA）.

SPSS 输出结果文件的第六部分是因子分析的初始结果（表 3-7）。

表 3-7　调查问卷旅游动机选项的因子分析初始结果

Tab. 3-7 Communalities on tourism motivation

	Initial	Extraction
1．摆脱日常工作和生活	1.000	0.439
2．追求身心健康	1.000	0.549
3．追求新奇刺激	1.000	0.739
4．拓宽视野	1.000	0.749
5．受到尊重	1.000	0.497
6．空闲时间	1.000	0.505
7．可自由支配收入	1.000	0.470
8．情感交流	1.000	0.463

Extraction Method：Principal Component Analysis.

表 3-7 的第一列列出了 8 个原始变量名；第二列是根据因子分析初始解计算出的变量共同度，利用主成分分析法得到 8 个特征值，它们便是因子分析的初始解，可利用这 8 个初始解和对应的特征向量计算出因子分析载荷矩阵。由于每个原始变量的所有方差都能被因子变量解释掉，因此每个原始变量的共同度都为 1；第三列是根据因子分析最终解计算出的变量共同度，根据最终提取的 m 个特征值和对应的特征向量计算出因子载荷矩阵。

这时，由于因子变量的个数少于原始变量的个数，因此每个变量的共同度必然小于 1。

SPSS 输出结果文件的第七部分是因子提取和因子旋转的结果（表 3-8）。

表 3-8　调查问卷旅游动机选项的因子提取和因子旋转结果

Tab. 3-8 Total Variance explained of surveys on tourism motivation

Component	Initial Eigenvalues			Extraction Sums of Squared Loadings			Rotation Sums of Squared Loadings		
	Total	% of Variance	Cumulative %	Total	% of Variance	Cumulative %	Total	% of Variance	Cumulative %
1	3.181	39.764	39.764	3.181	39.764	39.764	2.796	34.952	34.952
2	1.229	15.357	55.121	1.229	15.357	55.121	1.614	20.169	55.121
3	0.868	10.85	65.971						
4	0.695	8.683	74.654						
5	0.619	7.736	82.391						
6	0.52	6.499	88.890						
7	0.478	5.973	94.863						
8	0.411	5.137	100.000						

Extraction Method：Principal Component Analysis.

表 3-8 的 Component 列和 Initial Eigenvalues 列描述了因子分析初始解对原有变量总体描述情况。第一列是因子分析的 8 个初始解序号；第二列是因子变量的方差贡献（特征值），是衡量因子重要程度的指标；第三列是因子变量的方差贡献率，表示该因子描述的方差占原有变量总方差的比例。

表 3-8 的第五列到第七列是从初始解中按照一定的标准[①]提取了 2 个公因子后对原变量总体的描述情况，各列数据的含义与前面第二列到第四列相同。可见，提取了 2 个公因子后，它们反映了原变量的大部分信息。

表 3-8 的第八列到第十列是旋转后得到的因子对原变量总体的刻画情况。各列的含义同第五列到第七列是一样的。

SPSS 输出结果文件的第八部分是公共因子碎石图（图 3-1）。

① 注：在前面的分析中，设定了提取因子的标准是特征值大于 1。

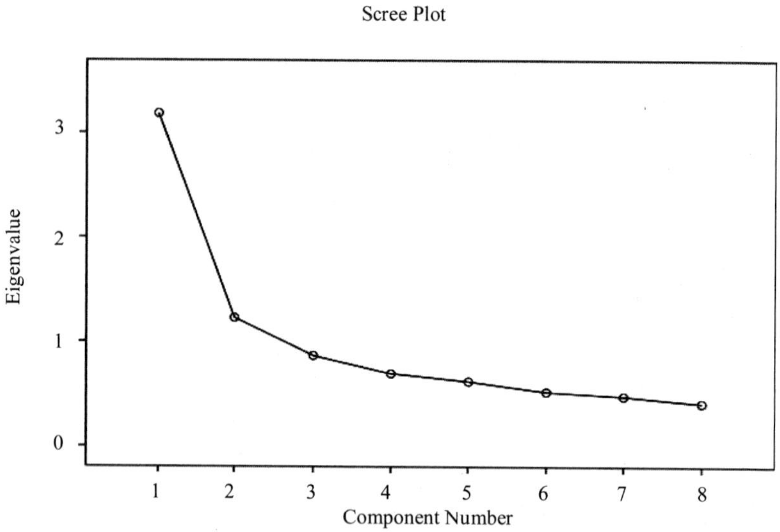

图 3-1　调查问卷旅游动机选项的公共因子碎石

Fig. 3-1 Scree Plot of common factors of surveys on tourism motivation

图 3-1 的横坐标为公共因子数，纵坐标为公共因子的特征值。由图 3-1 可知，前面 2 到 3 个公共因子的特征值变化非常明显，到 3 个特征值以后，特征值变化趋于平稳。因此说明提取 2～3 个公共因子可以对原变量信息描述具有显著作用。

SPSS 输出结果文件的第九部分是初始因子载荷矩阵 A（表 3-9）。

表 3-9　调查问卷旅游动机选项的初始因子载荷矩阵

Tab. 3-9 Component Matrix[a] of surveys on tourism motivation

	Component	
	1	2
1．摆脱日常工作和生活	0.659	−0.067
2．追求身心健康	0.691	−0.266
3．追求新奇刺激	0.542	0.667
4．拓宽视野	0.460	0.733
5．受到尊重	0.638	−0.299
6．空闲时间	0.710	−0.029
7．可自由支配收入	0.647	−0.226
8．情感交流	0.658	−0.172

Extraction Method：Principal Component Analysis.

a. 2 components extracted.

表 3-9 显示的是最终的因子载荷矩阵 A，根据该表格可得如下的因子分析模型

$$X=AF+\alpha\varepsilon$$

即

$$\begin{cases} x_1=0.659F_1-0.067F_2 \\ x_2=0.691F_1-0.266F_2 \\ x_3=0.542F_1+0.667F_2 \\ x_4=0.460F_1+0.733F_2 \\ x_5=0.638F_1-0.299F_2 \\ x_6=0.710F_1-0.029F_2 \\ x_7=0.647F_1-0.226F_2 \\ x_8=0.658F_1-0.172F_2 \end{cases}$$

SPSS 输出文件中的第十部分是因子载荷矩阵旋转后的结果（表 3-10）。

表 3-10 是按照预先设定的方差极大法对因子载荷矩阵旋转后的结果。未经旋转的载荷矩阵中，因子变量在许多变量上都有较高的载荷，从而导致了因子变量的含义比较模糊；经过旋转后，因子变量的含义略加清楚。

表 3-10　调查问卷旅游动机选项旋转后的因子载荷矩阵

Tab. 3-10 Rotated Component Matrix[a] of surveys on tourism motivation

	Component	
	1	2
1．摆脱日常工作和生活	0.206	0.632
2．追求身心健康	0.737	0.069
3．追求新奇刺激	0.190	0.839
4．拓宽视野	0.087	0.861
5．受到尊重	0.705	0.015
6．空闲时间	0.649	0.289
7．可自由支配收入	0.680	0.085
8．情感交流	0.666	0.138

Extraction Method：Principal Component Analysis.

Rotation Method：Varimax with Kaiser Normalization.

a. Rotation converged in 3 iterations.

由表 3-10 可知：第一个因子变量反映了“追求身心健康”“受到尊重”“空闲时间”“可自由支配收入”“情感交流”等原始变量的基本信息，由于这些原始变量多与世俗的生活方式息息相关，故将此因子命名为“世俗愉悦”因子；第二个因子变量反映了“摆脱日常工作和生活”“追求新奇刺激”“拓宽视野”等原始变量的基本信息，由于这些原始变量多与“本我”的价值追求和更高的身心体验息息相关，故将此因子命名为“本我追求”因子。

SPSS 输出文件中的第十一部分是因子转换矩阵（表 3-11）。

表 3-11　调查问卷旅游动机选项的因子转换矩阵

Tab. 3-11 Component Transformation Matrix of surveys on tourism motivation

Component	1	2
1	0.896	0.444
2	−0.444	0.896

Extraction Method：Principal Component Analysis.

Rotation Method：Varimax with Kaiser Normalization.

由表 3-11 可知，此分析所用的因子提取方法是主成分分析，旋转的方法是方差极大法。

SPSS 输出文件中的第十二个部分是因子得分矩阵（表 3-12）。

表 3-12　调查问卷旅游动机选项的因子得分矩阵

Tab. 3-12 Component Score Coefficient Matrix of surveys on tourism motivation

	Component	
	1	2
1．摆脱日常工作和生活	0.210	0.043
2．追求身心健康	0.291	−0.097
3．追求新奇刺激	−0.088	0.562
4．拓宽视野	−0.135	0.599
5．受到尊重	0.288	−0.129
6．空闲时间	0.210	0.078
7．可自由支配收入	0.264	−0.074
8．情感交流	0.248	−0.034

Extraction Method：Principal Component Analysis.

Rotation Method：Varimax with Kaiser Normalization.

Component Scores.

表 3-12 是根据回归算法计算出来的因子得分函数的系数，由表 3-12 可得因子得分函数：

$$\begin{cases} F_1=0.210x_1+0.291x_2-0.088x_3-0.135x_4+0.288x_5+0.210x_6+0.264x_7+0.248x_8 \\ F_2=0.043x_1-0.097x_2+0.562x_3+0.599x_4-0.129x_5+0.078x_6-0.074x_7-0.034x_8 \end{cases}$$

SPSS 根据这两个因子的得分函数，将自动计算此 2 511 个样本的两个因子得分，并且将两个因子得分作为新变量，保存在 SPSS 的数据编辑窗口。

SPSS 输出文件中的第十三个部分是因子变量的协方差矩阵（表 3-13）。

表 3-13 调查问卷旅游动机选项的因子变量协方差矩阵

Tab. 3-13 Component Score Covariance Matrix of surveys on tourism motivation

Component	1	2
1	1.000	0.000
2	0.000	1.000

Extraction Method：Principal Component Analysis.

Rotation Method：Varimax with Kaiser Normalization.

Component Scores.

由表 3-13 可知，不同因子之间的协方差数据为 0，表明所得到的因子变量是正交的、不相关的。

3.3.4 吸引要素分析

在 SPSS 软件中选用因子分析对入境客流扩散的吸引要素选项开展分析，分别可得以下结果。

SPSS 输出结果文件的第一部分是所做调查问卷中涉及吸引要素的 9 个原始变量的统计描述结果（表 3-14）。

表 3-14 调查问卷吸引要素选项的统计描述结果

Tab. 3-14 Descriptive statistics of surveys on tourism attraction

	Mean	Std. Deviation	Analysis N
1．旅游景点	3.803 9	1.460 15	2 511
2．城市形象	3.524 6	1.476 41	2 511
3．民风民俗	3.333 3	1.329 12	2 511
4．地方饮食	3.128 5	1.410 70	2 511
5．旅游购物	2.749 1	1.458 60	2 511

	Mean	Std. Deviation	Analysis N
6．节事活动	2.813 6	1.531 87	2 511
7．友善好客	3.027 9	1.414 38	2 511
8．环境氛围	3.015 6	1.483 05	2 511
9．交通方便	2.670 7	1.446 39	2 511

由表 3-14 可知："旅游景点"的平均得分为 3.803 9，2 511 名被调查游客对此项调查打分的标准差为 1.460 15；"城市形象"的平均得分为 3.524 6，2 511 名被调查游客对此项调查打分的标准差为 1.476 41；"民风民俗"的平均得分为 3.333 3，2 511 名被调查游客对此项调查打分的标准差为 1.329 12；"地方饮食"的平均得分为 3.128 5，2 511 名被调查游客对此项调查打分的标准差为 1.410 70；"旅游购物"的平均得分为 2.749 1，2 511 名被调查游客对此项调查打分的标准差为 1.458 60；"节事活动"的平均得分为 2.813 6，2 511 名被调查游客对此项调查打分的标准差为 1.531 87；"友善好客"的平均得分为 3.027 9，2 511 名被调查游客对此项调查打分的标准差为 1.414 38；"环境氛围"的平均得分为 3.015 6，2 511 名被调查游客对此项调查打分的标准差为 1.483 05；"交通方便"的平均得分为 2.670 7，2 511 名被调查游客对此项调查打分的标准差为 1.446 39。由此可见，这些受调查的客流群体受"旅游景点"的影响程度相对最强，受"交通方便"的影响程度相对最弱。

SPSS 输出结果文件的第二部分是所做调查问卷中涉及吸引要素的 9 个原始变量的相关矩阵（表 3-15）。

表 3-15 的上半部分给出的是 9 个原始变量的相关矩阵，下半部分则给出了每个相关系数的单尾显著性水平（1-tailed）。表格下面给出了相关系数矩阵的行列式值，Determinant = 0.147。

表 3-15　调查问卷吸引要素选项的相关矩阵①

Tab. 3-15 Correlation Matrix[a] of surveys on tourism attraction

		1	2	3	4	5	6	7	8	9
Correlation	1	1.000	0.350	0.316	0.188	0.175	0.224	0.201	0.186	0.091
	2	0.350	1.000	0.429	0.287	0.272	0.305	0.339	0.280	0.194

① 注：表中 1 指"旅游景点"；2 指"城市形象"；3 指"民风民俗"；4 指"地方饮食"；5 指"旅游购物"；6 指"节事活动"；7 指"友善好客"；8 指"环境氛围"；9 指"交通方便"。

		1	2	3	4	5	6	7	8	9
Correlation	3	0.316	0.429	1.000	0.455	0.301	0.325	0.378	0.316	0.208
	4	0.188	0.287	0.455	1.000	0.365	0.292	0.345	0.275	0.232
	5	0.175	0.272	0.301	0.365	1.000	0.373	0.291	0.233	0.315
	6	0.224	0.305	0.325	0.292	0.373	1.000	0.387	0.305	0.217
	7	0.201	0.339	0.378	0.345	0.291	0.387	1.000	0.486	0.320
	8	0.186	0.280	0.316	0.275	0.233	0.305	0.486	1.000	0.363
	9	0.091	0.194	0.208	0.232	0.315	0.217	0.320	0.363	1.000
Sig.（1-tailed）	1		0.000	0.000	0.000	0.000	0.000	0.000	0.000	0.000
	2	0.000		0.000	0.000	0.000	0.000	0.000	0.000	0.000
	3	0.000	0.000		0.000	0.000	0.000	0.000	0.000	0.000
	4	0.000	0.000	0.000		0.000	0.000	0.000	0.000	0.000
	5	0.000	0.000	0.000	0.000		0.000	0.000	0.000	0.000
	6	0.000	0.000	0.000	0.000	0.000		0.000	0.000	0.000
	7	0.000	0.000	0.000	0.000	0.000	0.000		0.000	0.000
	8	0.000	0.000	0.000	0.000	0.000	0.000	0.000		0.000
	9	0.000	0.000	0.000	0.000	0.000	0.000	0.000	0.000	

a. Determinant =0.147.

SPSS 输出结果文件的第三部分是所做调查问卷中涉及吸引要素的 9 个原始变量的相关系数的逆矩阵（表 3-16）。

表 3-16　调查问卷吸引要素选项的逆矩阵①

Tab. 3-16 Inverse of Correlation Matrix of surveys on tourism attraction

	1	2	3	4	5	6	7	8	9
1	1.199	−0.284	−0.204	−0.003	−0.035	−0.091	−0.010	−0.053	0.043
2	−0.284	1.396	−0.332	−0.046	−0.097	−0.116	−0.153	−0.077	−0.032
3	−0.204	−0.332	1.558	−0.428	−0.070	−0.107	−0.173	−0.109	−0.002
4	−0.003	−0.046	−0.428	1.411	−0.272	−0.066	−0.157	−0.059	−0.057
5	−0.035	−0.097	−0.070	−0.272	1.353	−0.298	−0.048	0.022	−0.255
6	−0.091	−0.116	−0.107	−0.066	−0.298	1.358	−0.259	−0.115	−0.008
7	−0.010	−0.153	−0.173	−0.157	−0.048	−0.259	1.567	−0.473	−0.155
8	−0.053	−0.077	−0.109	−0.059	0.022	−0.115	−0.473	1.451	−0.301
9	0.043	−0.032	−0.002	−0.057	−0.255	−0.008	−0.155	−0.301	1.257

① 注：表中 1 指“旅游景点”；2 指“城市形象”；3 指“民风民俗”；4 指“地方饮食”；5 指“旅游购物”；6 指“节事活动”；7 指“友善好客”；8 指“环境氛围”；9 指“交通方便”。

SPSS 输出结果文件的第四部分是所做调查问卷中涉及吸引要素的 9 个原始变量的 KMO 检验和 Bartlett 球形检验结果（表 3-2）。

SPSS 输出结果文件的第五部分是所做调查问卷中涉及吸引要素的 9 个原始变量的反映像相关矩阵检验结果（表 3-17）。

表 3-17 调查问卷吸引要素选项的反映像相关矩阵①

Tab. 3-17 Anti-image Matrices of surveys on tourism attraction

		1	2	3	4	5	6	7	8	9
Anti-image Covariance	1	0.834	−0.170	−0.109	−0.002	−0.022	−0.056	−0.005	−0.030	0.028
	2	−0.170	0.716	−0.153	−0.024	−0.051	−0.061	−0.070	−0.038	−0.019
	3	−0.109	−0.153	0.642	−0.195	−0.033	−0.051	−0.071	−0.048	−0.001
	4	−0.002	−0.024	−0.195	0.709	−0.142	−0.034	−0.071	−0.029	−0.032
	5	−0.022	−0.051	−0.033	−0.142	0.739	−0.162	−0.023	0.011	−0.150
	6	−0.056	−0.061	−0.051	−0.034	−0.162	0.736	−0.122	−0.059	−0.005
	7	−0.005	−0.070	−0.071	−0.071	−0.023	−0.122	0.638	−0.208	−0.079
	8	−0.030	−0.038	−0.048	−0.029	0.011	−0.059	−0.208	0.689	−0.165
	9	0.028	−0.019	−0.001	−0.032	−0.150	−0.005	−0.079	−0.165	0.795
Anti-image Correlation	1	0.842[a]	−0.220	−0.149	−0.003	−0.027	−0.072	−0.007	−0.040	0.035
	2	−0.220	0.862[a]	−0.225	−0.033	−0.070	−0.084	−0.103	−0.054	−0.025
	3	−0.149	−0.225	0.843[a]	−0.289	−0.048	−0.074	−0.111	−0.073	−0.001
	4	−0.003	−0.033	−0.289	0.850[a]	−0.197	−0.047	−0.105	−0.041	−0.043
	5	−0.027	−0.070	−0.048	−0.197	0.840[a]	−0.220	−0.033	0.016	−0.196
	6	−0.072	−0.084	−0.074	−0.047	−0.220	0.878[a]	−0.178	−0.082	−0.006
	7	−0.007	−0.103	−0.111	−0.105	−0.033	−0.178	0.848[a]	−0.313	−0.111
	8	−0.040	−0.054	−0.073	−0.041	0.016	−0.082	−0.313	0.829[a]	−0.223
	9	0.035	−0.025	−0.001	−0.043	−0.196	−0.006	−0.111	−0.223	0.834[a]

a. Measures of Sampling Adequacy（MSA）.

SPSS 输出结果文件的第六部分是因子分析的初始结果（表 3-18）。

表 3-18 的第一列列出了 9 个原始变量名。第二列是根据因子分析初始解计算出的变量共同度，利用主成分分析法得到 9 个特征值，它们便是因子分析的初始解，可利用这 9 个初始解和对应的特征向量计算出因子分析载荷矩阵；由于每个原始变量的所有方差都能被因子变量解释掉，因此每个原始变量的共同度都为 1。

① 注：表中 1 指“旅游景点”；2 指“城市形象”；3 指“民风民俗”；4 指“地方饮食”；5 指“旅游购物”；6 指“节事活动”；7 指“友善好客”；8 指“环境氛围”；9 指“交通方便”。

第三列是根据因子分析最终解计算出的变量共同度，根据最终提取的 m 个特征值和对应的特征向量计算出因子载荷矩阵。

这时，由于因子变量的个数少于原始变量的个数，因此每个变量的共同度必然小于 1。

表 3-18　调查问卷吸引要素选项的因子分析初始结果

Tab. 3-18 Communalities of surveys on tourism attraction

	Initial	Extraction
1．旅游景点	1.000	0.584
2．城市形象	1.000	0.540
3．民风民俗	1.000	0.561
4．地方饮食	1.000	0.403
5．旅游购物	1.000	0.382
6．节事活动	1.000	0.394
7．友善好客	1.000	0.533
8．环境氛围	1.000	0.505
9．交通方便	1.000	0.569

Extraction Method：Principal Component Analysis.

SPSS 输出结果文件的第七部分是因子提取和因子旋转的结果（表 3-19）。

表 3-19　调查问卷吸引要素选项的因子提取和因子旋转结果

Tab. 3-19 Total Variance Explained of surveys on tourism attraction

Component	Initial Eigenvalues			Extraction Sums of Squared Loadings			Rotation Sums of Squared Loadings		
	Total	% of Variance	Cumulative%	Total	% of Variance	Cumulative%	Total	% of Variance	Cumulative%
1	3.397	37.746	37.746	3.397	37.746	37.746	2.417	26.853	26.853
2	1.075	11.942	49.688	1.075	11.942	49.688	2.055	22.835	49.688
3	0.874	9.709	59.397						
4	0.769	8.548	67.945						
5	0.739	8.206	76.151						
6	0.624	6.929	83.080						
7	0.541	6.016	89.095						
8	0.495	5.505	94.601						
9	0.486	5.399	100.000						

Extraction Method：Principal Component Analysis.

表 3-19 的 Component 列和 Initial Eigenvalues 列描述了因子分析初始解对原有变量总体描述情况。第一列是因子分析的 9 个初始解序号；第二列是因子变量的方差贡献（特征值），是衡量因子重要程度的指标；第三列是因子变量的方差贡献率，表示该因子描述的方差占原有变量总方差的比例。

表 3-19 的第五列到第七列是从初始解中按照一定的标准[①]提取了 2 个公因子后对原变量总体的描述情况，各列数据的含义与前面第二列到第四列相同。可见，提取了 2 个公因子后，它们反映了原变量的大部分信息。

表 3-19 的第八列到第十列是旋转后得到的因子对原变量总体的刻画情况。各列的含义同第五列到第七列是一样的。

SPSS 输出结果文件的第八部分是公共因子碎石图（图 3-2）。

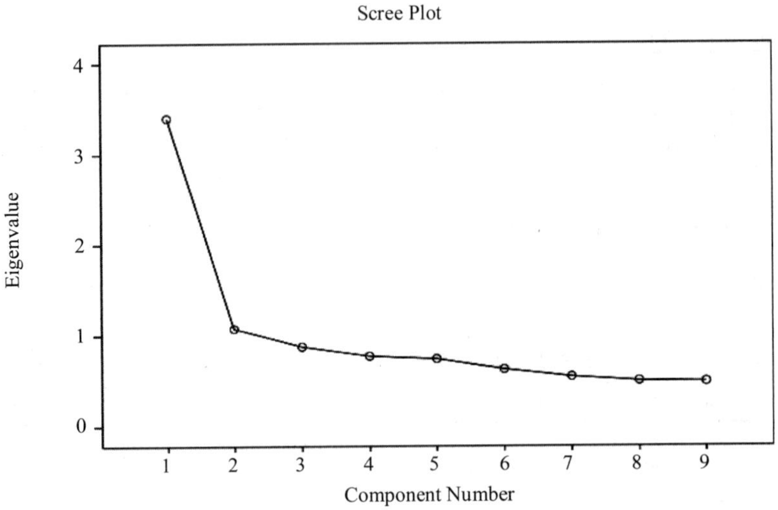

图 3-2　调查问卷吸引要素选项的公共因子碎石

Fig. 3-2 Scree Plot of common factors of surveys on tourism attraction

图 3-2 的横坐标为公共因子数，纵坐标为公共因子的特征值。由图 3-2 可知，前面 2～3 个公共因子的特征值变化非常明显，到 3 个特征值以后，特征值变化趋于平稳。因此说明提取 2～3 个公共因子可以对原变量信息描述有显著作用。

SPSS 输出结果文件的第九部分是初始因子载荷矩阵 A（表 3-20）。

---

① 注：在前面的分析中，设定了提取因子的标准是特征值大于 1。.

表 3-20 调查问卷吸引要素选项的初始因子载荷矩阵
Tab. 3-20 Component Matrixa of surveys on tourism attraction

	Component	
	1	2
1．旅游景点	0.463	0.608
2．城市形象	0.629	0.380
3．民风民俗	0.692	0.285
4．地方饮食	0.634	0.034
5．旅游购物	0.600	−0.149
6．节事活动	0.628	−0.020
7．友善好客	0.699	−0.211
8．环境氛围	0.631	−0.327
9．交通方便	0.514	−0.552

Extraction Method：Principal Component Analysis.
a. 2 components extracted.

表 3-20 显示的是最终的因子载荷矩阵 A，根据该表格可得如下的因子分析模型

$$X=AF+\alpha\varepsilon$$

即

$$\begin{cases} x_1=0.463F_1+0.608F_2 \\ x_2=0.629F_1+0.380F_2 \\ x_3=0.692F_1+0.285F_2 \\ x_4=0.634F_1+0.034F_2 \\ x_5=0.600F_1-0.149F_2 \\ x_6=0.628F_1-0.020F_2 \\ x_7=0.699F_1-0.211F_2 \\ x_8=0.631F_1-0.327F_2 \\ x_9=0.514F_1-0.552F_2 \end{cases}$$

SPSS 输出文件中的第十部分是因子载荷矩阵旋转后的结果（表 3-21）。

表 3-21 是按照预先设定的方差极大法对因子载荷矩阵旋转后的结果。未经旋转的载荷矩阵中，因子变量在许多变量上都有较高的载荷，从而导致了因子变量的含义比较模糊；经过旋转后，因子变量的含义略加清楚。

表 3-21　调查问卷吸引要素选项旋转后的因子载荷矩阵

Tab. 3-21 Rotated Component Matrix[a] of surveys on tourism attraction

	Component	
	1	2
1．旅游景点	−0.044	0.763
2．城市形象	0.232	0.698
3．民风民俗	0.341	0.667
4．地方饮食	0.460	0.438
5．旅游购物	0.553	0.277
6．节事活动	0.392	0. 490
7．友善好客	0.668	0.294
8．环境氛围	0.692	0.162
9．交通方便	0.750	-0.085

Extraction Method：Principal Component Analysis.

Rotation Method：Varimax with Kaiser Normalization.

a. Rotation converged in 3 iterations.

由表 3-21 可知：第一个因子变量反映了“地方饮食”“旅游购物”“友善好客”“环境氛围”“交通方便”等原始变量的基本信息，由于这些原始变量多与目的地环境建设息息相关，故而将此因子命名为“目的地环境”因子；第二个因子变量反映了“旅游景点”“城市形象”“民风民俗”“节事活动”等原始变量的基本信息，由于这些原始变量反映的是目的地的旅游核心吸引物，故而将此因子命名为“核心吸引物”因子。

SPSS 输出文件中的第十一部分是因子转换矩阵（表 3-22）。

表 3-22　调查问卷吸引要素选项的因子转换矩阵

Tab. 3-22 Component Transformation Matrix of surveys on tourism attraction

Component	1	2
1	0.760	0.650
2	−0.650	0.760

Extraction Method：Principal Component Analysis.

Rotation Method：Varimax with Kaiser Normalization.

由表 3-22 可知，此分析所用的因子提取方法是主成分分析，旋转的方法是方差极大法。

SPSS 输出文件中的第十二个部分是因子得分矩阵（表 3-23）。

表 3-23　调查问卷吸引要素选项的因子得分矩阵

Tab. 3-23 Component Score Coefficient Matrix of surveys on tourism attraction

	Component	
	1	2
1．旅游景点	−0.264	0.519
2．城市形象	−0.089	0.389
3．民风民俗	−0.017	0.334
4．地方饮食	0.121	0.145
5．旅游购物	0.224	0.010
6．节事活动	0.153	0.106
7．友善好客	0.284	−0.015
8．环境氛围	0.339	−0.110
9．交通方便	0.449	−0.292

Extraction Method：Principal Component Analysis.

Rotation Method：Varimax with Kaiser Normalization.

Component Scores.

表 3-23 是根据回归算法计算出来的因子得分函数的系数，由表 3-23 可得因子得分函数：

$$\begin{cases} F_1=-0.264x_1-0.089x_2-0.017x_3+0.121x_4+0.224x_5+0.153x_6+0.284x_7+0.339x_8+0.449x_9 \\ F_2=0.519x_1+0.389x_2+0.334x_3+0.145x_4+0.010x_5+0.106x_6-0.015x_7-0.110x_8-0.292x_9 \end{cases}$$

SPSS 根据这两个因子的得分函数，将自动计算此 2 511 个样本的两个因子得分，并且将两个因子得分作为新变量，保存在 SPSS 的数据编辑窗口。

SPSS 输出文件中的第十三个部分是因子变量的协方差矩阵（表 3-24）。

表 3-24　调查问卷吸引要素选项的因子变量协方差矩阵

Tab. 3-24 Component Score Covariance Matrix of surveys on tourism attraction

Component	1	2
1	1.000	0.000
2	0.000	1.000

Extraction Method：Principal Component Analysis.

Rotation Method：Varimax with Kaiser Normalization.

Component Scores.

由表 3-24 可知，不同因子之间的协方差数据为 0，表明所得到的因子变量是正交的、不相关的。

3.4 反向力的因子分析

3.4.1 数据的信度和效度检验

对调查问卷所获障碍要素数据的信度分析显示，所有关于障碍要素选项的数据的总体信度 Cronbach's Alpha 系数值为 0.834，表明这类选项的总体信度处于很可信的范围之内。

7 个调查项的效度分析显示所有选项偏离 Cronbach's Alpha 系数值均较小，表明这类选项的总体效度良好。

3.4.2 确定是否适合于因子分析的检验

调查问卷关于障碍要素数据的 KMO 值与巴特利球形检验的结果见表 3-25。

表 3-25 调查问卷障碍要素选项的 KMO 值与巴特利球形检验

Tab. 3-25 KMO and Bartlett's Test of Sphericity of surveys on tourism obstacle

Kaiser-Meyer-Olkin Measure of Sampling Adequacy		0.847
Bartlett's Test of Sphericity	Approx. Chi-Square	5 960.011
	df	21.000
	Sig.	0.000

由表 3-25 可知，调查问卷的 KMO 值为 0.847，根据 Kaiser 给出的标准，这些涉及障碍要素的数据适合进行因子分析。

Bartlett 球形检验给出的相伴概率为 0.000，小于显著性水平 0.05，因此拒绝 Bartlett 球形检验的零假设，认为涉及障碍要素的数据适合进行因子分析。

3.4.3 障碍要素分析

在 SPSS 软件中选用因子分析对入境客流扩散的障碍要素选项开展分析，分别可得以下结果。

SPSS 输出结果文件的第一部分是所做调查问卷中涉及障碍要素的 7 个原始

变量的统计描述结果（表 3-26）。

表 3-26 调查问卷障碍要素选项的统计描述结果

Tab. 3-26 Descriptive statistics of surveys on tourism obstacle

	Mean	Std.Deviation	AnalysisN
1．距离	2.830 7	1.869 37	2 511
2．便捷性	2.624 9	1.486 92	2 511
3．交通费用	2.516 4	2.067 01	2 511
4．旅行安全	2.460 4	1.531 83	2 511
5．资讯获取	2.779 3	2.085 58	2 511
6．沟通交流	2.614 9	1.643 70	2 511
7．旅行社服务	2.176 3	1.447 00	2 511

由表 3-26 可知：“距离”的平均得分为 2.830 7，2 511 名被调查游客对此项调查打分的标准差为 1.869 37；“便捷性”的平均得分为 2.624 9，2 511 名被调查游客对此项调查打分的标准差为 1.486 92；“交通费用”的平均得分为 2.516 4，2 511 名被调查游客对此项调查打分的标准差为 2.067 01；“旅行安全”的平均得分为 2.460 4，2 511 名被调查游客对此项调查打分的标准差为 1.531 83；“资讯获取”的平均得分为 2.779 3，2 511 名被调查游客对此项调查打分的标准差为 2.085 58；“沟通交流”的平均得分为 2.614 9，2 511 名被调查游客对此项调查打分的标准差为 1.643 70；“旅行社服务”的平均得分为 2.176 3，2 511 名被调查游客对此项调查打分的标准差为 1.447 00。由此可见，这些受调查的客流群体受“距离”的阻碍作用相对最强，受“旅行社服务”的阻碍作用相对最弱。

SPSS 输出结果文件的第二部分是所做调查问卷中涉及障碍要素的 7 个原始变量的相关矩阵（表 3-27）。

表 3-27 调查问卷障碍要素选项的相关矩阵①

Tab. 3-27 Correlation Matrix[a] of surveys on tourism obstacle

		1	2	3	4	5	6	7
Correlation	1	1.000	0.457	0.325	0.339	0.204	0.251	0.237
	2	0.457	1.000	0.417	0.484	0.273	0.324	0.342

① 注：表中 1 指“距离”； 2 指“便捷性”；3 指“交通费用”；4 指“旅行安全”；5 指“资讯获取”；6 指“沟通交流”；7 指“旅行社服务”。

		1	2	3	4	5	6	7
Correlation	3	0.325	0.417	1.000	0.412	0.189	0.237	0.228
	4	0.339	0.484	0.412	1.000	0.383	0.349	0.366
	5	0.204	0.273	0.189	0.383	1.000	0.367	0.277
	6	0.251	0.324	0.237	0.349	0.367	1.000	0.387
	7	0.237	0.342	0.228	0.366	0.277	0.387	1.000
Sig.（1-tailed）	1		0.000	0.000	0.000	0.000	0.000	0.000
	2	0.000		0.000	0.000	0.000	0.000	0.000
	3	0.000	0.000		0.000	0.000	0.000	0.000
	4	0.000	0.000	0.000		0.000	0.000	0.000
	5	0.000	0.000	0.000	0.000		0.000	0.000
	6	0.000	0.000	0.000	0.000	0.000		0.000
	7	0.000	0.000	0.000	0.000	0.000	0.000	

a.Determinant=0.225.

表 3-27 的上半部分给出的是 7 个原始变量的相关矩阵，下半部分则给出了每个相关系数的单尾显著性水平（1-tailed）。表格下面给出了相关系数矩阵的行列式值，Determinant = 0.225。

SPSS 输出结果文件的第三部分是所做调查问卷中涉及障碍要素的 7 个原始变量的相关系数的逆矩阵（表 3-28）。

表 3-28　调查问卷障碍要素选项的逆矩阵①

Tab. 3-28 Inverse of Correlation Matrix of surveys on tourism obstacle

	1	2	3	4	5	6	7
1	1.328	−0.429	−0.170	−0.113	−0.036	−0.084	−0.045
2	−0.429	1.625	−0.297	−0.390	−0.055	−0.123	−0.181
3	−0.170	−0.297	1.328	−0.322	0.018	−0.061	−0.024
4	−0.113	−0.390	−0.322	1.606	−0.318	−0.129	−0.217
5	−0.036	−0.055	0.018	−0.318	1.277	−0.297	−0.099
6	−0.084	−0.123	−0.061	−0.129	−0.297	1.352	−0.318
7	−0.045	−0.181	−0.024	−0.217	−0.099	−0.318	1.308

SPSS 输出结果文件的第四部分是所做调查问卷中涉及障碍要素的 7 个原始

① 注：表中 1 指“距离”； 2 指“便捷性”；3 指“交通费用”；4 指“旅行安全”；5 指“资讯获取”；6 指“沟通交流”；7 指“旅行社服务”。

变量的 KMO 检验和 Bartlett 球形检验结果（表 3-25）。

SPSS 输出结果文件的第五部分是所做调查问卷中涉及障碍要素的 7 个原始变量的反映像相关矩阵检验结果（表 3-29）。

表 3-29　调查问卷障碍要素选项的反映像相关矩阵①

Tab. 3-29 Anti-image Matrices of surveys on tourism obstacle

		1	2	3	4	5	6	7
Anti-image Covariance	1	0.753	−0.199	−0.096	−0.053	−0.021	−0.047	−0.026
	2	−0.199	0.615	−0.137	−0.149	−0.026	−0.056	−0.085
	3	−0.096	−0.137	0.753	−0.151	0.010	−0.034	−0.014
	4	−0.053	−0.149	−0.151	0.623	−0.155	−0.059	−0.103
	5	−0.021	−0.026	0.010	−0.155	0.783	−0.172	−0.059
	6	−0.047	−0.056	−0.034	−0.059	−0.172	0.739	−0.180
	7	−0.026	−0.085	−0.014	−0.103	−0.059	−0.180	0.765
Anti-image Correlation	1	0.839[a]	−0.292	−0.128	−0.077	−0.028	−0.063	−0.034
	2	−0.292	0.815[a]	−0.202	−0.241	−0.038	−0.083	−0.124
	3	−0.128	−0.202	0.845[a]	−0.221	0.014	−0.046	−0.018
	4	−0.077	−0.241	−0.221	0.827[a]	−0.222	−0.087	−0.149
	5	−0.028	−0.038	0.014	−0.222	0.824[a]	−0.226	−0.077
	6	−0.063	−0.083	−0.046	−0.087	−0.226	0.831[a]	−0.239
	7	−0.034	−0.124	−0.018	−0.149	−0.077	−0.239	0.851[a]

a. Measures of Sampling Adequacy（MSA）.

SPSS 输出结果文件的第六部分是因子分析的初始结果（表 3-30）。

表 3-30 的第一列列出了 7 个原始变量名。第二列是根据因子分析初始解计算出的变量共同度，利用主成分分析法得到 7 个特征值，它们便是因子分析的初始解，可利用这 8 个初始解和对应的特征向量计算出因子分析载荷矩阵；由于每个原始变量的所有方差都能被因子变量解释掉，因此每个原始变量的共同度都为 1。第三列是根据因子分析最终解计算出的变量共同度，根据最终提取的 m 个特征值和对应的特征向量计算出因子载荷矩阵。

这时，由于因子变量的个数少于原始变量的个数，因此每个变量的共同度必然小于 1。

① 注：表中 1 指“距离”；　2 指“便捷性”；3 指“交通费用”；4 指“旅行安全”；5 指“资讯获取”；6 指“沟通交流”；7 指“旅行社服务”。

表 3-30 调查问卷障碍要素选项的因子分析初始结果

Tab. 3-30 Communalities of surveys on tourism obstacle

	Initial	Extraction
1. 距离	1.000	0.377
2. 便捷性	1.000	0.553
3. 交通费用	1.000	0.378
4. 旅行安全	1.000	0.564
5. 资讯获取	1.000	0.329
6. 沟通交流	1.000	0.400
7. 旅行社服务	1.000	0.378

Extraction Method：Principal Component Analysis.

SPSS 输出结果文件的第七部分是因子提取和因子旋转的结果（表 3-31）。

表 3-31 调查问卷障碍要素选项的因子提取和因子旋转结果

Tab. 3-31 Total Variance Explained of surveys on tourism obstacle

Component	Initial Eigenvalues			Extraction Sums of Squared Loadings			Rotation Sums of Squared Loadings		
	Total	% of Variance	Cumulative%	Total	% of Variance	Cumulative%	Total	% of Variance	Cumulative%
1	2.979	42.563	42.563	2.979	42.563	42.563	2.066	29.509	29.509
2	1.000	14.149	56.713	0.990	14.149	56.713	1.904	27.204	56.713
3	0.730	10.436	67.148						
4	0.694	9.914	77.062						
5	0.610	8.718	85.780						
6	0.525	7.498	93.278						
7	0.471	6.722	100.000						

Extraction Method：Principal Component Analysis.

表 3-31 的 Component 列和 Initial Eigenvalues 列描述了因子分析初始解对原有变量总体描述情况：第一列是因子分析的 8 个初始解序号；第二列是因子变量的方差贡献（特征值），是衡量因子重要程度的指标；第三列是因子变量的方差贡献率，表示该因子描述的方差占原有变量总方差的比例。

表 3-31 的第五列到第七列是从初始解中按照一定的标准[①]提取了 2 个公因子

① 注：在前面的分析中，设定了提取因子的标准是特征值大于 1。

后对原变量总体的描述情况，各列数据的含义与前面第二列到第四列相同。可见，提取了 2 个公因子后，它们反映了原变量的大部分信息。

表 3-31 的第八列到第十列是旋转后得到的因子对原变量总体的刻画情况。各列的含义同第五列到第七列是一样的。

SPSS 输出结果文件的第八部分是公共因子碎石图（图 3-3）。

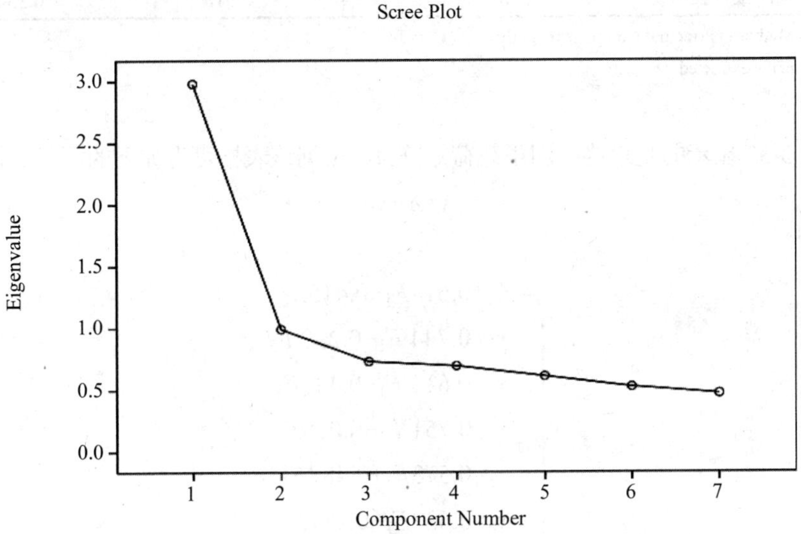

图 3-3　调查问卷障碍要素选项的公共因子碎石图

Fig. 3-3 Scree Plot of common factors of surveys on tourism obstacle

图 3-3 的横坐标为公共因子数，纵坐标为公共因子的特征值。由图 3-3 可知，前面 2～3 个公共因子的特征值变化非常明显，到 3 个特征值以后，特征值变化趋于平稳。因此说明提取 2～3 个公共因子可以对原变量信息描述有显著作用。

SPSS 输出结果文件的第九部分是初始因子载荷矩阵 A（表 3-32）。

表 3-32　调查问卷障碍要素选项的初始因子载荷矩阵

Tab. 3-32 Component Matrix[a] of surveys on tourism obstacle

	Component	
	1	2
1．距离	0.614	−0.415
2．便捷性	0.744	−0.290
3．交通费用	0.615	−0.438

	Component	
	1	2
4. 旅行安全	0.751	−0.029
5. 资讯获取	0.573	0.488
6. 沟通交流	0.633	0.437
7. 旅行社服务	0.615	0.334

Extraction Method：Principal Component Analysis.
a. 2 components extracted.

表 3-32 显示的是最终的因子载荷矩阵 A，根据该表格可得如下的因子分析模型

$$X=AF+\alpha\varepsilon$$

即

$$\begin{cases} x_1=0.614F_1-0.415F_2 \\ x_2=0.744\,F_1-0.290\,F_2 \\ x_3=0.615\,F_1-0.438F_2 \\ x_4=0.751\,F_1-0.029F_2 \\ x_5=0.573F_1+0.488F_2 \\ x_6=0.633F_1+0.437F_2 \\ x_7=0.615F_1+0.334F_2 \end{cases}$$

SPSS 输出文件中的第十部分是因子载荷矩阵旋转后的结果（表 3-33）。

表 3-33　调查问卷障碍要素选项旋转后的因子载荷矩阵
Tab. 3-33 Rotated Component Matrix[a] of surveys on tourism obstacle

	Component	
	1	2
1. 距离	0.733	0.111
2. 便捷性	0.743	0.291
3. 交通费用	0.749	0.094
4. 旅行安全	0.572	0.488
5. 资讯获取	0.090	0.748
6. 沟通交流	0.169	0.750
7. 旅行社服务	0.226	0.662

Extraction Method：Principal Component Analysis.
Rotation Method：Varimax with Kaiser Normalization.
a. Rotation converged in 3 iterations.

表 3-33 是按照预先设定的方差极大法对因子载荷矩阵旋转后的结果。未经旋转的载荷矩阵中，因子变量在许多变量上都有较高的载荷，从而导致了因子变量的含义比较模糊；经过旋转后，因子变量的含义略加清楚。

由表 3-33 可知：第一个因子变量反映了“距离”“便捷性”“交通费用”“旅行安全”等原始变量的基本信息，由于这些原始变量涉及经济社会的发展背景，反映了旅游活动开展的客观外部环境，故而将此因子命名为“客观障碍”因子；第二个因子变量反映了“资讯获取”“沟通交流”“旅行社服务”等原始变量的基本信息，由于这些原始变量涉及旅游活动开展的软质服务氛围，故而将此因子命名为“服务障碍”因子。

SPSS 输出文件中的第十一部分是因子转换矩阵（表 3-34）。

表 3-34　调查问卷障碍要素选项的因子转换矩阵

Tab. 3-34 Component Transformation Matrix of surveys on tourism obstacle

Component	1	2
1	0.735	0.678
2	−0.678	0.735

Extraction Method：Principal Component Analysis.
Rotation Method：Varimax with Kaiser Normalization.

由表 3-34 可知，此分析所用的因子提取方法是主成分分析，旋转的方法是方差极大法。

SPSS 输出文件中的第十二个部分是因子得分矩阵（表 3-35）。

表 3-35　调查问卷障碍要素选项的因子得分矩阵

Tab. 3-35 Component Score Coefficient Matrix of surveys on tourism obstacle

	Component	
	1	2
1．距离	0.436	−0.168
2．便捷性	0.382	−0.046
3．交通费用	0.452	−0.186
4．旅行安全	0.205	0.149
5．资讯获取	−0.193	0.493
6．沟通交流	−0.143	0.469
7．旅行社服务	−0.076	0.388

Extraction Method：Principal Component Analysis.
Rotation Method：Varimax with Kaiser Normalization.
Component Scores.

表 3-35 是根据回归算法计算出来的因子得分函数的系数，由表 3-35 可得因子得分函数：

$$\begin{cases} F_1 = 0.436x_1+0.382x_2+0.452x_3+0.205x_4-0.193x_5-0.143x_6-0.076x_7 \\ F_2 =-0\ 168x_1-0.046x_2-0.186x_3+0.149x_4+0.493x_5+0.469x_6+0.388x_7 \end{cases}$$

SPSS 根据这两个因子的得分函数，将自动计算此 2 511 个样本的两个因子得分，并且将两个因子得分作为新变量，保存在 SPSS 的数据编辑窗口。

SPSS 输出文件中的第十三个部分是因子变量的协方差矩阵（表 3-36）。

表 3-36　调查问卷障碍要素选项的因子变量协方差矩阵

Tab. 3-36 Component Score Covariance Matrix of surveys on tourism obstacle

Component	1	2
1	1.000	0.000
2	0.000	1.000

Extraction Method：Principal Component Analysis.

Rotation Method：Varimax with Kaiser Normalization.

Component Scores.

由表 3-36 可知，不同因子之间的协方差数据为 0，表明所得到的因子变量是正交的、不相关的。

3.5　正向力的结构方程模型

3.5.1　数据的信度和效度检验

为确保问卷和问题间的内在一致性，采用 Cronbach's Alpha 系数对问卷所得“正向力”和“反向力”的数据进行信度评价。入境客流空间扩散正向力调查数据 17 个选项数据的总体 Cronbach's Alpha 为 0.849，表明问卷中此 17 个选项数据的总体信度处于很可信的范围之内，这 17 个选项数据的内部一致性较好；每个选项数据的 Cronbach's Alpha if Item Deleted 值均在 0.836～0.846，没有显著的偏差，表明这 17 个选项数据的效度较高。

3.5.2　确定是否适合于结构方程模型的检验

结构方程模型有一定的适用条件：①当显著性水平为 0.01 时，数据的偏度值处于−2.58～2.58；②数据的峰度值处于−10.0～10.0。若数据的偏度值和峰度值符合上述两个基本条件，表示结构方程模型适用；反之，表示非常态问题发生，不适用结构方程模型[187, 188]。对 17 个选项数据正态性检验和异常值评估见表 3-37。

表 3-37 正态性检验与异常值评估
Tab. 3-37 Assessment of normality

Variable	min	max	skew	c.r.	kurtosis	c.r.
摆脱日常工作和生活	0.000	5.000	−0.175	−3.578	−1.032	−10.555
追求新奇刺激	0.000	5.000	−0.709	−14.499	−0.310	−3.166
拓宽视野	0.000	5.000	−1.290	−26.390	1.251	12.791
追求身心健康	0.000	5.000	0.333	6.802	−0.907	−9.282
受到尊重	0.000	5.000	0.261	5.330	−1.002	−10.252
空闲时间	0.000	5.000	−0.171	−3.500	−1.001	−10.240
可自由支配收入	0.000	5.000	0.323	6.603	−0.991	−10.141
情感交流	0.000	5.000	0.180	3.675	−0.978	−10.001
旅游景点	0.000	5.000	−1.302	−26.639	1.561	15.969
城市形象	0.000	5.000	−1.063	−21.745	0.884	9.041
民风民俗	0.000	5.000	−0.829	−16.959	0.244	2.492
地方饮食	0.000	5.000	−0.623	−12.749	−0.331	−3.390
节事活动	0.000	5.000	−0.409	−8.369	−0.523	−5.347
旅游购物	0.000	5.000	−0.359	−7.341	−0.689	−7.047
友善好客	0.000	5.000	−0.568	−11.617	−0.402	−4.114
环境氛围	0.000	5.000	−0.514	−10.507	−0.596	−6.094
交通方便	0.000	5.000	−0.291	−5.960	−0.633	−6.473
Multivariate					64.380	63.464

表 3-37 的第一列为观察变量的名称，第二列为变量最小值，第三列为变量最大值，第四列为偏度系数，第五列为偏度系数的显著性检验，第六列为峰度系数，第七列为峰度系数的显著性检验，表中最后一行为多变量的峰度系数检验。

由表 3-37 可知：各显变量的偏度值处于−1.293～0.333，表明这些显变量在 0.01 的显著性水平上的正态分布特征显著；各显变量的峰度值处于−1.720～1.601，表明这些显变量的正态分布特征显著。由此可做出各显变量的样本数据均符合正态分布的基本判定。

通过以上分析可知：17 个选项数据既是典型的大样本抽样调查数据，又满足正态分布的基本特征。此外，测度潜变量的多个显变量具有较好的内部一致性。因此，该样本数据符合应用结构方程模型的前提条件。

3.5.3 数据的均值比较分析

正向力选项数据的平均值反映了入境客流群体对该选项的平均得分状况，其评价得分的标准差则反映了入境客流在该选项上的数据离散程度或反映均值代表的该选项的准确性。对 17 个选项数据的均值分析和标准差分析的结果见表 3-38。

表 3-38 正向力选项的均值分析和标准差分析

Tab. 3-38 Average value and standard deviation analysis of motivation mechanism

潜变量	显变量	均值	标准差
本我追求	摆脱日常工作和生活	2.982	1.313
	追求新奇刺激	3.573	1.222
	拓宽视野	4.035	1.100
世俗愉悦	追求身心健康	2.447	1.236
	受到尊重	2.596	1.296
	空闲时间	2.965	1.278
	可自由支配收入	2.449	1.259
	情感交流	2.652	1.269
核心吸引物	旅游景点	3.803	1.458
	城市形象	3.524	1.474
	民风民俗	3.333	1.330
	地方饮食	3.128	1.411
目的地环境	旅游购物	2.753	1.458
	节事活动	2.813	1.530
	友善好客	3.034	1.415
	环境氛围	3.019	1.480
	交通方便	2.676	1.446

从表 3-38 入境客流正向力选项各变量的均值分析结果可知：①在一阶显变量的层面，正向力 17 个选项均值得分的大小顺序依次为，拓宽视野＞旅游景点＞追求新奇刺激＞城市形象＞民风民俗＞地方饮食＞友善好客＞环境氛围＞摆脱日常工作和生活＞空闲时间＞节事活动＞旅游购物＞交通方便＞情感交流＞受到尊重＞可自由支配收入＞追求身心健康；②在二阶潜变量的层面，根据各潜变量对

应显变量的均值得分可得四个潜变量的均值得分大小顺序依次为，目的地环境＞本我追求＞世俗愉悦＞核心吸引物；③正向力 17 个选项的平均得分为 3.046。

从表 3-38 入境客流正向力选项各变量的标准差分析结果可知：①在一阶显变量的层面，正向力 17 个选项标准差得分的大小顺序依次为，拓宽视野＜追求新奇刺激＜追求身心健康＜可自由支配收入＜情感交流＜空闲时间＜受到尊重＜摆脱日常工作和生活＜民风民俗＜地方饮食＜友善好客＜交通方便＜旅游景点＜旅游购物＜城市形象＜环境氛围＜节事活动；②在二阶潜变量的层面，根据各潜变量对应显变量的标准差得分可得四个潜变量的标准差得分大小顺序依次为，本我追求＜世俗愉悦＜核心吸引物＜目的地环境。

3.5.4 基于因子分析的正向力潜变量探索性获取

为提高入境旅游流空间扩散正向力模型的建构效度，作者从定量分析的视角出发，尝试采用探索性的因子分析法，以提取公因子的形式，借助正向力将此 17 个选项作为一阶显变量，对入境旅游流空间扩散正向力的二阶潜变量进行较为客观的研究探索。

入境客流空间扩散正向力此 17 个选项数据的 KMO 值与巴特利球形检验的结果见表 3-39。

表 3-39 调查问卷正向力选项的 KMO 值与巴特利球形检验

Tab. 3-39 KMO and Bartlett's Test of Sphericity of surveys on motivations mechanism

Kaiser-Meyer-Olkin Measure of Sampling Adequacy		0.872
Bartlett's Test of Sphericity	Approx. Chi-Square	11 333.932
	Df	136.000
	Sig.	0.000

由表 3-39 可知，调查问卷的 KMO 值为 0.872，根据 Kaiser 给出的标准，这些涉及正向力的数据适合进行因子分析。

Bartlett 球形检验给出的相伴概率为 0.000，小于显著性水平 0.05，因此拒绝 Bartlett 球形检验的零假设，认为这些涉及正向力的数据适合进行因子分析。

根据特征值大于 1 的标准，入境客流空间扩散正向力因子分析可提取 4 个公因子，且 4 个公因子之间互不相关，4 个公因子的累积方差贡献率达 60.82%（表 3-40），达到了公因子提取需达 60%的判定标准[189]；根据结构方程模型每个因变量对应的显变量不宜少于 3 个又不宜过多[190-192]的基本要求，将各公因子中载荷高于 0.540 的测度指标保留（表 3-40 中的粗体部分），低于 0.540 的测度指标忽略（表 3-40 中的细体部分），提取出入境旅游流空间扩散正向力的 4 个公因子（表 3-40）。

表 3-40　方差极大旋转法旋转后的因子载荷矩阵

Tab. 3-40 Rotated Component Matrix of motivation mechanism loading after varimax rotation

潜变量	显变量	公因子提取（方差贡献率 60.82%）			
		1（18.97%）	2（17.26%）	3（12.64%）	4（11.95%）
本我追求 I	摆脱日常工作和生活 I1	0.280	0.024	0.187	**0.589**
	追求新奇刺激 I2	0.227	0.140	0.060	**0.760**
	拓宽视野 I3	0.120	0.133	0.076	**0.783**
世俗愉悦 P	追求身心健康 P1	**0.699**	0.071	0.172	0.083
	受到尊重 P2	**0.657**	0.188	0.178	−0.065
	空闲时间 P3	**0.650**	0.079	0.113	0.266
	可自由支配收入 P4	**0.704**	0.118	−0.012	0.020
	情感交流 P5	**0.648**	0.216	0.029	0.077
核心吸引物 A	旅游景点 A1	0.057	**0.574**	−0.127	0.351
	城市形象 A2	0.151	**0.635**	0.098	0.196
	民风民俗 A3	0.104	**0.688**	0.181	0.197
	地方饮食 A4	0.057	**0.623**	0.251	0.035
	节事活动 A5	0.197	**0.542**	0.276	−0.002
目的地环境 C	旅游购物 C1	0.220	0.207	**0.603**	−0.248
	友善好客 C2	0.114	0.374	**0.654**	0.140
	环境氛围 C3	0.096	0.199	**0.767**	0.181
	交通方便 C4	0.254	0.135	**0.659**	-0.130

由表 3-40 可知，入境旅游流空间扩散正向力的第一个公因子反映了“追求身心健康”“受到尊重”“空闲时间”“可自由支配收入”“情感交流”等选项的基本信息，由于这些选项多与世俗的生活方式密切相关，故将此公因子命名为“世俗愉悦（P）”因子；第二个公因子反映了“旅游景点”“城市形象”“民风民俗”“地方饮食”“节事活动”等选项的基本信息，由于这些选项多与目的地的旅游核心吸引物密切相关，故将此公因子命名为“核心吸引物（A）”因子；第三个公因子反映了“旅游购物”“友善好客”“环境氛围”“交通方便”等选项的基本信息，由于这些选项多与目的地环境建设密切相关，故将此公因子命名为“目的地环境（C）”

因子；第四个公因子反映了“摆脱日常工作和生活”“追求新奇刺激”“拓宽视野”等选项的基本信息，由于这些选项多与“本我”的价值追求和更高的身心体验密切相关，故将此公因子命名为“本我追求（I）”因子。由此分析结果可知，入境客流空间扩散正向力的四个潜变量分别是：“世俗愉悦（P）”“核心吸引物（A）”“目的地环境（E）”、“本我追求（I）”。

为确保在四个潜变量内部问卷和问题间的内在一致性，采用 Cronbach’s Alpha 系数对四个潜变量所含显变量的选项数据进行信度评价，分析结果显示四个潜变量各自对应显变量的 Cronbach’s Alpha 值分别为：0.756、0.696、0.668、0.585，这一分析结果表明四个潜变量所含各显变量数据的内部一致性较好，信度较高；四个潜变量所含各显变量数据的 Cronbach’s Alpha if Item Deleted 值偏离 Cronbach’s Alpha 的范围较小，基本无显著偏差，这一分析结果表明四个潜变量所含各显变量数据的效度较好。

由此 4 个潜变量和 17 个显变量，以及潜变量和显变量之间的逻辑关系，即可假设和建构入境旅游流空间扩散正向力的结构方程模型概念图（图 3-4）。

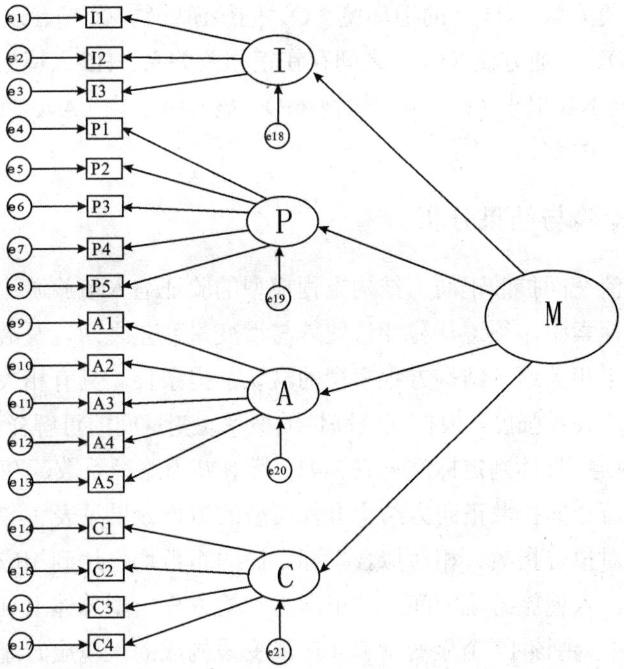

图 3-4　正向力结构方程模型概念

Fig. 3-4 Schematic diagram of Structural Equation Model of motivation mechanism

3.5.5 研究假设

顺承上文因子分析的探索性结果，在结构方程模型检验中，作者将入境旅游流空间扩散的正向力划分为 4 个构成维度：本我追求（I）、世俗愉悦（P）、核心吸引物（A）、目的地环境（C）。此外，鉴于结构方程模型对分析数据结构的限制（结构方程对一阶潜变量下的二阶潜变量限定为单一维度构成），入境旅游流空间扩散正向力的测度也必须应用单一维度的设定，即本文中的测度模型将入境旅游流空间扩散正向力设定为单一维度，同本我追求（I）、世俗愉悦（P）、核心吸引物（A）、目的地环境（C）此四个构成维度进行关联分析。

由此，作者提出以下 5 个研究假设：H1 本我追求（I）同摆脱日常工作和生活（I1）、追求新奇刺激（I2）、拓宽视野（I3）之间存在正相关关系；H2 世俗愉悦（P）同追求身心健康（P1）、受到尊重（P2）、空闲时间（P3）、可自由支配收入（P4）、情感交流（P5）之间存在正相关关系；H3 核心吸引物（A）同旅游景点（A1）、城市形象（A2）、民风民俗（A3）、地方饮食（A4）、节事活动（A5）之间存在正相关关系；H4 目的地环境（C）同旅游购物（C1）、友善好客（C2）、环境氛围（C3）、交通方便（C4）之间存在正相关关系；H5 入境旅游流空间扩散正向力（M）同本我追求（I）、世俗愉悦（P）、核心吸引物（A）、目的地环境（C）之间存在正相关关系。

3.5.6 假设检验与结果分析

入境旅游流空间扩散正向力结构方程模型的验证与入境旅游流空间扩散正向力路径关系的探索中，须遵从显变量残差与潜变量残差之间以及潜变量残差相互之间相互独立不相关这一结构方程模型的默认前提条件。具有相关关系或因果关系的变量之间的关系强度，根据其关联性的概率（变量间的可解释程度），即可决系数 R^2 进行判定，具体判定标准见表 3-41，其中 R 为路径系数，又称为共变系数。

入境旅游流空间扩散正向力结构方程模型的拟合效果见表 3-42。显然，结构方程模型的绝对拟合指数、相对拟合指标、简约指数均已达到相应标准。综合考虑各拟合指数，入境旅游流空间扩散正向力结构方程模型总体上具有较好的拟合效果，这也证明了由该 17 个显变量和 4 个潜变量构成的入境旅游流空间扩散正向力概念模型较为合理，其中，各变量指标的设置以及变量间的关系都较为科学，该模型的适用性也较强。

表 3-41 路径系数取值区间与变量关系判定

Tab. 3-41 Judgment of the variable relationship and the corresponding path coefficient value interval

R 绝对值的大小	可决系数 R^2 取值	相关或因果关系
＜0.224	＜0.05	无
[0.224，0.333）	[0.05，0.10）	很弱
[0.333，0.500）	[0.10，0.25）	稍弱
[0.500，0.707]	[0.25，0.50]	一般
（0.707，0.837]	（0.50，0.75]	稍强
（0.837，0.949]	（0.75，0.90]	很强
（0.949，0.979]	（0.90，0.95]	非常强
＞0.979	＞0.95	极强

表 3-42 正向力结构方程拟合效果

Tab. 3-42 Fit results of Structural Equation Model of motivation mechanism

拟合指数		参考标准	参考标准来源	测算结果
绝对拟合指数	CMIN/DF	2.0～5.0	[193]	1.364
	RMSEA	≤0.08	[193～195]	0.012
	GFI	≥0.90	[195～197]	0.995
	AGFI	≥0.90	[187、197]	0.990
	PGFI	＞0.50	[187、198]	0.501
相对拟合指数	NFI	≥0.90	[197～198]	0.991
	IFI	＞0.90	[187、198]	0.998
	TLI	＞0.90	[198～199]	0.996
	CFI	＞0.90	[187、198]	0.998
简约指数	PRATIO	＞0.50	[198]	0.566
	PNFI	＞0.50	[187、198]	0.561
	PCFI	＞0.50	[187、199]	0.565

入境旅游流空间扩散正向力结构方程模型的数据处理采用 AMOS 软件，参数估算采用最大似然法进行求解，经过反复的显变量残差的关系探索与关系判定，最终得到如图 3-5 所示的变量间的定量路径系数（R）和可决系数（R^2）。

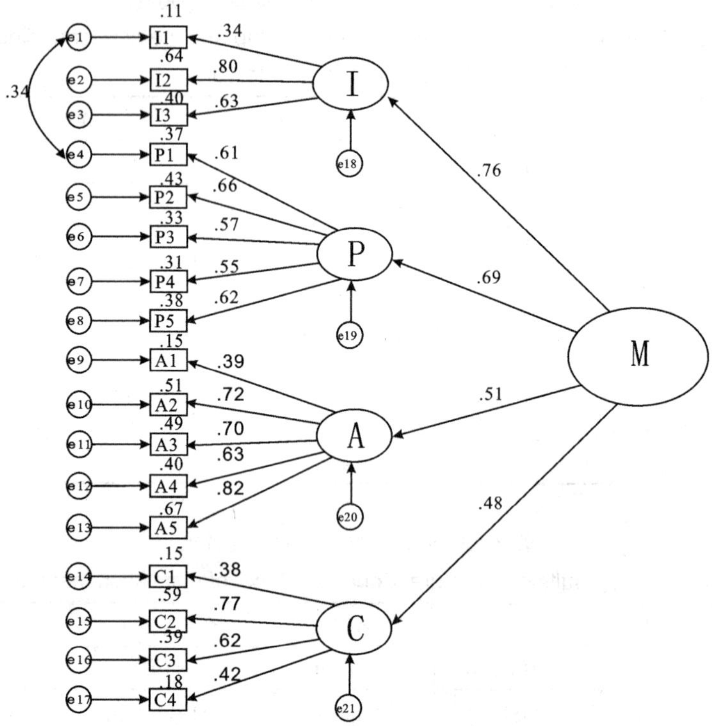

图 3-5 正向力结构方程模型标准化路径

Fig. 3-5 Path diagram of standardized estimates of Structural Equation Model of motivation mechanism

由图 3-5 可知，作者在上文提出的 5 个研究假设均基本正确：

（1）假设 H1 的验证。从模型检验结果可以看出，摆脱日常工作和生活（I1）、追求新奇刺激（I2）、拓宽视野（I3）同本我追求（I）之间存在正相关关系。该维度的测试效果显示，除摆脱日常工作和生活（I1）同本我追求（I）之间的路径系数较小以外，其他两个变量同本我追求（I）之间的路径系数均较大。相对而言，追求新奇刺激（I2）对本我追求（I）的影响作用最强，相关性最高，其路径系数为 0.80；摆脱日常工作和生活（I1）对本我追求（I）的影响作用最弱，相关性最低，其路径系数为 0.34。假设 H1 得到较好的验证。

（2）假设 H2 的验证。从模型检验结果可以看出，追求身心健康（P1）、受到尊重（P2）、空闲时间（P3）、可自由支配收入（P4）、情感交流（P5）同世俗愉悦（P）之间存在正相关关系。该维度的测试效果较好，各变量同世俗愉悦（P）之间的路径系数均在 0.60 左右。相对而言，受到尊重（P2）对世俗愉悦（P）的影响作用最强，相关性最高，其路径系数为 0.66；可自由支配收入（P4）对世俗愉悦（P）的影响作用最弱，相关性最低，其路径系数为 0.55。假设 H2 得到较好的验证。

（3）假设 H3 的验证。从模型检验结果可以看出，旅游景点（A1）、城市形象（A2）、民风民俗（A3）、地方饮食（A4）、节事活动（A5）同核心吸引物（A）之间存在正相关关系。该维度的测试效果显示，除旅游景点（A1）同核心吸引物（A）之间的路径系数较小以外，其他四个变量同核心吸引物（A）之间的路径系数均较大。相对而言，节事活动（A5）对核心吸引物（A）的影响作用最强，相关性最高，其路径系数为 0.82；旅游景点（A1）对核心吸引物（A）的影响作用最弱，相关性最低，其路径系数为 0.39。假设 H3 得到较好的验证。

（4）假设 H4 的验证。从模型检验结果可以看出，旅游购物（C1）、友善好客（C2）、环境氛围（C3）、交通方便（C4）同目的地环境（C）之间存在正相关关系。该维度的测试效果显示，旅游购物（C1）、交通方便（C4）同目的地环境（C）之间的路径系数在 0.40 左右；友善好客（C2）、环境氛围（C3）同目的地环境（C）之间的路径系数均已超过 0.60。相对而言，友善好客（C2）对目的地环境（C）的影响作用最强，相关性最高，其路径系数为 0.77；旅游购物（C1）对目的地环境（C）的影响作用最弱，相关性最低，其路径系数为 0.38。假设 H4 得到较好的验证。

（5）假设 H5 的验证。从模型检验结果可以看出，本我追求（I）、世俗愉悦（P）、核心吸引物（A）、目的地环境（C）同入境旅游流空间扩散正向力（M）之间存在正相关关系。该维度的测试效果显示，目的地环境（C）、核心吸引物（A）同入境旅游流空间扩散正向力（M）之间的路径系数均在 0.50 左右，本我追求（I）、世俗愉悦（P）同入境旅游流空间扩散正向力（M）之间的路径系数均在 0.70 左右。相对而言，本我追求（I）同入境旅游流空间扩散正向力（M）之间的影响作用最强，相关性最高，其路径系数为 0.76；目的地环境（C）同入境旅游流空间扩散正向力（M）之间的影响作用最弱，相关性最低，其路径系数为 0.48。假设 H5 得到较好的验证。

此外，显变量残差是显变量的一部分，所以显变量残差间的相关性在一定程度上能够反映显变量之间的相关性。根据表 3-41，可对具有相关关系的显变量残差间的路径系数进行判定，将路径系数大于 0.22 的相关关系予以保留，可得图 3-5 所示的显变量残差间的相关关系及其路径系数。

由图 3-5 可知：摆脱日常工作和生活（I1）的残差同追求身心健康（P1）的残差之间具有某种正相关关系，其相关性路径系数为 0.34。这一结果明示了摆脱日常工作和生活（I1）同追求身心健康（P1）之间具有一定的正相关关系。其余显变量残差间的相关关系较弱，其路径系数均在 0.22 以下，均可判定为无相关关系。由此可见，显变量残差间的相关关系都较弱（仅有的一个相关关系也处于“稍弱”水平），这一结果再次验证了入境旅游流空间扩散正向力显变量的独立性较好，其设置也较为合理。

3.6 反向力的结构方程模型

3.6.1 数据的信度和效度检验

为确保问卷和问题间的内在一致性，采用 Cronbach’s Alpha 系数对问卷所得“外生阻力”的数据进行信度评价。入境客流空间扩散反向力调查数据 7 个选项数据的总体 Cronbach’s Alpha 为 0.834，表明问卷中此 7 个选项数据的总体信度处于很可信的范围之内，这 7 个选项数据的内部一致性较好；每个选项数据的 Cronbach’s Alpha if Item Deleted 值均在 0.802～0.825，没有显著的偏差，表明这 7 个选项数据的效度较高。

3.6.2 确定是否适合于结构方程模型的检验

结构方程模型有一定的适用条件：①当显著性水平为 0.01 时，数据的偏度值处于−2.58～2.58；②数据的峰度值处于−10.0～10.0。若数据的偏度值和峰度值符合上述两个基本条件，表示结构方程模型适用；反之，表示非常态问题发生，不适用结构方程模型[193, 194]。对此 7 个选项数据的偏度值和峰度值的测算结果见表 3-43。

表 3-43 的第一列为观察变量的名称，第二列为变量最小值，第三列为变量最大值，第四列为偏度系数，第五列为偏度系数的显著性检验，第六列为峰度系数，第七列为峰度系数的显著性检验，表中最后一行为多变量的峰度系数检验。

表 3-43 正态性检验与异常值评估

Tab. 3-43 Assessment of normality

Variable	min	max	skew	c.r.	kurtosis	c.r.
距离	0.000	5.000	−0.502	−10.264	−0.623	−6.373
便捷性	0.000	5.000	−0.355	−7.269	−0.746	−7.629
交通费用	0.000	5.000	−0.192	−3.925	−0.892	−9.124
旅行安全	0.000	5.000	−0.153	−3.126	−0.937	−9.586
资讯获取	0.000	5.000	−0.369	−7.549	−0.736	−7.527
沟通交流	0.000	5.000	−0.228	−4.662	−1.021	−10.445
旅行社服务	0.000	5.000	0.022	0.444	−0.730	−7.467
Multivariate					17.263	38.533

由表 3-43 可知，各显变量的偏度值处于−0.502～0.022，表明这些显变量在 0.01 的显著性水平上的正态分布特征显著；各显变量的峰度值处于−1.021～−0.622，表明这些显变量的正态分布特征显著。由此可做出各显变量的样本数据均符合正态分布的基本判定。

通过以上分析可知：7 个选项数据既是典型的大样本抽样调查数据，又满足正态分布的基本特征，此外，测度潜变量的多个显变量具有较好的内部一致性。因此，该样本数据符合应用结构方程模型的前提条件。

3.6.3 数据的均值比较分析

反向力选项数据的平均值反映了入境客流群体对该选项的平均得分状况，其评价得分的标准差则反映了入境客流在该选项上的数据离散程度或反映均值代表的该选项的准确性。对 7 个选项数据的均值分析和标准差分析的结果见表 3-44。

表 3-44 反向力选项的均值分析和标准差分析

Tab. 3-44 Average value and standard deviation analysis of obstacle mechanism

潜变量	显变量	均值	标准差
客观障碍	距离	2.792	1.502
	便捷性	2.627	1.485
	交通费用	2.475	1.517
	旅行安全	2.458	1.527
服务障碍	资讯获取	2.740	1.498
	沟通交流	2.609	1.601
	旅行社服务	2.177	1.446

从表 3-44 入境客流反向力选项各变量的均值分析结果可知：①在一阶显变量的层面，反向力 7 个选项均值得分的大小顺序依次为，距离＞资讯获取＞便捷性＞沟通交流＞交通费用＞旅行安全＞旅行社服务；②在二阶潜变量的层面，根据各潜变量对应显变量的均值得分可得两个潜变量的均值得分大小顺序为，客观障碍＞服务障碍；③反向力 7 个选项的平均得分为 2.554。

从表 3-44 入境客流反向力选项各变量的标准差分析结果可知：①在一阶显变量的层面，反向力 7 个选项标准差得分的大小顺序依次为，旅行社服务＜便捷性＜资讯获取＜距离＜交通费用＜旅行安全＜沟通交流；②在二阶潜变量的层面，根据各潜变量对应显变量的标准差得分可得两个潜变量的标准差得分大小顺序为，客观障碍＜服务障碍。

3.6.4 基于因子分析的反向力潜变量探索性获取

为提高入境旅游流空间扩散反向力模型的建构效度，作者从定量分析的视角出发，尝试采用探索性的因子分析法，以提取公因子的形式，借助反向力将此 7 个选项作为一阶显变量，对入境旅游流空间扩散反向力的二阶潜变量进行较为客观的研究探索。

入境客流空间扩散反向力此 7 个选项数据的 KMO 值与巴特利球形检验的结果见表 3-45。

表 3-45 调查问卷反向力选项的 KMO 值与巴特利球形检验

Tab. 3-45 KMO and Bartlett's Test of Sphericity of surveys on obstacle mechanism

Kaiser-Meyer-Olkin Measure of Sampling Adequacy		0.847
Bartlett's Test of Sphericity	Approx. Chi-Square	5 960.011
	df	21.000
	Sig.	0.000

由表 3-45 可知，调查问卷的 KMO 值为 0.847，根据 Kaiser 给出的标准，这些涉及反向力的数据适合进行因子分析。

Bartlett 球形检验给出的相伴概率为 0.000，小于显著性水平 0.05，因此拒绝 Bartlett 球形检验的零假设，认为这些涉及反向力的数据适合进行因子分析。

根据特征值大于 1 的标准，入境客流空间扩散反向力因子分析可提取 2 个公因子，且 2 个公因子之间互不相关，2 个公因子的累积方差贡献率达 56.71%（表

3-46)，接近公因子提取需达 60%的判定标准[195]；根据结构方程模型每个因变量对应的显变量不宜少于 3 个又不宜过多[196-199]的基本要求，将各公因子中载荷高于 0.570 的测度指标保留（表 3-46 中的粗体部分），低于 0.570 的测度指标忽略（表 3-46 中的细体部分），提取出入境旅游流空间扩散反向力的 2 个公因子（表 3-46）。

表 3-46　方差极大旋转法旋转后的因子载荷矩阵

Tab. 3-46 Rotated Component Matrix of motivation mechanism loading after varimax rotation

潜变量	显变量	公因子提取（方差贡献率 56.71%）	
		1（29.51%）	2（27.20%）
客观障碍 Z	距离 Z1	0.733	0.111
	便捷性 Z2	0.743	0.291
	交通费用 Z3	0.749	0.094
	旅行安全 Z4	0.572	0.488
服务障碍 S	资讯获取 S1	0.090	0.748
	沟通交流 S2	0.169	0.750
	旅行社服务 S3	0.226	0.662

由表 3-46 可知，入境旅游流空间扩散反向力的第一个公因子反映了“距离”“便捷性”“交通费用”“旅行安全”等选项的基本信息，由于这些选项多涉及经济社会的发展背景，反映了旅游活动开展的客观外部环境，故而将此因子命名为“客观障碍”因子；第二个公因子反映了“资讯获取”“沟通交流”“旅行社服务”等原始变量的基本信息，由于这些选项多涉及旅游活动开展的软质服务氛围，故而将此因子命名为“服务障碍”因子。由此分析结果可知，入境客流空间扩散反向力的 2 个潜变量分别是：“客观障碍（Z）”“服务障碍（S）”。

为确保在 2 个潜变量内部问卷和问题间的内在一致性，采用 Cronbach’s Alpha 系数对 2 个潜变量所含显变量的选项数据进行信度评价，分析结果显示 2 个潜变量各自对应显变量的 Cronbach’s Alpha 值分别为：0.813、0.712，这一分析结果表明 2 个潜变量所含各显变量数据的内部一致性较好，信度较高；2 个潜变量所含各显变量数据的 Cronbach’s Alpha if Item Deleted 值偏离 Cronbach’s Alpha 的范围较小，基本无显著偏差，这一分析结果表明 2 个潜变量所含各显变量数据的效度较好。

由此 2 个潜变量和 7 个显变量，以及潜变量和显变量之间的逻辑关系，即可假设和建构入境旅游流空间扩散反向力的结构方程概念模型（图 3-6）。

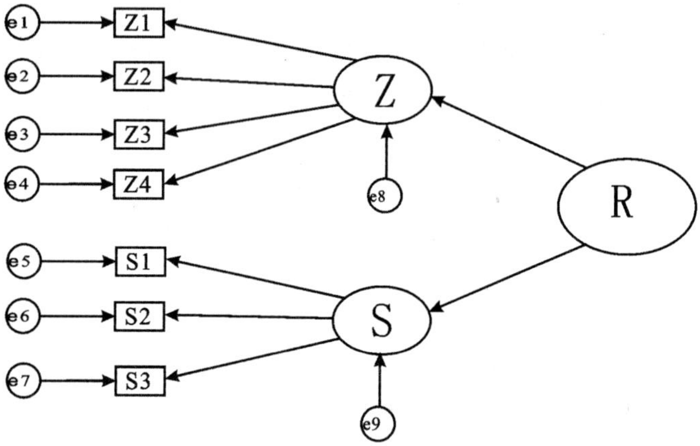

图 3-6　反向力结构方程模型概念

Fig. 3-6 Schematic diagram of Structural Equation Model of resistance mechanism

3.6.5　研究假设

顺承上文因子分析的探索性结果，在结构方程模型检验中，作者将入境旅游流空间扩散的反向力划分为 2 个构成维度：客观障碍（Z）、服务障碍（S）。此外，鉴于结构方程模型对分析数据结构的限制（结构方程对一阶潜变量下的二阶潜变量限定为单一维度构成），入境旅游流空间扩散反向力的测度也必须应用单一维度的设定，即本文中的测度模型将入境旅游流空间扩散反向力设定为单一维度，同客观障碍（Z）、服务障碍（S）此两个构成维度进行关联分析。

由此，作者提出以下 3 个研究假设：H1 客观障碍（Z）同距离（Z1）、便捷性（Z2）、交通费用（Z3）、旅行安全（Z4）之间存在正相关关系；H2 服务障碍（S）同资讯获取（S1）、沟通交流（S2）、旅行社服务（S3）之间存在正相关关系；H3 入境旅游流空间扩散反向力（R）同客观障碍（Z）、服务障碍（S）之间存在正相关关系。

3.6.6　假设检验与结果分析

入境旅游流空间扩散反向力结构方程模型的拟合效果见表 3-47。

表 3-47　反向力结构方程拟合效果

Tab. 3-47 Fit results of Structural Equation Model of resistance mechanism

拟合指数		参考标准	参考标准来源	测算结果
绝对拟合指数	CMIN/DF	2.0～5.0	[193]	0.945
	RMSEA	≤0.08	[193～195]	0.000
	GFI	≥0.90	[195～197]	0.999
	AGFI	≥0.90	[187、197]	0.997
	PGFI	＞0.50	[187、198]	0.505
相对拟合指数	NFI	≥0.90	[197～198]	0.999
	IFI	＞0.90	[187、198]	0.999
	TLI	＞0.90	[198～199]	0.999
	CFI	＞0.90	[187、198]	0.999
简约指数	PRATIO	＞0.50	[198]	0.551
	PNFI	＞0.50	[187、198]	0.550
	PCFI	＞0.50	[187、199]	0.551

由表 3-47 可知，结构方程模型的绝对拟合指数、相对拟合指标、简约指数均已达到相应标准。综合考虑各拟合指数，入境旅游流空间扩散反向力结构方程模型总体上具有较好的拟合效果，这也证明了由该 7 个显变量和 2 个潜变量构成的入境旅游流空间扩散反向力概念模型较为合理，其中，各变量指标的设置以及变量间的关系都较为科学，该模型的适用性也较强。

入境旅游流空间扩散反向力结构方程模型的数据处理采用 AMOS 软件，参数估算采用最大似然法进行求解，经过反复的显变量残差的关系探索与关系判定，最终得到如图 3-7 所示的变量间的定量路径系数（R）和可决系数（R^2）。

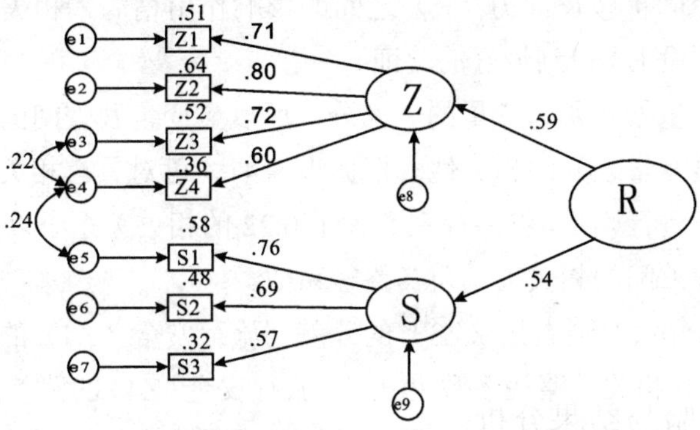

图 3-7　反向力结构方程模型标准化路径

Fig. 3-7 Path diagram of standardized estimates of Structural Equation Model of resistance mechanism

由图 3-7 可知，作者在上文提出的 3 个研究假设均正确：

（1）假设 H1 的验证。从模型检验结果可以看出，距离（Z1）、便捷性（Z2）、交通费用（Z3）、旅行安全（Z4）同客观障碍（Z）之间存在正相关关系。该维度的测试效果较好，各变量同客观障碍（Z）之间的路径系数均较高。相对而言，便捷性（Z2）对客观障碍（Z）的影响作用最强，相关性最高，其路径系数为 0.80；旅行安全（Z4）对客观障碍（Z）的影响作用最弱，相关性最低，其路径系数为 0.60。假设 H1 得到很好的验证。

（2）假设 H2 的验证。从模型检验结果可以看出，资讯获取（S1）、沟通交流（S2）、旅行社服务（S3）同服务障碍（S）之间存在正相关关系。该维度的测试效果较好，除旅行社服务（S3）同服务障碍（S）之间的路径系数接近 0.60 以外，其他两个变量同服务障碍（S）之间的路径系数均在 0.70 左右。相对而言，资讯获取（S1）对服务障碍（S）的影响作用最强，相关性最高，其路径系数为 0.76；沟通交流（S2）对服务障碍（S）的影响作用稍逊，相关性次之，其路径系数为 0.69；旅行社服务（S3）对服务障碍（S）的影响作用最弱，相关性最低，其路径系数为 0.57。假设 H2 得到很好的验证。

（3）假设 H3 的验证。从模型检验结果可以看出，客观障碍（Z）、服务障碍（S）同入境旅游流空间扩散反向力（R）之间存在正相关关系。该维度的测试效果显示，客观障碍（Z）、服务障碍（S）同入境旅游流空间扩散反向力（R）之间的路径系数均在 0.50 以上。相对而言，客观障碍（Z）同入境旅游流空间扩散反向力（R）之间的影响作用更强，相关性更高，其路径系数为 0.59；服务障碍（S）同入境旅游流空间扩散反向力（R）之间的影响作用稍弱，相关性稍低，其路径系数为 0.54。假设 H3 得到较好的验证。

此外，显变量残差是显变量的一部分，所以显变量残差间的相关性在一定程度上能够反映显变量之间的相关性。根据表 3-41，可对具有相关关系的显变量残差间的路径系数进行判定，将路径系数大于 0.22 的相关关系予以保留，可得图 3-7 所示的显变量残差间的相关关系及其路径系数。

由图 3-7 可知：交通费用（Z3）的残差同旅行安全（Z4）的残差之间具有某种正相关关系，其相关性路径系数为 0.22；旅行安全（Z4）的残差同资讯获取（S1）的残差之间具有某种正相关关系，其相关性路径系数为 0.24。这一结果明示了交通费用（Z3）同旅行安全（Z4）之间具有一定的正相关关系，旅行安全（Z4）同资讯获取（S1）之间也具有一定的正相关关系。其余显变量残差间的相关关系较弱，其路径系数均在 0.22 以下，均可判定为无相关关系。由此可见，显变量残差间的相关关系都较弱（仅有的两个相关关系也都处于“很弱”水平），这一结果再次验证了入境旅游流空间扩散反向力显变量的独立性较好，其设置也较为合理。

3.7　本章小结

3.7.1　研究结论

（1）入境客流扩散的正向力之一源于客流群体对“世俗愉悦”和“本我追求”的潜在欲望。客流群体对“本我追求”的深度渴求是正向力的源泉之一，其中，“追求新奇刺激”是“本我追求”潜变量最主要的外显指标要素；客流群体对“世俗愉悦”的不懈追逐是正向力的另一个源泉，其中，“受到尊重”是“世俗愉悦”潜变量最主要的外显指标要素。

（2）入境客流扩散的正向力之二源于“核心吸引物”和“目的地环境”对客流群体的强烈吸引。“核心吸引物”的魅力是客流群体关注的焦点，其中“节事活动”是“核心吸引物”潜变量最主要的外显指标要素；“目的地环境”的舒适度是客流群体强烈关注的另一个方面，其中“友善好客”是“目的地环境”潜变量最主要的外显指标要素。

（3）入境客流扩散的反向力源于客流群体对“客观障碍”和“服务障碍”的密切关注。“客观障碍”对客流群体的阻隔是反向力的最主要源泉，其中，“便捷性”是“客观障碍”潜变量最主要的外显指标要素；客流群体对“服务障碍”的高度敏感是反向力的另一个源泉，其中，“资讯获取”是“服务障碍”潜变量最主要的外显指标要素。

（4）入境客流扩散的正向力与反向力是相伴而生的一对矛盾体系。客流群体对“世俗愉悦”和“本我追求”的潜在欲望乃是先天的属性，但这种潜在欲望不可避免还会受到后天环境“核心吸引物”“目的地环境”“客观障碍”“服务障碍”的巨大影响——在外部环境的正面影响作用下，客流群体的这种潜在欲望趋于增强，足以成为正向力；反之，在外部环境的负面影响作用下，客流群体的这种潜在欲望趋于削减，则可能转化为反向力。

3.7.2 启示思考

（1）入境客流空间扩散的研究发端于“个体行为视角”的旅游者行为规律分析，指向“区域视角”的社会群体流动规律探讨，这两个命题之间既存在因果关联性，也存在本质差异性。因此，探索入境客流空间扩散的潜在机理需从宏观和微观的双重视角入手。“旅游动机”“吸引要素”“障碍要素”等原生变量原本只是针对单个入境游客行为规律分析而设定的调查指标，然而，当这些入境游客聚集为一个群体的“旅游流”时，这些原本作用于单个入境游客的要素将纷纷转化为“动机束”“吸引束”“障碍束”等衍生变量而作用于旅游流的社会群体流动。基于统计学的分析方法，可以知晓虽然作为个体的每一名入境游客的个人行为及其空间状态多具有随机性与无序性，但这些入境游客聚集为一个群体的“旅游流”时，其群体流动将表现出显著的规律性和秩序性，且这种群体流动的规律是可认知的和可观控的。从而，入境客流空间扩散的流动规律特征应紧紧围绕“旅游者”这个一切旅游活动的核心，进而延伸至入境旅游客流群体的流动规律特征，基于“流空间”的天然运动属性和运动的规律性深入发掘入境客流空间扩散的必然性与可知性。此外，入境客流空间扩散的流动规律特征应紧紧围绕空间结构和空间相互作用，探索遵循空间地域结构特征的入境客流空间扩散的潜在机理。

（2）入境客流空间扩散的深层驱动机制源于流空间①的天然运动属性。经典物理学的惯性定律表明：解释引起物体运动的原因并不是必需的，解释物体运动状态改变的原因才是必需的。从而，对入境客流空间扩散也可做出“天然运动”的基本假设——“入境客流的扩散转移，在不受任何外力作用的时候，将保持一种原生的运动状态，直至有外力迫使它改变这种状态为止。”事实上，自然运动兼具必然性和可控性，这种“天然运动”属性也当适用于运动经济体。以往针对入境客流空间扩散机理的研究多基于入境客流的静止状态假设，这种做法违背了“旅游与其他休闲方式的本质区别在于它的天然流动性[200]”的基本理念。对入境客流空间扩散的“天然运动”假设试图从一个全新的视角认识入境客流空间扩散的必然性——引导和调控入境客流空间扩散的关键在于对旅游流天然运动属性的认可，以及对“旅游流空间”作用规律的准确把握与恰当运用，从而实现对入境客流空间扩散的正确疏导。

① 流空间（Space of flows）的概念是由社会学家卡斯泰尔（Castells）正式提出的，他认为流空间是一种动态化的空间概念，并进一步将其定义为“通过流动而运作的共享时间之社会实践的物质组织”。

（3）“理想状态”与“非理想状态”的“实验式”分离是入境客流空间扩散潜在机理探索中必须关注的焦点问题。目前学术界对入境客流空间扩散的研究虽面面俱到，但却囿于将正向力同反向力相混淆，多数学者习惯于现实的“非理想状态”研究，却不曾设想过一个“实验式”的“理想状态”，这一做法致使旅游流扩散的驱动机制研究陷入混沌，其结果就是多数研究成果止步于入境客流空间扩散的“现象规律”考究，却很难深入发掘入境客流空间扩散的“本原机理”。提出非理想状态与理想状态的“实验式”分离这一观点正是作者感慨于目前学术界的现状而有所感悟。作者不避浅陋，提出这一观点，旨在抛砖引玉，也是试图跳出传统研究中的“思维陷阱”，倡导对入境客流空间扩散的“实验式”的“理想状态”研究，实现入境客流空间扩散深层驱动机制探索的阶段性提升，助推入境客流空间扩散向“本原机理”不断深入。

（4）入境客流空间扩散的“非旅游”影响因素可归结为“硬质环境”和“软质环境”两大类。“硬质环境”主要包括区位状况、旅行费用、空间距离、基础设施、服务设施、安全状况等，“软质环境”主要包括旅游资讯、友善好客、民风民俗、娱乐购物、节事庆典、餐饮美食等。对这两类“非旅游”影响因素作用规律的准确把握是引导和调控入境客流空间扩散另一个关键环节，在此两类“非旅游”影响因素的共同作用下，入境客流空间扩散整体表现为时空地域格局梯级演进的动态发展模式，且这个过程不可避免地会因为政府和市场的共同作用而经历一些反复的变化。

第 4 章 入境旅游流扩散的场效应分析

类似于物理学中的电场模型体系，旅游流扩散场模型体系可通过场势、场能、场地域结构、场熵等指标来具体表征，进而实现入境旅游流扩散场的定量化测算和形象化表达。

鉴于入境旅游流扩散数量的庞杂性与相似性，现实中既没有必要对入境旅游流扩散开展两两之间的排列组合式的计算，也几乎没有可能实现如此庞大烦琐的重复计算。更何况，对这些数据的一一枚举也没有太大的科学价值。故而，作者在此仅选取入境旅游流扩散最具代表性的北京、上海、广东三省（市）为案例，实证研究 1994—1997 年、1998—2001 年、2002—2005 年、2006—2009 年这四个时间段的入境旅游流扩散场效应。

4.1 模型构建

4.1.1 场势

旅游流扩散场的场势描述旅游流场中相互作用的旅游流节点的地位或势能差异，能够反映各节点间的相互作用关系。

场势有相对位势和绝对位势之分，设定区域内有两个旅游流节点 i、j，可得节点 i 的场势计算公式为：

$$U'_{ij} = Q_{ij}/Q_j \tag{4-1}$$

$$U_{ij} = Q_{ij}/Q_i \tag{4-2}$$

式中，Q_{ij} 为节点 j 向节点 i 流入的客流量，Q_i、Q_j 分别为节点 i、节点 j 的客流量，U_{ij} 表示旅游流节点 i 的绝对位势，U'_{ij} 表示旅游流节点 i 的相对位势。

相对位势 U'_{ij} 表示由节点 j 转移向节点 i 的客流占节点 j 客流量的比重（即转移概率）。对于地域空间的任意两个节点 i 与 j，U'_{ij} 在[0，1]范围内取值，U'_{ij} 越大，表明由节点 j 转移至节点 i 的客流占节点 j 对外转移客流的比例越大，节点 j 对节点 i 的相对位势越高，反之越低；当 $U'_{ij}=0$ 时，表明两节点间无客流转移发生，不存在位势差；当 $U'_{ij}=1$ 时，表明节点 j 的客流全部转移至节点 i，此时称节点 j 为节点 i 的附节点[201]。

绝对位势 U_{ij} 表示由节点 j 转移向节点 i 的客流占节点 i 客流量的比重。对于地域空间的任意两个节点 i 与 j，U_{ij} 在[0，1]范围内取值，U_{ij} 越大，表明由节点 j 转移至节点 i 的客流占节点 i 接收客流的比例越大，节点 j 对节点 i 的绝对位势越高，反之越低；当 $U_{ij}=0$ 时，表明两节点间无客流转移发生，不存在位势差；当 $U_{ij}=1$ 时，表明节点 i 接收的客流完全来自节点 j，此时称节点 i 为节点 j 的附节点[175]。

4.1.2　场能

旅游流扩散场的场能表征的是节点间旅游流相互扩散转移而产生的扩散源节点指向扩散目的节点的旅游流转移而产生的能量，即作用于扩散源节点，指向目的节点的旅游流转移的能量大小。

旅游流扩散场的场能作为旅游流空间场效应的一种基本度量，表征着旅游流空间扩散源节点对周围旅游区域辐射带动力的大小。假设区域内有两个旅游流节点 i、j，可得节点 i 的空间扩散场能公式为：

$$E_{\mathrm{D}} = \sum_{j} Q_{ji} \times D_{ij} \qquad (4\text{-}3)$$

式中，E_{D} 为扩散源节点 i 的扩散场能，Q_{ji} 为节点 i 扩散到节点 j 的客流量，D_{ij} 为 i、j 两节点间的空间距离。显然，E_{D} 的值越大，则扩散源节点 i 对其他节点的扩散能量越大，即扩散源节点 i 推动旅游流扩散至其他目的节点的能力越强。

4.1.3　场地域结构

旅游流空间场中各节点间是相互作用的，其共同构成旅游流空间场体系。在旅游流空间场体系中由于各旅游流节点场势、场能均存在差异，必然导致入境旅游流扩散场等级差异的出现，并由此导致入境旅游流扩散场地域结构等空间分异的形成[202]。

入境旅游流扩散场中各节点的场能表征了节点对区域入境旅游发展的作用力，入境旅游流扩散场地域结构则反映了入境旅游流扩散场体系中各节点之间相互作用的层次性。节点场能与场地域结构之间的关系可以通过“入境旅游流扩散场能指数”表示。

入境旅游流扩散场能指数的计算公式为：

$$I_D = \frac{E_D}{\sum E_D} \frac{Q_{ji}}{\sum_j Q_{ji}} \tag{4-4}$$

式中，I_D 为节点 j 的入境旅游流扩散场能指数，E_D 为节点 i 对节点 j 的扩散场能，$\sum E_D$ 为节点 i 对所有节点扩散场能总和，Q_{ji} 为节点 j 接收节点 i 扩散转移客流人次，$\sum_j Q_{ji}$ 为节点 i 扩散转移客流的总和。

4.1.4 场熵

为了分析入境旅游流扩散场地域分布结构的有序程度，借鉴旅游流系统熵评价模型[203]建立旅游流场熵评价模型，可得 i 省区入境旅游流扩散场地域结构熵值 I_i 的公式如下：

$$I_i = -\sum_{j=1}^{n} P_j \ln P_j \tag{4-5}$$

式中，I_i 为 i 省区入境旅游流扩散场熵；P_j 为入境旅游流扩散场能分布概率，即扩散源节点 i 对 j 省区入境旅游流扩散场能占对所有省区总场能的比重。熵值 I_i 越大，表明 i 省区入境旅游流扩散场地域分布结构越无序，越不合理；反之，结构越有序，越合理。

4.2 北京市扩散场效应实证分析

4.2.1 场势分析

（1）相对位势

根据各年度北京市接待入境游客人次的统计数据，以及各年度北京市入境游客扩散转移数量的测算结果，由公式（4-1），可计算出 1994—2009 年各年度北京市入境旅游流扩散场的相对位势；根据各年度的指标值，可得到 1994—1997 年、1998—2001 年、2002—2005 年、2006—2009 年四个时间段北京市入境旅游流扩散场的年均相对位势 U_1'、U_2'、U_3'、U_4'（表 4-1）。

表 4-1 1994—2009 年北京市入境旅游流扩散场相对位势序列

Tab. 4-1 Array of relative potentials of inbound tourist flows spatial diffusion field of Beijing during 1994-2009

省区	1994—1997 年	1998—2001 年	2002—2005 年	2006—2009 年
	U_1'	U_2'	U_3'	U_4'
天津	0.016 2	0.019 0	0.009 8	0.041 8
河北	0.006 7	0.018 2	0.009 2	0.018 9
山西	0.043 7	0.039 3	0.043 8	0.011 8
内蒙古	0.005 1	0.004 1	0.002 1	0.000 5
辽宁	0.022 7	0.029 6	0.024 4	0.070 7
吉林	0.014 1	0.024 7	0.007 9	0.007 6
黑龙江	0.008 2	0.011 0	0.006 7	0.008 5
上海	0.161 8	0.251 1	0.273 5	0.360 3
江苏	0.029 8	0.033 9	0.040 8	0.042 9
浙江	0.014 7	0.023 2	0.026 7	0.035 1
安徽	0.002 7	0.002 9	0.002 7	0.001 4
福建	0.018 5	0.014 5	0.014 2	0.008 5
江西	0.001 9	0.005 5	0.007 3	0.003 2
山东	0.020 7	0.012 7	0.017 5	0.033 4
河南	0.018 9	0.025 4	0.011 7	0.010 8
湖北	0.011 9	0.033 9	0.024 5	0.004 3
湖南	0.004 6	0.013 8	0.010 7	0.007 5
广东	0.093 4	0.128 8	0.146 5	0.057 1
广西	0.048 7	0.063 4	0.052 2	0.012 1
海南	0.005 8	0.011 9	0.012 1	0.019 9
重庆	0.008 4	0.024 4	0.033 8	0.004 0
四川	0.022 2	0.022 4	0.038 4	0.014 0
贵州	0.001 0	0.003 6	0.006 0	0.001 1

省区	1994—1997 年	1998—2001 年	2002—2005 年	2006—2009 年
	U_1'	U_2'	U_3'	U_4'
云南	0.013 5	0.040 2	0.040 9	0.018 3
西藏	0.009 1	0.011 0	0.012 3	0.004 4
陕西	0.093 0	0.092 9	0.073 8	0.191 1
甘肃	0.028 7	0.019 3	0.010 7	0.004 7
青海	0.000 7	0.001 7	0.002 6	0.000 1
宁夏	0.000 6	0.000 6	0.000 5	0.001 5
新疆	0.012 0	0.016 7	0.020 3	0.004 4

由表 4-1 可知，四个时间段北京市入境旅游流扩散场相对位势的变化特征为：①北京市对上海的扩散场相对位势在四个时间段均稳居榜首，广东、陕西次之，北京市对此三省（市）的扩散场相对位势始终占据根本优势，充分表明北京市入境旅游流向此三省（市）扩散转移的概率最大，此三省（市）实际上已成为北京市入境旅游流“二次扩散”最主要的“后续目标市场”，北京市入境旅游流扩散转移的地域空间规律呈现“路径依赖”的本质特点；②北京市对青海、内蒙古、贵州、安徽、宁夏、江西六省区的扩散场相对位势在四个时间段均较低，表明北京市入境旅游流向此六省区扩散转移的概率长期很小，此六省区对北京市入境旅游流“二次扩散”的重要程度不高，对北京市入境旅游流扩散场的影响作用十分有限；③北京市对各省区之间的扩散场相对位势的极大值和极小值的差异性始终较大，表明北京市入境旅游流扩散场相对位势的地域空间分布呈现不均衡布局的基本态势；④北京市对各省区的扩散场相对位势在地域空间大体呈现“东高西低”的分布特征，且随着时间推移，扩散场相对位势呈现“马太效应”式的发展态势，表明北京市入境旅游流向东部省区扩散转移的概率比西部省区大，并且入境旅游流扩散转移的地域集中性正不断加剧。

北京市对各省区的扩散场相对位势在地域空间的分布特征貌似紊乱，但实际也有规律可循。①北京市对两类省区的“市场依赖”程度较高：边境口岸省区，如上海、广东等；国际知名度较高，较能代表中国传统文化特征的省区，如陕西等。②北京市对三类省区的“市场依赖”程度较低：自身实力较弱，入境旅游发展相对滞后的省区，如宁夏、青海、贵州、江西等；与北京市地域邻近的省区，如内蒙古等；距离其他旅游热点区域较近，从而归属其他热点区域市场腹地的省区，如安徽等。

（2）绝对位势

根据各年度各省区接待入境游客人次的统计数据，以及各年度北京市入境游客扩散转移数量的测算结果，由公式（4-2），可计算出 1994—2009 年各年度北京市入境旅游流扩散场的绝对位势；根据各年度的指标值，可得到 1994—1997 年、1998—2001 年、2002—2005 年、2006—2009 年四个时间段北京市入境旅游流扩散场的年均绝对位势 U_1、U_2、U_3、U_4。（表 4-2）

表 4-2　1994—2009 年北京市入境旅游流扩散场绝对位势序列

Tab. 4-2 Array of absolute potentials of inbound tourist flows spatial diffusion field of Beijing during 1994-2009

省区	1994—1997 年	1998—2001 年	2002—2005 年	2006—2009 年
	U_1	U_2	U_3	U_4
天津	0.158 8	0.144 9	0.053 1	0.150 2
河北	0.066 4	0.122 4	0.053 5	0.098 7
山西	1.145 7	0.669 5	0.463 4	0.058 1
内蒙古	0.038 8	0.026 2	0.011 4	0.001 6
辽宁	0.165 6	0.140 2	0.074 6	0.132 2
吉林	0.175 7	0.383 5	0.078 6	0.059 0
黑龙江	0.080 0	0.062 1	0.029 1	0.024 6
上海	0.239 9	0.372 2	0.250 4	0.286 6
江苏	0.077 1	0.060 8	0.047 4	0.033 4
浙江	0.044 2	0.055 7	0.032 2	0.027 8
安徽	0.033 7	0.029 4	0.016 7	0.005 0
福建	0.041 9	0.025 8	0.025 2	0.012 3
江西	0.049 4	0.098 0	0.080 2	0.017 7
山东	0.100 3	0.047 9	0.048 0	0.050 9
河南	0.182 0	0.205 9	0.080 6	0.042 7
湖北	0.064 9	0.218 8	0.103 6	0.014 5
湖南	0.050 2	0.086 8	0.057 2	0.026 3
广东	0.030 0	0.033 1	0.029 8	0.016 8
广西	0.204 6	0.213 2	0.128 5	0.025 0
海南	0.037 9	0.071 7	0.102 8	0.123 2

省区	1994—1997 年	1998—2001 年	2002—2005 年	2006—2009 年
	U_1	U_2	U_3	U_4
重庆	0.073 7	0.274 2	0.236 2	0.020 3
四川	0.136 1	0.142 1	0.141 0	0.054 9
贵州	0.016 7	0.052 8	0.079 7	0.013 9
云南	0.043 4	0.105 9	0.106 1	0.032 4
西藏	0.270 7	0.190 5	0.353 5	0.122 2
陕西	0.410 4	0.363 4	0.281 6	0.631 9
甘肃	0.599 2	0.288 6	0.140 4	0.228 5
青海	0.123 4	0.149 7	0.239 8	0.000 1
宁夏	0.347 4	0.263 7	0.244 8	0.432 1
新疆	0.153 4	0.180 7	0.207 9	0.048 3

由表 4-2 可知，四个时间段北京市入境旅游流扩散场绝对位势的变化特征为：①北京市对陕西、甘肃、宁夏、上海、山西的扩散场绝对位势在四个时间段均较高，表明北京市向此五省区扩散转移的入境旅游流占此五省区接待入境客流的比例较大，北京市实际上已成为此五省区接收“二次扩散”入境旅游流主要的“先导客源市场”；②北京市对内蒙古、安徽、福建、广东的扩散场绝对位势在四个时间段均较低，表明北京市向此四省区扩散转移的入境流占此四省区接待入境客流的比例较小，此四省区对北京市的依赖性较低；③北京市对各省区的扩散场绝对位势的极大值和极小值的差异性较大，表明北京市“二次扩散”入境旅游流对各省区的重要程度各异，各省区对北京市的“客源依赖”程度极不均衡；④随着时间的推移，北京市入境旅游流扩散场绝对位势的总和趋于下降，表明各省区对北京市“二次扩散”入境旅游流的“客源依赖”程度整体逐步下降；⑤随着时间的推移，北京市入境旅游流扩散场绝对位势的地域均衡化的特征日显，表明各省区入境旅游流的地缘市场结构正向着合理化的方向迈进。

北京市对各省区的扩散场绝对位势在地域空间的分布特征貌似紊乱，但实际也有规律可循。①四类省区对北京市的“客源依赖”程度较高：与北京市地域邻近的省区，如山西等；与北京市资源相似性程度高的省区，如陕西等；与北京市经济联系度高的省区，如上海等；自身实力较弱，入境旅游发展相对滞后的省区，如宁夏、甘肃等。②三类省区对北京市的“客源依赖”程度较低：自身实力较强，从而外部依赖程度较低的省区，如广东、福建等；距离其他旅游热点区域较近，转而依赖其他热点区域的省区，如安徽等；自身也是边境口岸，从而外部依赖程度较低的省区，如内蒙古等。

（3）相对位势与绝对位势的对比

由四个时间段北京市入境旅游流扩散场相对位势和扩散场绝对位势，可计算得出绝对位势减去相对位势的差值，从而得到北京市入境旅游流扩散场位势差异度 U_{m1}、U_{m2}、U_{m3}、U_{m4}（表 4-3）。

表 4-3 1994—2009 年北京市入境旅游流扩散场位势差异度序列

Tab. 4-3 Array of potentials diversity of inbound tourist flows spatial diffusion field of Beijing during 1994-2009

省区	1994—1997 年	1998—2001 年	2002—2005 年	2006—2009 年
	U_{m1}	U_{m2}	U_{m3}	U_{m4}
天津	0.142 6	0.125 9	0.043 3	0.108 3
河北	0.059 7	0.104 2	0.044 4	0.079 8
山西	1.102 0	0.630 2	0.419 7	0.046 3
内蒙古	0.033 7	0.022 2	0.009 3	0.001 0
辽宁	0.142 8	0.110 6	0.050 2	0.061 4
吉林	0.161 6	0.358 8	0.070 7	0.051 4
黑龙江	0.071 7	0.051 1	0.022 4	0.016 1
上海	0.078 1	0.121 1	−0.023 2	−0.073 7
江苏	0.047 3	0.027 0	0.006 5	−0.009 5
浙江	0.029 5	0.032 6	0.005 5	−0.007 3
安徽	0.031 0	0.026 6	0.014 0	0.003 7
福建	0.023 4	0.011 3	0.011 0	0.003 8
江西	0.047 5	0.092 5	0.072 9	0.014 5
山东	0.079 6	0.035 2	0.030 5	0.017 5
河南	0.163 1	0.180 5	0.068 8	0.031 9
湖北	0.053 1	0.184 9	0.079 1	0.010 2
湖南	0.045 5	0.073 0	0.046 5	0.018 9
广东	−0.063 4	−0.095 7	−0.116 6	−0.040 3
广西	0.155 9	0.149 7	0.076 3	0.012 9
海南	0.032 1	0.059 8	0.090 6	0.103 4
重庆	0.065 3	0.249 8	0.202 4	0.016 2
四川	0.113 9	0.119 7	0.102 6	0.040 9
贵州	0.015 7	0.049 2	0.073 7	0.012 8
云南	0.029 9	0.065 7	0.065 3	0.014 1

省区	1994—1997 年	1998—2001 年	2002—2005 年	2006—2009 年
	U_{m1}	U_{m2}	U_{m3}	U_{m4}
西藏	0.261 6	0.179 4	0.341 2	0.117 9
陕西	0.317 4	0.270 5	0.207 8	0.440 7
甘肃	0.570 6	0.269 3	0.129 7	0.223 8
青海	0.122 7	0.147 9	0.237 2	0.000 1
宁夏	0.346 7	0.263 0	0.244 3	0.430 6
新疆	0.141 4	0.164 1	0.187 6	0.043 9

由表 4-3 可知，四个时间段北京市入境旅游流扩散场位势差异度的变化特征为：①山西、甘肃、宁夏、陕西、西藏的位势差异度始终保持在高位态势，表明此五省区对北京市的依赖性与其对北京市的重要性之间的差位较大，北京市入境旅游流向山西、甘肃、宁夏、陕西、西藏等省区扩散转移时，双向非共轭性显著；②广东、浙江、内蒙古、安徽、福建的位势差异度始终保持在低位态势，表明此五省区对北京市的依赖性与其对北京市的重要性之间的差位较小，北京市入境旅游流向广东、浙江、内蒙古、安徽、福建等省区扩散转移时，双向共轭性显著；③北京市对各省区的扩散场绝对位势基本均高于扩散场相对位势，表明北京市入境旅游流向其他省区扩散转移的概率虽不很高，但其对其他省区的影响性却较大，这一特征表明北京市是中国入境旅游流地域系统中重要的“集散地”；④随着时间的推移，北京市入境旅游流扩散场位势差异度的极大值和极小值均趋于下降，入境旅游流扩散场位势差异度的总和也趋于下降，这两个特征表明北京市入境旅游流向其他省区扩散转移时的双向共轭性正逐步增强，北京市入境旅游流扩散场的地域格局正在经历优化调整的转型期。

4.2.2 场能分析

应用 ArcGIS 软件测量北京市与其他省区旅游中心城市之间的航空距离 D_{ij}，根据各年度北京市入境游客扩散转移数量的测算结果，由公式（4-3），可计算出 1994—2009 年各年度北京市入境旅游流扩散场的场能；根据各年度的指标值，可得到 1994—1997 年、1998—2001 年、2002—2005 年、2006—2009 年四个时间段北京市入境旅游流扩散场的年均场能 E_{D1}、E_{D2}、E_{D3}、E_{D4}（表 4-4）。

由表 4-4 可知，四个时间段北京市入境旅游流扩散场能的变化特征为：①北京市入境旅游流对上海、陕西、广东、江苏、云南、四川、广西等省区的扩散场能始终较大，且上海、陕西、广东在其中占据绝对优势，是北京市入境旅游流扩散场能强度最大的三个极点；②北京市入境旅游流对内蒙古、安徽、宁夏、贵州、青海、江西、天津、河北等省区的扩散场能始终较小，这些省区中有的与北京市距离较远，有的与北京市距离较近，可见北京市入境旅游流扩散场能并不符合距离衰减规律；③北京市对各省区的扩散场能的极大值和极小值的差异性较大，表明北京市入境旅游流扩散场能的地域空间分布呈现不均衡布局的基本态势，且伴随时间的推移，北京市入境旅游流扩散场能的地域格局呈现“马太效应”式的发展态势，入境旅游流扩散场能的地域集中性加强；④北京市入境旅游流扩散场能整体上正不断成长壮大，且北京市对入境旅游热点省区的扩散场能相对较大，对其他省区的扩散场能相对较小，入境旅游流扩散场能呈现鲜明的“等级扩散”地域规律性。

表 4-4　1994—2009 年北京市入境旅游流扩散场能序列

Tab. 4-4 Array of energy of inbound tourist flows spatial diffusion field of Beijing during 1994-2009

省区	1994—1997 年	1998—2001 年	2002—2005 年	2006—2009 年
	E_{D1}（万人次×km）	E_{D2}（万人次×km）	E_{D3}（万人次×km）	E_{D4}（万人次×km）
天津	414	581	378	2 011
河北	450	1 471	941	2 420
山西	4 958	5 241	7 568	2 439
内蒙古	496	432	310	106
辽宁	2 866	4 465	4 618	16 565
吉林	2 924	5 720	2 437	3 003
黑龙江	1 823	2 785	2 213	3 556
上海	41 343	77 004	106 427	170 940
江苏	6 342	8 532	12 985	16 825
浙江	3 852	7 279	10 584	17 170
安徽	689	843	1 069	612
福建	6 883	6 934	8 201	6 117
江西	404	1 470	2 433	1 269
山东	2 865	2 064	3 684	8 587
河南	2 842	4 544	2 685	3 008
湖北	2 964	10 221	9 179	1 912
湖南	1 450	5 110	5 163	4 445
广东	39 557	65 975	96 018	44 899

省区	1994—1997 年	1998—2001 年	2002—2005 年	2006—2009 年
	E_{D1}（万人次×km）	E_{D2}（万人次×km）	E_{D3}（万人次×km）	E_{D4}（万人次×km）
广西	20 266	29 718	32 285	9 510
海南	3 453	8 800	10 900	21 521
重庆	3 157	10 634	18 316	2 619
四川	8 064	9 973	21 730	9 826
贵州	463	1 900	4 098	913
云南	6 668	24 372	30 502	16 673
西藏	5 769	8 455	12 059	5 384
陕西	20 985	25 215	25 052	80 484
甘肃	8 575	6 894	4 701	2 651
青海	248	852	1 493	1 172
宁夏	148	170	182	695
新疆	7 510	13 091	18 675	4 927

4.2.3 场地域结构分析

由公式（4-4），先计算得到各年度北京市对其他省区的入境旅游流扩散场能指数；根据各年度的指标值，可得到 1994—1997 年、1998—2001 年、2002—2005 年、2006—2009 年四个时间段北京市入境旅游流扩散场能指数的均值 I_{D1}、I_{D2}、I_{D3}、I_{D4}（表 4-5）。

表 4-5　1994—2009 年北京市入境旅游流扩散场能指数序列

Tab. 4-5 Array of energy index of inbound tourist flows spatial diffusion field of Beijing during 1994-2009

省区	1994—1997 年	1998—2001 年	2002—2005 年	2006—2009 年
	I_{D1}	I_{D2}	I_{D3}	I_{D4}
天津	0.433 5	0.314 3	0.082 5	1.820 4
河北	0.196 7	0.763 3	0.191 3	0.990 1
山西	14.056 6	5.866 9	7.389 1	0.621 4
内蒙古	0.162 3	0.049 9	0.014 9	0.001 3
辽宁	4.219 1	3.766 8	2.520 6	25.340 1
吉林	2.652 1	4.036 2	0.426 5	0.493 3
黑龙江	0.975 9	0.872 7	0.330 6	0.657 1
上海	434.931 5	551.600 0	647.130 3	1 332.383 8
江苏	12.274 7	8.237 5	11.846 4	15.612 1

省区	1994—1997 年	1998—2001 年	2002—2005 年	2006—2009 年
	I_{D1}	I_{D2}	I_{D3}	I_{D4}
浙江	3.644 6	4.807 4	6.269 8	13.035 0
安徽	0.119 6	0.069 0	0.064 5	0.018 0
福建	8.346 5	2.863 4	2.604 0	1.123 3
江西	0.050 0	0.232 6	0.393 7	0.088 0
山东	3.867 4	0.747 6	1.436 3	6.205 8
河南	3.491 1	3.291 4	0.703 7	0.704 6
湖北	2.268 3	9.881 0	4.997 1	0.178 3
湖南	0.438 1	2.009 8	1.234 3	0.719 7
广东	240.579 7	242.450 7	312.566 0	55.459 6
广西	63.620 3	53.770 7	37.579 5	2.490 5
海南	1.296 4	2.977 2	2.963 5	9.259 7
重庆	1.691 3	7.407 7	13.770 1	0.228 5
四川	11.692 0	6.371 9	18.480 0	2.978 3
贵州	0.030 7	0.196 5	0.540 7	0.022 6
云南	5.849 6	27.962 9	27.634 5	6.595 4
西藏	3.420 5	2.661 4	3.305 9	0.509 9
陕西	126.768 7	66.782 5	41.324 5	332.756 5
甘肃	15.784 1	3.794 1	1.127 9	0.270 2
青海	0.010 9	0.041 9	0.087 2	0.000 0
宁夏	0.006 2	0.003 0	0.002 1	0.022 9
新疆	5.815 0	6.221 8	8.329 6	0.468 3

为了对1994—2009年北京市入境旅游流扩散场的地域结构开展动态分析，利用SPSS软件的聚类分析法对表4-5中的四个时间段北京市入境旅游流扩散场能指数开展聚类分析。根据聚类分析结果，可在每个时间段将除北京市以外的其余30个省（区、市）按入境旅游流扩散场能指数依次归入五个类型区：Ⅰ类区域（场能指数大）、Ⅱ类区域（场能指数较大）、Ⅲ类区域（场能指数一般）、Ⅳ类区域（场能指数较小）、Ⅴ类区域（场能指数小），这样能更加清晰地在地域空间呈现每个时间段北京市入境旅游流扩散场的地域结构梯级差异，从而既显示了北京市入境旅游流扩散场地域结构的共时性分布特征，更表示了北京市入境旅游流扩散场地域结构的历时性动态演进规律。

由四个时间段北京市入境旅游流扩散场能指数的聚类分析结果，可获得1994—1997年、1998—2001年、2002—2005年、2006—2009年四个时间段北京市入境旅游流扩散场地域结构图（图 4-1～图 4-4），便于从共时性和历时性双重视角显示北京市入境旅游流扩散场的地域结构分异规律。

（1）1994—1997 年的场地域结构状况

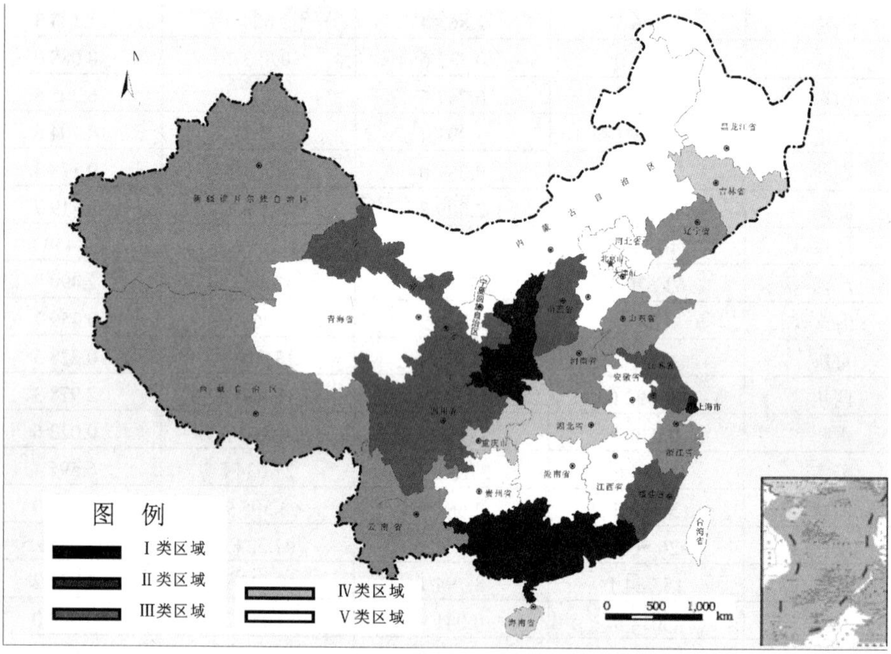

图 4-1　1994—1997 年北京市入境旅游流扩散场地域结构

Fig. 4-1 Regional structure of inbound tourist flows spatial diffusion field of Beijing during 1994-1997

由图 4-1 可知：1994—1997 年，上海、广东、陕西、广西处于北京市入境旅游流扩散场的Ⅰ类区域，此 4 省（区、市）是这一时间段北京市入境旅游流扩散场的“一级作用区域”；甘肃、山西、江苏、四川、福建处于北京市入境旅游流扩散场的Ⅱ类区域，此 5 省是这一时间段北京市入境旅游流扩散场的“二级作用区域”；云南、新疆、辽宁、山东、浙江、河南、西藏处于北京市入境旅游流扩散场的Ⅲ类区域，此 7 省（区）是这一时间段北京市入境旅游流扩散场的“三级作用区域”；吉林、湖北、重庆、海南处于北京市入境旅游流扩散场的Ⅳ类区域，此 4 省（市）是这一时间段北京市入境旅游流扩散场的“四级作用区域”；黑龙江、湖南、天津、河北、内蒙古、安徽、江西、贵州、青海、宁夏处于北京市入境旅游流扩散场的Ⅴ类区域，此 10 省（区、市）是这一时间段北京市入境旅游流扩散场的“五级作用区域”。

（2）1998—2001 年的场地域结构状况

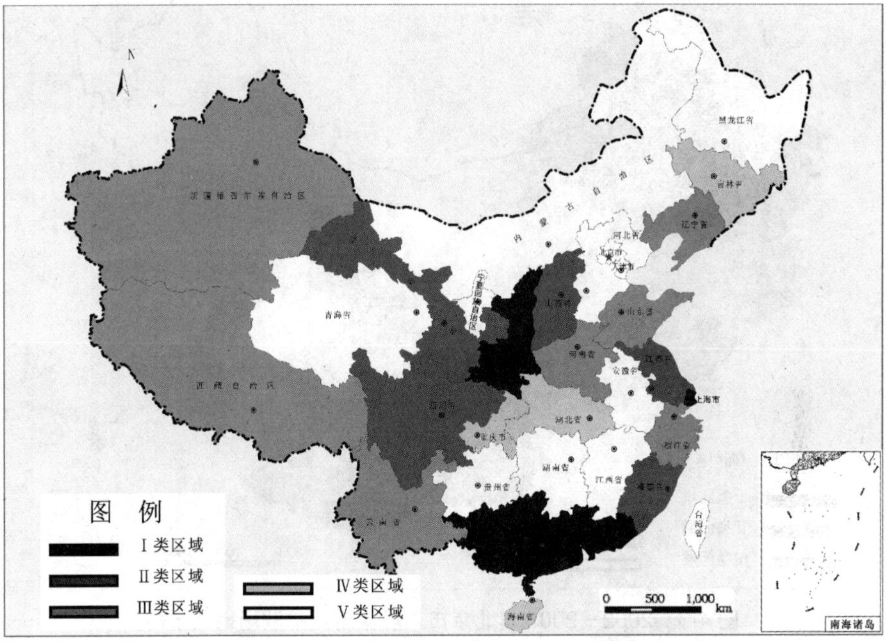

图 4-2　1998—2001 年北京市入境旅游流扩散场地域结构

Fig. 4-2 Regional structure of inbound tourist flows spatial diffusion field of Beijing during 1998-2001

由图 4-2 可知：1998—2001 年，上海、广东、陕西、广西、云南处于北京市入境旅游流扩散场的Ⅰ类区域，此 5 省（区、市）是这一时间段北京市入境旅游流扩散场的“一级作用区域”；湖北、江苏、重庆处于北京市入境旅游流扩散场的Ⅱ类区域，此 3 省（市）是这一时间段北京市入境旅游流扩散场的“二级作用区域”；四川、新疆、山西、浙江、吉林、甘肃、辽宁、河南处于北京市入境旅游流扩散场的Ⅲ类区域，此 8 省（区）是这一时间段北京市入境旅游流扩散场的“三级作用区域”；海南、福建、西藏、湖南处于北京市入境旅游流扩散场的Ⅳ类区域，此 4 省（区）是这一时间段北京市入境旅游流扩散场的“四级作用区域”；黑龙江、河北、山东、天津、江西、贵州、安徽、内蒙古、青海、宁夏处于北京市入境旅游流扩散场的Ⅴ类区域，此 10 省（区、市）是这一时间段北京市入境旅游流扩散场的“五级作用区域”。

（3）2002—2005 年的场地域结构状况

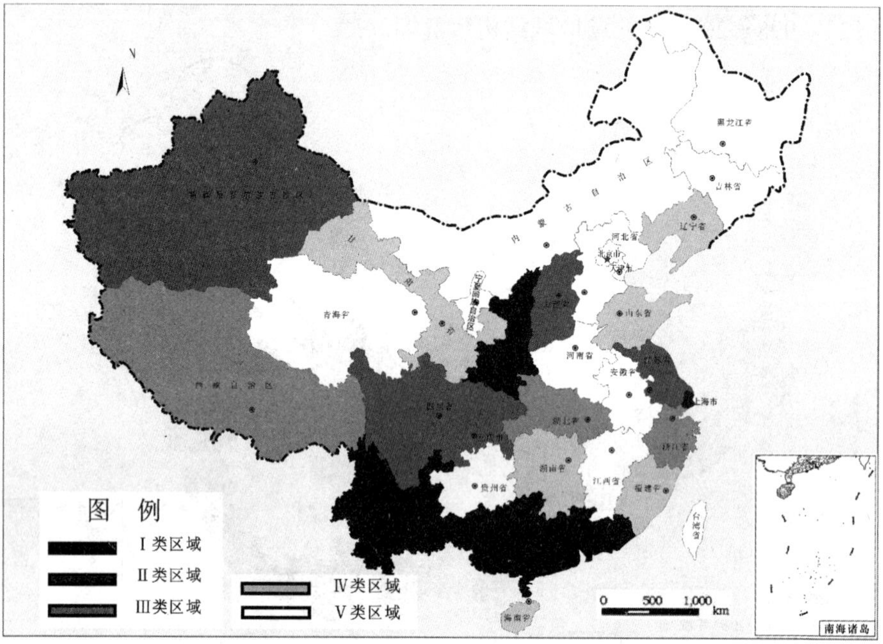

图 4-3 2002—2005 年北京市入境旅游流扩散场地域结构

Fig. 4-3 Regional structure of inbound tourist flows spatial diffusion field of Beijing during 2002-2005

由图 4-3 可知：2002—2005 年，上海、广东、陕西、广西、云南处于北京市入境旅游流扩散场的 I 类区域，此 5 省（区、市）是这一时间段北京市入境旅游流扩散场的“一级作用区域”；四川、重庆、江苏、新疆、山西处于北京市入境旅游流扩散场的 II 类区域，此 5 省（区、市）是这一时间段北京市入境旅游流扩散场的“二级作用区域”；浙江、湖北、西藏处于北京市入境旅游流扩散场的III类区域，此 3 省（区）是这一时间段北京市入境旅游流扩散场的“三级作用区域”；海南、福建、辽宁、山东、湖南、甘肃处于北京市入境旅游流扩散场的IV类区域，此 6 省是这一时间段北京市入境旅游流扩散场的“四级作用区域”；河南、贵州、吉林、江西、黑龙江、河北、青海、天津、安徽、内蒙古、宁夏处于北京市入境旅游流扩散场的V类区域，此 11 省（区、市）是这一时间段北京市入境旅游流扩散场的“五级作用区域”。

（4）2006—2009 年的场地域结构状况

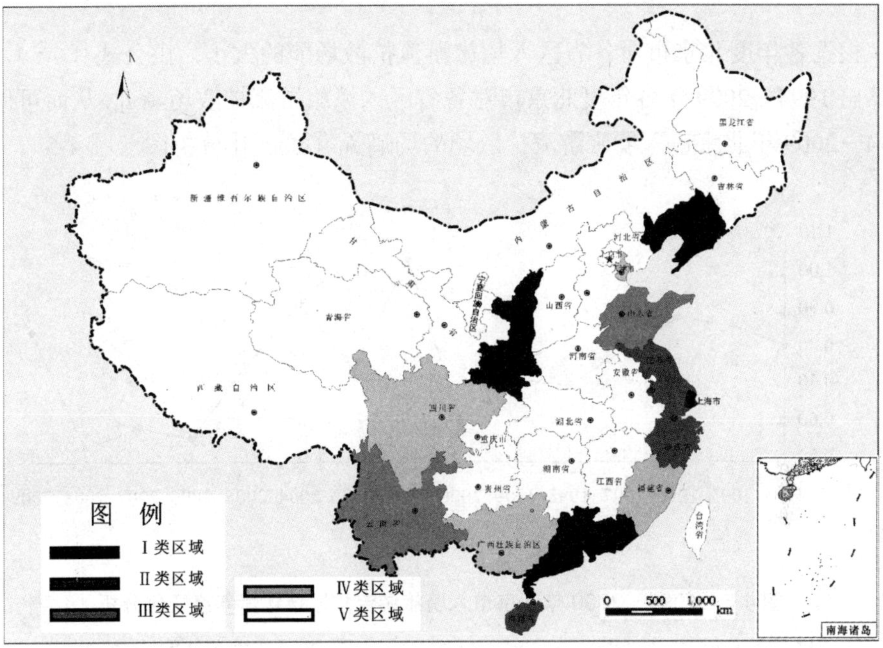

图 4-4　2006—2009 年北京市入境旅游流扩散场地域结构

Fig. 4-4 Regional structure of inbound tourist flows spatial diffusion field of Beijing during 2006-2009

由图 4-4 可知：2006—2009 年，上海、陕西、广东、辽宁处于北京市入境旅游流扩散场的Ⅰ类区域，此 4 省（市）是这一时间段北京市入境旅游流扩散场的“一级作用区域”；江苏、浙江、海南处于北京市入境旅游流扩散场的Ⅱ类区域，此 3 省是这一时间段北京市入境旅游流扩散场的“二级作用区域”；云南、山东处于北京市入境旅游流扩散场的Ⅲ类区域，此 2 省是这一时间段北京市入境旅游流扩散场的“三级作用区域”；四川、广西、天津、福建处于北京市入境旅游流扩散场的Ⅳ类区域，此 4 省（区、市）是这一时间段北京市入境旅游流扩散场的“四级作用区域”；河北、湖南、河南、黑龙江、山西、西藏、吉林、新疆、甘肃、重庆、湖北、江西、宁夏、贵州、安徽、内蒙古、青海处于北京市入境旅游流扩散场的Ⅴ类区域，此 17 省（区、市）是这一时间段北京市入境旅游流扩散场的“五级作用区域”。

4.2.4 场熵分析

根据各年度北京市对各省区入境旅游流扩散场能的大小，由公式（4-5），可计算出1994—2009年各年度北京市对各省区入境旅游流扩散场熵 I_B，从而可做出1994—2009年北京市入境旅游流扩散场的场熵 I_B 年度变化分析图（图4-5）。

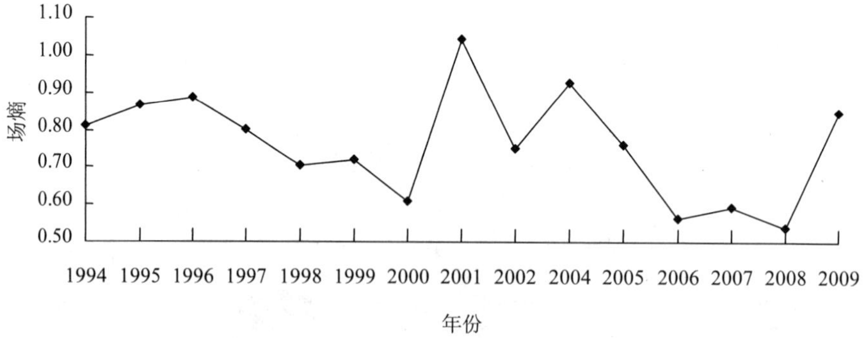

图4-5　1994—2009年北京市入境旅游流扩散场场熵年度变化分析

Fig. 4-5 Annual variation analysis of entropy of inbound tourist flows spatial diffusion field of Beijing during 1994-2009

由图4-5可知：场熵先由1994年的0.802持续上升至1996年的0.879 0，再持续下降至2000年的0.600 1，之后先上升至2001年的1.032 3后降至2002年的0.742 9，再反弹至2004年的0.920 3，2008年场熵降至0.528 2，2009年场熵回升至0.835 7。

总体而言，1994—2009年北京市入境旅游流扩散场的场熵呈现波动中下降的变化趋势。这一趋势表明北京市入境旅游流扩散场的分布结构越来越有序，越朝向平衡态势发展。导致这一现象的原因在于：新兴旅游目的地不断涌现，它们对入境旅游流的吸引能力不断增强，在一定意义上减弱了传统旅游目的地的空间场扩散效应；不同旅游目的地之间的竞争与协作，推动入境旅游流扩散场的分布结构由扩散不平衡状态转向扩散平衡状态。

4.3　上海市扩散场效应实证分析

4.3.1　场势分析

（1）相对位势

根据各年度上海市接待入境游客人次的统计数据，以及各年度上海市入境游客扩散转移数量的测算结果，由公式（4-1），可计算出 1994—2009 年各年度上海市入境旅游流扩散场的相对位势；根据各年度的指标值，可得到 1994—1997 年、1998—2001 年、2002—2005 年、2006—2009 年四个时间段上海市入境旅游流扩散场的年均相对位势 U_1'、U_2'、U_3'、U_4'（表 4-6）。

表 4-6　1994—2009 年上海市入境旅游流扩散场相对位势序列

Tab. 4-6 Array of relative potentials of inbound tourist flows spatial diffusion field of Shanghai during 1994-2009

省区	1994—1997 年	1998—2001 年	2002—2005 年	2006—2009 年
	U_1'	U_2'	U_3'	U_4'
北京	0.286 6	0.343 9	0.334 9	0.301 3
天津	0.006 8	0.012 1	0.008 2	0.017 6
河北	0.002 8	0.012 1	0.011 8	0.003 5
山西	0.006 1	0.033 3	0.044 1	0.003 6
内蒙古	0.001 2	0.003 7	0.000 4	0.000 6
辽宁	0.010 7	0.012 9	0.015 1	0.027 5
吉林	0.004 6	0.013 1	0.010 2	0.004 1
黑龙江	0.003 2	0.004 4	0.003 5	0.001 9
江苏	0.106 7	0.105 3	0.097 8	0.179 2
浙江	0.054 0	0.054 9	0.097 3	0.179 6
安徽	0.013 2	0.011 6	0.006 7	0.015 5
福建	0.030 7	0.010 5	0.021 3	0.023 7
江西	0.003 4	0.007 1	0.009 4	0.005 6
山东	0.018 2	0.008 2	0.019 3	0.033 5
河南	0.014 0	0.014 0	0.010 6	0.005 3
湖北	0.021 2	0.029 4	0.019 2	0.007 1
湖南	0.007 2	0.014 3	0.008 6	0.005 4
广东	0.122 5	0.106 3	0.091 9	0.074 6

省区	1994—1997 年	1998—2001 年	2002—2005 年	2006—2009 年
	U_1'	U_2'	U_3'	U_4'
广西	0.045 0	0.040 3	0.031 5	0.023 2
海南	0.004 7	0.007 2	0.006 5	0.012 5
重庆	0.007 7	0.020 5	0.030 1	0.008 8
四川	0.013 6	0.027 3	0.032 0	0.007 6
贵州	0.002 3	0.003 4	0.004 1	0.001 8
云南	0.012 6	0.031 6	0.023 8	0.007 2
西藏	0.002 8	0.002 8	0.005 1	0.000 1
陕西	0.043 7	0.060 9	0.048 9	0.044 7
甘肃	0.004 3	0.004 2	0.004 0	0.000 1
青海	0.001 3	0.001 7	0.000 1	0.000 6
宁夏	0.000 1	0.000 1	0.000 1	0.001 2
新疆	0.006 2	0.002 7	0.003 6	0.002 9

由表 4-6 可知，四个时间段上海市入境旅游流扩散场相对位势的变化特征为：①上海市对北京的扩散场相对位势在四个时间段均稳居榜首，浙江、江苏、广东、陕西、广西紧随其后，上海市对此六省区的扩散场相对位势始终占据根本优势，充分表明上海市入境旅游流向此六省区扩散转移的概率最大，此六省区实际上已成为上海市入境旅游流“二次扩散”最主要的“后续目标市场”，上海市入境旅游流扩散转移的地域空间规律呈现“路径依赖”的本质特点；②上海市对甘肃、西藏、青海、内蒙古、宁夏、贵州、黑龙江、新疆八省区的扩散场相对位势在四个时间段均较低，表明上海市入境旅游流向此八省区扩散转移的概率长期均很小，此八省区对上海市入境旅游流“二次扩散”的重要程度不高，对上海市入境旅游流扩散场的影响作用十分有限；③上海市对各省区的扩散场相对位势的极大值和极小值的差异性始终较大，表明上海市入境旅游流扩散场相对位势的地域空间分布呈现不均衡布局的基本态势；④上海市对各省区的扩散场相对位势在地域空间大体呈现“东高西低”的分布特征，且随着时间推移，扩散场相对位势呈现“马太效应”式的发展态势，表明上海市入境旅游流向东部省区扩散转移的概率比西部省区大，并且入境旅游流扩散转移的地域集中性正不断强化。

上海市对各省区的扩散场相对位势在地域空间的分布特征貌似紊乱，但实际也有规律可循。①上海市对两类省区的“市场依赖”程度较高：与上海市地域邻近的省区，如浙江、江苏等；边境口岸省区和入境旅游热点省区，如广东等；国际知名度较高，以及较能代表地域文化特征的省区，如陕西、广西等。②上海市对两类省区的“市场依赖”程度较低：自身实力较弱，入境旅游发展相对滞后的省区，如宁夏、青海、贵州、西藏、甘肃等；与上海市距离较远的省区，如内蒙古、黑龙江、新疆等。

（2）绝对位势

根据各年度各省区接待入境游客人次的统计数据，以及各年度上海市入境游客扩散转移数量的测算结果，由公式（4-2）可计算出 1994—2009 年各年度上海市入境旅游流扩散场的绝对位势；根据各年度的指标值，可得到 1994—1997 年、1998—2001 年、2002—2005 年、2006—2009 年四个时间段上海市入境旅游流扩散场的年均绝对位势 U_1、U_2、U_3、U_4（表 4-7）。

表 4-7　1994—2009 年上海市入境旅游流扩散场绝对位势序列

Tab. 4-7 Array of absolute potentials of inbound tourist flows spatial diffusion field of Shanghai during 1994-2009

省区	1994—1997 年	1998—2001 年	2002—2005 年	2006—2009 年
	U_1	U_2	U_3	U_4
北京	0.192 0	0.232 8	0.369 8	0.380 1
天津	0.045 1	0.060 8	0.048 8	0.080 5
河北	0.015 9	0.054 1	0.078 1	0.022 0
山西	0.096 8	0.376 5	0.510 0	0.021 1
内蒙古	0.006 0	0.016 1	0.001 9	0.002 5
辽宁	0.052 4	0.042 7	0.050 6	0.064 0
吉林	0.039 6	0.129 5	0.112 7	0.038 7
黑龙江	0.018 8	0.016 5	0.017 1	0.005 5
江苏	0.183 5	0.126 1	0.119 1	0.178 1
浙江	0.110 2	0.090 2	0.129 0	0.180 0
安徽	0.093 9	0.077 3	0.045 2	0.068 1
福建	0.045 6	0.012 6	0.040 2	0.044 1
江西	0.051 1	0.084 6	0.116 5	0.050 1
山东	0.058 8	0.020 7	0.057 3	0.069 2
河南	0.088 4	0.077 7	0.076 9	0.029 2
湖北	0.075 2	0.135 8	0.088 4	0.029 8
湖南	0.044 6	0.060 7	0.054 1	0.024 9
广东	0.026 4	0.018 8	0.020 6	0.027 7
广西	0.132 7	0.086 7	0.084 6	0.060 8

省区	1994—1997 年	1998—2001 年	2002—2005 年	2006—2009 年
	U_1	U_2	U_3	U_4
海南	0.020 1	0.030 0	0.063 7	0.095 3
重庆	0.048 7	0.156 7	0.218 4	0.054 7
四川	0.059 3	0.114 4	0.130 9	0.037 3
贵州	0.023 7	0.033 7	0.065 5	0.022 1
云南	0.026 7	0.057 4	0.072 6	0.015 4
西藏	0.055 5	0.029 8	0.160 5	0.000 1
陕西	0.131 2	0.163 5	0.210 4	0.185 8
甘肃	0.062 5	0.043 8	0.061 9	0.000 1
青海	0.165 6	0.115 5	0.000 1	0.088 8
宁夏	0.000 1	0.040 4	0.000 1	0.526 9
新疆	0.050 7	0.020 5	0.042 3	0.036 8

由表 4-7 可知，四个时间段上海市入境旅游流扩散场绝对位势的变化特征为：①上海市对北京、陕西、浙江、江苏的扩散场绝对位势在四个时间段均较高，表明上海市向此四省区扩散转移的入境旅游流占此四省区接待入境客流的比例较大，上海市实际上已成为此四省区接收“二次扩散”入境旅游流主要的“先导客源市场”；②上海市对内蒙古、黑龙江、广东的扩散场绝对位势在四个时间段均较低，表明上海市向此三省（市）扩散转移的入境流占此三省（市）接待入境客流的比例较小，此三省（市）对上海市的依赖性较低；③上海市对各省区的扩散场绝对位势的极大值和极小值的差异性较大，表明上海市“二次扩散”入境旅游流对各省区的重要程度各异，各省区对上海市的“客源依赖”程度极不均衡；④随着时间的推移，上海市入境旅游流扩散场绝对位势的总和在波动中上升，表明各省区对上海市“二次扩散”入境旅游流的“客源依赖”程度大体呈上升之势，上海市在中国入境旅游流地域系统中的影响力正在提升；⑤随着时间的推移，上海市入境旅游流扩散场绝对位势呈现“马太效应”式的发展态势，表明上海市“二次扩散”入境旅游流的空间地域格局仍处于“极化效应”加剧的阶段。

上海市对各省区的扩散场绝对位势在地域空间的分布特征貌似紊乱，但实际也有规律可循。①三类省区对上海市的“客源依赖”程度较高：与上海市经济联系度高的省区，如北京等；国际知名度较高，较能代表中国传统文化特征的省区，如陕西等；与上海市地域邻近的省区，如浙江、江苏。②三类省区对上海市的“客源依赖”程度较低：自身实力较强，从而外部依赖程度较低的省区，如广东等；

自身也是边境口岸，从而外部依赖程度较低的省区，如内蒙古、黑龙江等。

（3）相对位势与绝对位势的对比

由四个时间段上海市入境旅游流扩散场相对位势和扩散场绝对位势，可计算得出绝对位势减去相对位势的差值，从而得到上海市入境旅游流扩散场位势差异度 U_{m1}、U_{m2}、U_{m3}、U_{m4}（表 4-8）。

表 4-8　1994—2009 年上海市入境旅游流扩散场位势差异度序列

Tab. 4-8 Array of potentials diversity of inbound tourist flows spatial diffusion field of Shanghai during 1994-2009

省区	1994—1997 年	1998—2001 年	2002—2005 年	2006—2009 年
	U_{m1}	U_{m2}	U_{m3}	U_{m4}
北京	−0.094 6	−0.111 0	0.035 0	0.078 8
天津	0.038 3	0.048 7	0.040 6	0.062 9
河北	0.013 0	0.042 0	0.066 3	0.018 5
山西	0.090 8	0.343 3	0.465 9	0.017 5
内蒙古	0.004 8	0.012 4	0.001 5	0.001 9
辽宁	0.041 8	0.029 8	0.035 5	0.036 5
吉林	0.035 0	0.116 4	0.102 6	0.034 6
黑龙江	0.015 6	0.012 1	0.013 6	0.003 6
江苏	0.076 7	0.020 8	0.021 3	−0.001 1
浙江	0.056 2	0.035 3	0.031 7	0.000 3
安徽	0.080 7	0.065 6	0.038 5	0.052 6
福建	0.015 0	0.002 0	0.018 9	0.020 4
江西	0.047 7	0.077 4	0.107 1	0.044 4
山东	0.040 6	0.012 5	0.038 0	0.035 7
河南	0.074 4	0.063 8	0.066 3	0.023 8
湖北	0.054 0	0.106 4	0.069 2	0.022 7
湖南	0.037 4	0.046 3	0.045 4	0.019 5
广东	−0.096 1	−0.087 5	−0.071 3	−0.047 0
广西	0.087 7	0.046 5	0.053 1	0.037 5
海南	0.015 4	0.022 8	0.057 2	0.082 9
重庆	0.041 0	0.136 2	0.188 3	0.046 0
四川	0.045 8	0.087 1	0.098 9	0.029 7
贵州	0.021 4	0.030 3	0.061 5	0.020 3
云南	0.014 0	0.025 9	0.048 8	0.008 2
西藏	0.052 7	0.027 0	0.155 4	0.000 1

省区	1994—1997年	1998—2001年	2002—2005年	2006—2009年
	U_{m1}	U_{m2}	U_{m3}	U_{m4}
陕西	0.087 5	0.102 5	0.161 5	0.141 1
甘肃	0.058 1	0.039 6	0.057 9	0.000 1
青海	0.164 4	0.113 9	0.000 1	0.088 2
宁夏	0.000 1	0.040 3	0.000 1	0.525 8
新疆	0.044 5	0.017 8	0.038 7	0.033 9

由表 4-8 可知，四个时间段上海市入境旅游流扩散场位势差异度的变化特征为：①陕西、重庆、江西的位势差异度始终保持在高位态势，表明此三省（市）对上海市的依赖性与其对上海市的重要性之间的差位较大，上海市入境旅游流向陕西、重庆、江西等省区扩散转移时，双向非共轭性显著；②广东、内蒙古、黑龙江的位势差异度始终保持在低位态势，表明此三省（市）对上海市的依赖性与其对上海市的重要性之间的差位较小，上海市入境旅游流向广东、内蒙古、黑龙江等省区扩散转移时，双向共轭性显著；③上海市对各省区的扩散场绝对位势基本均高于扩散场相对位势，表明上海市入境旅游流向其他省区扩散转移的概率虽不很高，但其对其他省区的影响性却较大，这一特征表明上海市是中国入境旅游流地域系统中重要的"集散地"；④随着时间的推移，上海市入境旅游流扩散场位势差异度的极大值和极小值均趋于上升，入境旅游流扩散场位势差异度的总和大体上也趋于上升，这两个特征表明上海市入境旅游流向其他省区扩散转移时的双向非共轭性正逐步增强，上海市入境旅游流扩散场的地域格局正在经历整合集成的过渡期。

4.3.2 场能分析

应用 ArcGIS 软件测量上海市与其他省区旅游中心城市之间的航空距离 D_{ij}，根据各年度上海市入境游客扩散转移数量的测算结果，由公式（4-3）可计算出 1994—2009 年各年度上海市入境旅游流扩散场能；根据各年度的指标值，可得到 1994—1997 年、1998—2001 年、2002—2005 年、2006—2009 年四个时间段上海市入境旅游流扩散场的年均场能 E_{D1}、E_{D2}、E_{D3}、E_{D4}（表 4-9）。

由表 4-9 可知，四个时间段上海市入境旅游流扩散场能的变化特征为：①上海市入境旅游流对北京、广东、陕西、江苏、广西等省区的扩散场能始终较大，且北京、广东、陕西在其中占据绝对优势，是上海市入境旅游流扩散场能强度最大的三个极点；②上海市入境旅游流对内蒙古、青海、宁夏、贵州、江西、黑龙江等省区的扩散场能始终较小，这些省区在地域空间上大多距离上海市较远，表明上海市入境旅游流扩散场能基本符合距离衰减规律；③上海市对各省区的扩散场能的极大值和极小值的差异性较大，表明上海市入境旅游流扩散场能的地域空间分布呈现不均衡布局的基本态势，且伴随时间的推移，上海市入境旅游流扩散场能的地域格局呈现“马太效应”式的发展态势，入境旅游流扩散场能的地域集中性加强；④上海市入境旅游流扩散场能整体上正不断成长壮大，且上海市对入境旅游热点省区的扩散场能相对较大，对其他省区的扩散场能相对较小，入境旅游流扩散场能呈现鲜明的“等级扩散”地域规律性。

表 4-9 1994—2009 年上海市入境旅游流扩散场能序列

Tab. 4-9 Array of energy of inbound tourist flows spatial diffusion field of Shanghai during 1994-2009

省区	1994—1997 年	1998—2001 年	2002—2005 年	2006—2009 年
	E_{D1}（万人次×km）	E_{D2}（万人次×km）	E_{D3}（万人次×km）	E_{D4}（万人次×km）
北京	48 509	71 785	143 718	181 525
天津	1 112	2 450	3 346	10 251
河北	553	2 949	6 080	2 457
山西	1 126	7 337	20 443	2 291
内蒙古	268	943	258	505
辽宁	1 635	2 301	5 750	14 887
吉林	1 146	3 782	6 441	3 423
黑龙江	891	1 376	2 391	1 810
江苏	4 638	5 492	10 470	27 080
浙江	1 509	1 848	7 014	17 510
安徽	777	751	1 010	3 051
福建	3 738	1 612	6 412	10 642
江西	346	813	2 315	1 777
山东	1 787	998	4 989	11 895
河南	1 984	2 210	3 357	2 396
湖北	2 478	3 842	5 484	2 762
湖南	1 073	2 272	3 359	2 688
广东	23 178	23 981	44 027	49 443
广西	8 967	9 564	15 533	16 293
海南	1 464	2 733	4 912	13 086

省区	1994—1997 年	1998—2001 年	2002—2005 年	2006—2009 年
	E_{D1}（万人次×km）	E_{D2}（万人次×km）	E_{D3}（万人次×km）	E_{D4}（万人次×km）
重庆	1 953	5 646	15 724	7 043
四川	3 535	8 670	21 487	6 883
贵州	570	1 034	2 818	1 563
云南	3 783	11 564	18 629	7 657
西藏	1 247	1 424	5 686	9 948
陕西	8 555	14 669	24 510	30 246
甘肃	1 253	1 421	3 162	4 903
青海	360	588	622	656
宁夏	0	50	647	1 244
新疆	3 065	1 858	4 772	5 232

4.3.3 场地域结构分析

由公式（4-4），先计算得到各年度上海市对其他省区的入境旅游流扩散场能指数；根据各年度的指标值，可得到 1994—1997 年、1998—2001 年、2002—2005 年、2006—2009 年四个时间段上海市入境旅游流扩散场能指数的均值 I_{D1}、I_{D2}、I_{D3}、I_{D4}（表 4-10）。

表 4-10 1994—2009 年上海市入境旅游流扩散场能指数序列

Tab. 4-10 Array of energy index of inbound tourist flows spatial diffusion field of Shanghai during 1994-2009

省区	1994—1997 年	1998—2001 年	2002—2005 年	2006—2009 年
	I_{D1}	I_{D2}	I_{D3}	I_{D4}
北京	1 237.873 3	1 260.104 0	1 221.176 9	1 253.464 3
天津	0.710 1	1.514 4	0.700 2	4.130 2
河北	0.164 5	1.824 0	1.824 2	0.194 8
山西	0.605 3	12.462 0	22.854 3	0.187 1
内蒙古	0.010 3	0.176 9	0.002 6	0.007 0
辽宁	1.562 6	1.510 3	2.203 8	9.397 7
吉林	0.508 6	2.520 6	1.663 5	0.319 6
黑龙江	0.238 4	0.308 8	0.214 3	0.077 2
江苏	40.819 7	29.520 1	25.986 3	111.233 6
浙江	5.643 2	5.178 8	17.322 1	72.095 1
安徽	0.987 8	0.444 8	0.171 0	1.086 0

省区	1994—1997 年	1998—2001 年	2002—2005 年	2006—2009 年
	I_{D1}	I_{D2}	I_{D3}	I_{D4}
福建	11.243 3	0.867 7	3.468 5	5.773 5
江西	0.112 4	0.296 6	0.550 1	0.229 7
山东	2.556 8	0.417 5	2.449 5	9.136 9
河南	2.834 7	1.575 4	0.905 5	0.292 7
湖北	5.182 1	5.758 8	2.672 7	0.448 5
湖南	0.797 8	1.660 8	0.735 4	0.334 6
广东	269.187 3	130.111 4	102.646 0	84.591 2
广西	32.724 1	19.662 1	12.407 6	8.672 8
海南	0.719 1	1.007 5	0.805 7	3.739 3
重庆	1.522 4	5.904 3	12.007 6	1.418 2
四川	4.114 1	12.089 5	17.468 4	1.196 7
贵州	0.066 3	0.179 9	0.290 2	0.063 0
云南	4.595 9	18.640 7	11.269 8	1.269 5
西藏	0.364 0	0.200 1	0.737 2	0.000 0
陕西	34.373 6	45.614 7	30.416 4	30.974 4
甘肃	0.552 5	0.304 3	0.321 2	0.000 0
青海	0.047 0	0.049 8	0.000 0	0.009 0
宁夏	0.000 0	0.000 4	0.000 0	0.032 9
新疆	1.833 9	0.258 0	0.436 5	0.343 8

为了对 1994—2009 年上海市入境旅游流扩散场的地域结构开展动态分析，利用 SPSS 软件的聚类分析法对表 4-10 中的四个时间段上海市入境旅游流扩散场能指数开展聚类分析。根据聚类分析结果，可在每个时间段将除上海市以外的其余 30 个省（区、市）按入境旅游流扩散场能指数依次归入五个类型区：I 类区域（场能指数大）、II 类区域（场能指数较大）、III类区域（场能指数一般）、IV类区域（场能指数较小）、V 类区域（场能指数小），这样能更加清晰地在地域空间呈现每个时间段上海市入境旅游流扩散场的地域结构梯级差异，从而既显示了上海市入境旅游流扩散场地域结构的共时性分布特征，更表示了上海市入境旅游流扩散场地域结构的历时性动态演进规律。

由四个时间段上海市入境旅游流扩散场能指数的聚类分析结果，可以获得 1994—1997 年、1998—2001 年、2002—2005 年、2006—2009 年四个时间段上海市入境旅游流扩散场地域结构图（图 4-6～图 4-9），便于从共时性和历时性的双重视角分析上海市入境旅游流扩散场的地域结构分异规律。

（1）1994—1997 年的场地域结构状况

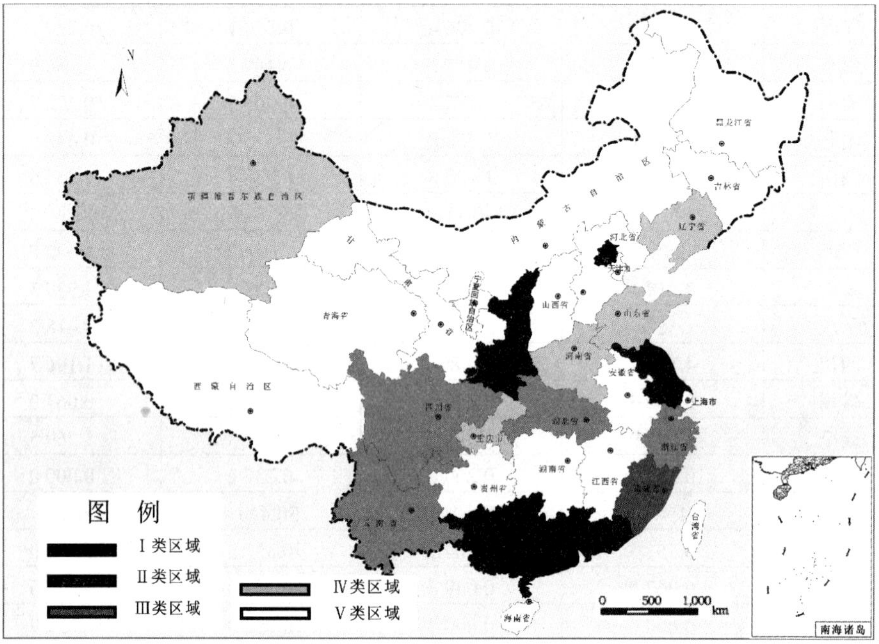

图 4-6　1994—1997 年上海市入境旅游流扩散场地域结构

Fig. 4-6 Regional structure of inbound tourist flows spatial diffusion field of Shanghai during 1994-1997

由图 4-6 可知，1994—1997 年，北京、广东、江苏、陕西、广西处于上海市入境旅游流扩散场的Ⅰ类区域，此 5 省（区、市）是这一时间段上海市入境旅游流扩散场的“一级作用区域”；福建处于上海市入境旅游流扩散场的Ⅱ类区域，是这一时间段上海市入境旅游流扩散场的“二级作用区域”；浙江、湖北、云南、四川处于上海市入境旅游流扩散场的Ⅲ类区域，此 4 省是这一时间段上海市入境旅游流扩散场的“三级作用区域”；河南、山东、新疆、辽宁、重庆处于上海市入境旅游流扩散场的Ⅳ类区域，此 5 省（市）是这一时间段上海市入境旅游流扩散场的“四级作用区域”；安徽、湖南、海南、天津、山西、甘肃、吉林、西藏、黑龙江、河北、江西、贵州、青海、内蒙古、宁夏处于上海市入境旅游流扩散场的Ⅴ类区域，此 15 省（区、市）是这一时间段上海市入境旅游流扩散场的“五级作用区域”。

（2）1998—2001 年的场地域结构状况

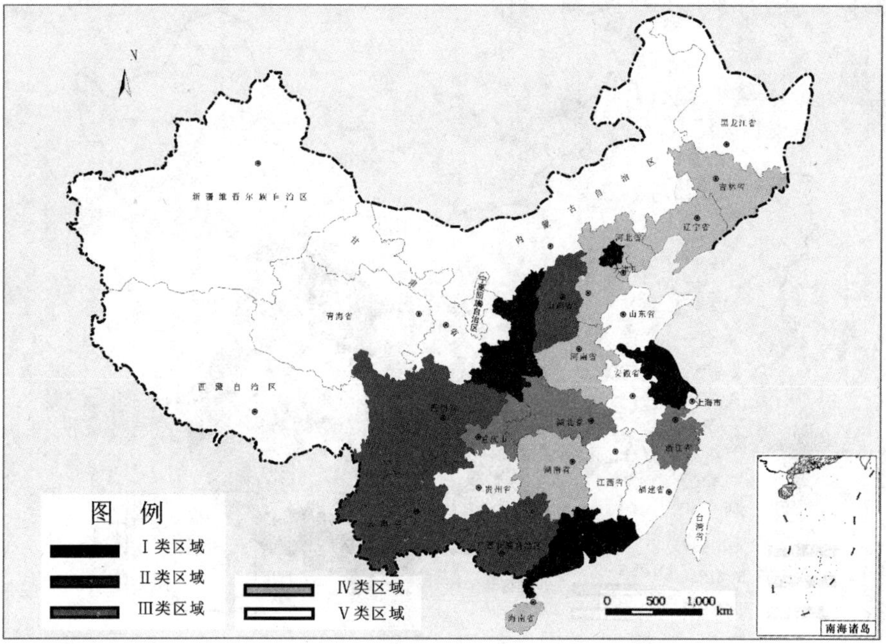

图 4-7　1998—2001 年上海市入境旅游流扩散场地域结构

Fig. 4-7 Regional structure of inbound tourist flows spatial diffusion field of Shanghai during 1998-2001

由图 4-7 可知，1998—2001 年，北京、广东、陕西、江苏处于上海市入境旅游流扩散场的Ⅰ类区域，此 4 省（市）是这一时间段上海市入境旅游流扩散场的“一级作用区域”；广西、云南、山西、四川处于上海市入境旅游流扩散场的Ⅱ类区域，此 4 省（区）是这一时间段上海市入境旅游流扩散场的“二级作用区域”；重庆、湖北、浙江处于上海市入境旅游流扩散场的Ⅲ类区域，此 3 省（市）是这一时间段上海市入境旅游流扩散场的“三级作用区域”；吉林、河北、湖南、河南、天津、辽宁、海南处于上海市入境旅游流扩散场的Ⅳ类区域，此 7 省（市）是这一时间段上海市入境旅游流扩散场的“四级作用区域”；福建、安徽、山东、黑龙江、甘肃、江西、新疆、西藏、贵州、内蒙古、青海、宁夏处于上海市入境旅游流扩散场的Ⅴ类区域，此 12 省（区）是这一时间段上海市入境旅游流扩散场的“五级作用区域”。

（3）2002—2005 年的场地域结构状况

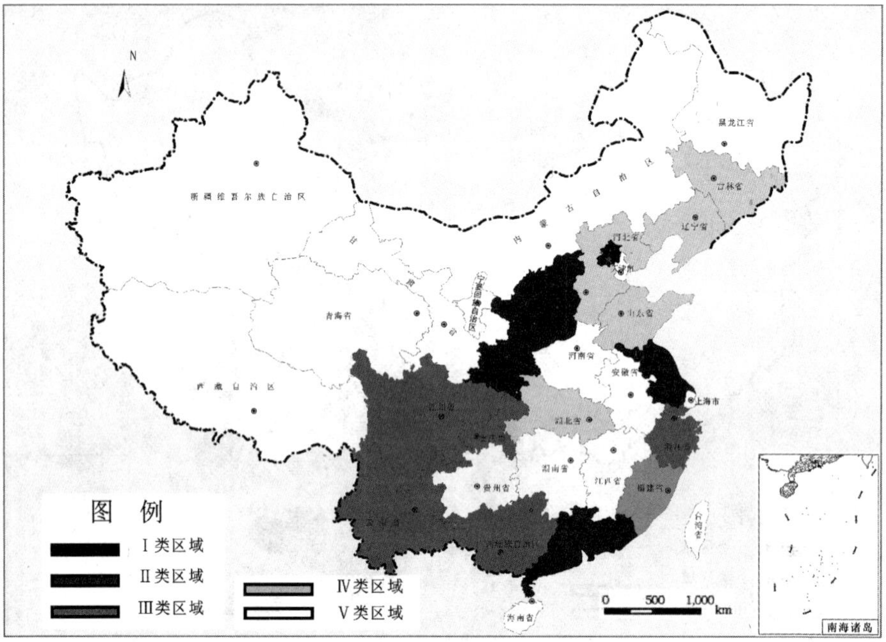

图 4-8 2002—2005 年上海市入境旅游流扩散场地域结构

Fig. 4-8 Regional structure of inbound tourist flows spatial diffusion field of Shanghai during 2002-2005

由图 4-8 可知，2002—2005 年，北京、广东、陕西、江苏、山西处于上海市入境旅游流扩散场的Ⅰ类区域，此 5 省（市）是这一时间段上海市入境旅游流扩散场的“一级作用区域”；四川、浙江、广西、重庆、云南处于上海市入境旅游流扩散场的Ⅱ类区域，此 5 省（区、市）是这一时间段上海市入境旅游流扩散场的“二级作用区域”；福建处于上海市入境旅游流扩散场的Ⅲ类区域，是这一时间段上海市入境旅游流扩散场的“三级作用区域”；湖北、山东、辽宁、河北、吉林处于上海市入境旅游流扩散场的Ⅳ类区域，此 5 省是这一时间段上海市入境旅游流扩散场的“四级作用区域”；河南、海南、西藏、湖南、天津、江西、新疆、甘肃、贵州、黑龙江、安徽、内蒙古、青海、宁夏处于上海市入境旅游流扩散场的Ⅴ类区域，此 14 省（区、市）是这一时间段上海市入境旅游流扩散场的“五级作用区域”。

（4）2006—2009 年的场地域结构状况

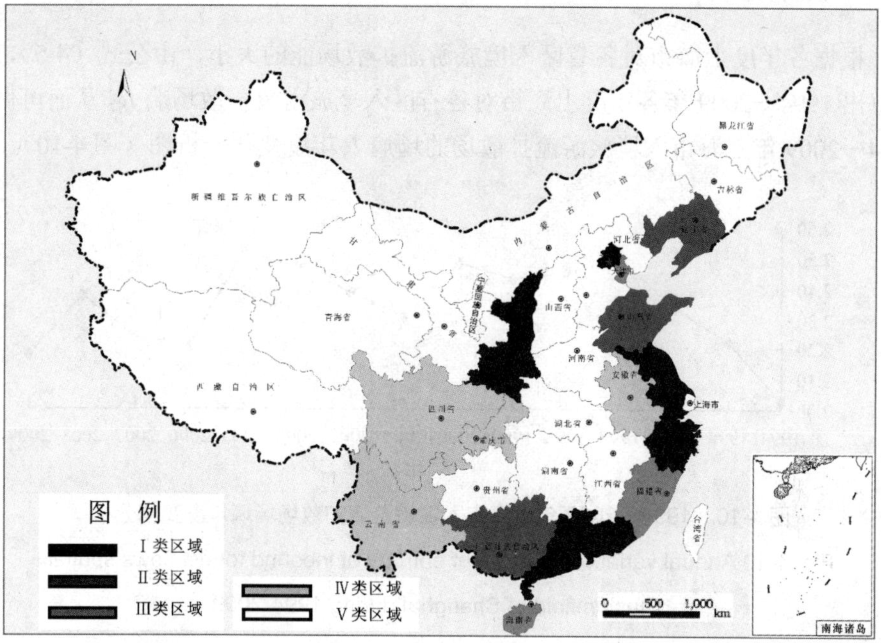

图 4-9　2006—2009 年上海市入境旅游流扩散场地域结构

Fig. 4-9 Regional structure of inbound tourist flows spatial diffusion field of Shanghai during 2006-2009

由图 4-9 可知，2006—2009 年，北京、江苏、广东、浙江、陕西处于上海市入境旅游流扩散场的Ⅰ类区域，此 5 省（市）是这一时间段上海市入境旅游流扩散场的“一级作用区域”；辽宁、山东、广西处于上海市入境旅游流扩散场的Ⅱ类区域，此 3 省（区）是这一时间段上海市入境旅游流扩散场的“二级作用区域”；福建、天津、海南处于上海市入境旅游流扩散场的Ⅲ类区域，此 3 省（市）是这一时间段上海市入境旅游流扩散场的“三级作用区域”；重庆、云南、四川、安徽处于上海市入境旅游流扩散场的Ⅳ类区域，此 4 省（市）是这一时间段上海市入境旅游流扩散场的“四级作用区域”；湖北、新疆、湖南、吉林、河南、江西、河北、山西、黑龙江、贵州、宁夏、青海、内蒙古、西藏、甘肃处于上海市入境旅游流扩散场的Ⅴ类区域，此 15 省（区）是这一时间段上海市入境旅游流扩散场的“五级作用区域”。

4.3.4 场熵分析

根据各年度上海市对各省区入境旅游流扩散场能的大小，由公式（4-5），可计算出 1994—2009 年各年度上海市对各省区入境旅游流扩散场熵 I_S，从而可做出 1994—2009 年上海市入境旅游流扩散场的场熵 I_S 年度变化分析图（图 4-10）。

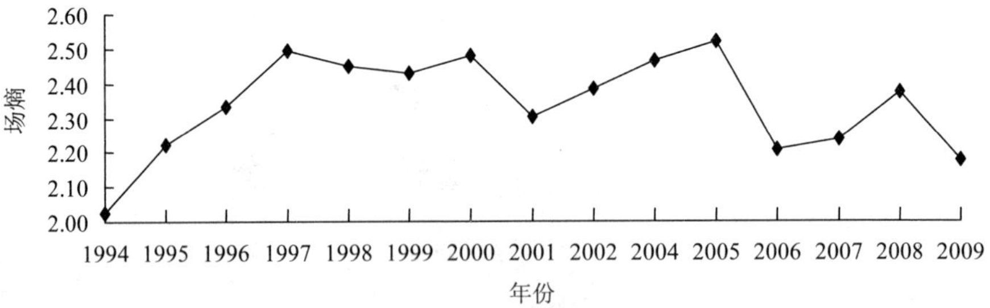

图 4-10　1994—2009 年上海市入境旅游流扩散场场熵年度变化分析

Fig. 4-10 Annual variation analysis of entropy of inbound tourist flows spatial diffusion field of Shanghai during 1994-2009

由图 4-10 可知：场熵先由 1994 年的 2.025 7 持续上升至 1997 年的 2.494 9，再持续微降至 1999 年的 2.427 5，之后反弹至 2000 年的 2.480 2，再回落至 2001 年的 2.302 6，随后场熵不断上升，持续升至 2005 年的 2.517 6，2006 年场熵降至 2.206 3，之后又升至 2008 年的 2.373 7，2009 年场熵回落至 2.174 4。

总体而言，1994—2009 年上海市入境旅游流扩散场的场熵呈现先上升后下降的复杂变化趋势。这一趋势表明，上海市入境旅游流扩散场的分布结构经历了从有序到无序，而后又归于更高水平有序的过程；入境旅游流扩散场的分布结构从历经平衡走向失衡，后归于更高级的平衡态势。导致这一现象的原因在于：上海市入境旅游流扩散场的原有分布结构在外部发展环境不断变化的市场冲击下被打破，之后，历经重新整合和市场重构，上海市入境旅游流扩散场的分布结构实现了更高水平的平衡态势。

4.4　广东省扩散场效应实证分析

4.4.1　场势分析

（1）扩散场相对位势

根据各年度广东省接待入境游客人次的统计数据，以及各年度广东省入境游客扩散转移数量的测算结果，由公式（4-1）可计算出 1994—2009 年各年度广东省入境旅游流扩散场的相对位势；根据各年度的指标值，可得到 1994—1997 年、1998—2001 年、2002—2005 年、2006—2009 年四个时间段广东省入境旅游流扩散场的年均相对位势 U_1'、U_2'、U_3'、U_4'（表 4-11）。

表 4-11　1994—2009 年广东省入境旅游流扩散场相对位势序列

Tab. 4-11 Array of relative potentials of inbound tourist flows spatial diffusion field of Guangdong during 1994-2009

省区	1994—1997 年	1998—2001 年	2002—2005 年	2006—2009 年
	U_1'	U_2'	U_3'	U_4'
北京	0.138 0	0.196 6	0.214 6	0.111 5
天津	0.003 7	0.016 2	0.029 9	0.002 8
河北	0.003 8	0.008 0	0.013 5	0.000 4
山西	0.003 0	0.013 5	0.013 7	0.000 9
内蒙古	0.001 7	0.002 3	0.000 6	0.000 1
辽宁	0.004 9	0.008 3	0.007 1	0.004 2
吉林	0.003 4	0.007 5	0.004 0	0.000 5
黑龙江	0.003 4	0.001 8	0.003 5	0.000 8
上海	0.069 3	0.096 4	0.091 5	0.160 5
江苏	0.017 3	0.014 1	0.015 8	0.012 9
浙江	0.017 2	0.014 3	0.013 9	0.036 8
安徽	0.003 7	0.005 5	0.001 2	0.000 6
福建	0.022 9	0.014 9	0.015 1	0.029 0
江西	0.011 0	0.026 2	0.028 2	0.003 7
山东	0.007 7	0.006 6	0.005 9	0.005 8
河南	0.005 4	0.007 9	0.004 4	0.004 0
湖北	0.014 7	0.031 0	0.014 2	0.007 2
湖南	0.017 3	0.038 7	0.007 0	0.009 0

省区	1994—1997 年	1998—2001 年	2002—2005 年	2006—2009 年
	U_1'	U_2'	U_3'	U_4'
广西	0.024 1	0.031 2	0.028 5	0.046 0
海南	0.022 7	0.015 6	0.005 7	0.012 0
重庆	0.005 0	0.009 8	0.010 4	0.002 4
四川	0.015 8	0.017 3	0.017 5	0.005 3
贵州	0.000 8	0.002 6	0.004 8	0.001 5
云南	0.027 4	0.040 1	0.024 3	0.015 1
西藏	0.005 0	0.005 9	0.001 3	0.000 8
陕西	0.027 8	0.032 0	0.017 1	0.007 7
甘肃	0.015 7	0.007 2	0.009 7	0.000 1
青海	0.002 2	0.001 4	0.000 1	0.002 0
宁夏	0.001 0	0.000 2	0.000 1	0.000 1
新疆	0.006 7	0.001 6	0.004 1	0.003 8

由表4-11可知，四个时间段广东省入境旅游流扩散场相对位势的变化特征为：①广东省对上海、北京的扩散场相对位势在四个时间段均名列前茅，广西、浙江、福建、云南、陕西紧随其后，广东省对此七省区的入境旅游流扩散场相对位势始终占据根本优势，表明广东省入境旅游流向此七省区扩散转移的概率最大，此七省区实际上已成为广东省入境旅游流“二次扩散”最主要的“后续目标市场”，广东省入境旅游流扩散转移的地域空间规律呈现“路径依赖”的本质特点；②广东省对宁夏、内蒙古、吉林、安徽、西藏、黑龙江、贵州、青海八省区的扩散场相对位势在四个时间段均较低，表明广东省入境旅游流向此八省区扩散转移的概率长期很小，此八省区对广东省入境旅游流“二次扩散”的重要程度不高，对广东省入境旅游流扩散场的影响作用十分有限；③广东省对各省区的扩散场相对位势的极大值和极小值的差异性始终较大，表明广东省入境旅游流扩散场相对位势的地域空间分布呈现不均衡布局的基本态势；④广东省对各省区的扩散场相对位势在地域空间大体呈现“南高北低”的分布特征，且随着时间推移，扩散场相对位势呈现“马太效应”式的发展态势，表明广东省入境旅游流向南部省区扩散转移的概率比北部省区大，并且入境旅游流扩散转移的地域集中性正不断加剧。

广东省对各省区的扩散场相对位势在地域空间的分布特征貌似紊乱，但实际也有规律可循。①广东省对三类省区的“市场依赖”程度较高：边境口岸省区和入境旅游热点省区，如上海、北京、福建等；国际知名度较高，较能代表中国传统文化特征的省区，如浙江、陕西等；地域特征鲜明，自然代表性或者文化代表性突出的省区，如广西、云南等。②广东省对三类省区的“市场依赖”程度较低：自身实力较弱，入境旅游发展相对滞后的省区，如宁夏、青海、贵州、西藏、吉林等；与广东省距离较远的省区，如内蒙古、黑龙江等；距离其他旅游热点区域较近，从而归属其他热点区域市场腹地的省区，如安徽等。

（2）扩散场绝对位势

根据各年度各省区接待入境游客人次的统计数据，以及各年度广东省入境游客扩散转移数量的测算结果，由公式（4-2）可计算出 1994—2009 年各年度广东省入境旅游流扩散场的绝对位势；根据各年度的指标值，可得到 1994—1997 年、1998—2001 年、2002—2005 年、2006—2009 年四个时间段广东省入境旅游流扩散场的年均绝对位势 U_1、U_2、U_3、U_4（表 4-12）。

表 4-12　1994—2009 年广东省入境旅游流扩散场绝对位势序列

Tab. 4-12 Array of absolute potentials of inbound tourist flows spatial diffusion field of Guangdong during 1994-2009

省区	1994—1997 年	1998—2001 年	2002—2005 年	2006—2009 年
	U_1	U_2	U_3	U_4
北京	0.077 2	0.136 6	0.246 4	0.163 2
天津	0.021 1	0.084 3	0.182 9	0.014 8
河北	0.018 7	0.037 1	0.086 3	0.003 1
山西	0.043 0	0.159 6	0.159 8	0.005 3
内蒙古	0.006 8	0.008 7	0.003 2	0.000 1
辽宁	0.019 9	0.026 5	0.023 4	0.012 7
吉林	0.023 3	0.071 7	0.043 5	0.004 2
黑龙江	0.016 5	0.006 8	0.017 4	0.003 5
上海	0.058 0	0.097 6	0.093 8	0.188 0
江苏	0.025 0	0.017 1	0.019 7	0.015 1
浙江	0.029 6	0.023 7	0.019 0	0.044 7
安徽	0.031 2	0.035 3	0.007 7	0.003 8
福建	0.028 8	0.018 7	0.029 7	0.065 5
江西	0.145 6	0.305 0	0.349 4	0.033 8
山东	0.020 9	0.016 7	0.017 6	0.013 8
河南	0.028 4	0.048 3	0.031 3	0.022 5
湖北	0.042 9	0.135 4	0.067 4	0.034 8
湖南	0.089 8	0.172 0	0.040 5	0.047 4

省区	1994—1997 年	1998—2001 年	2002—2005 年	2006—2009 年
	U_1	U_2	U_3	U_4
广西	0.060 0	0.063 6	0.082 1	0.140 6
海南	0.084 5	0.067 3	0.042 4	0.105 5
重庆	0.025 8	0.078 3	0.076 9	0.017 6
四川	0.055 5	0.076 3	0.071 4	0.031 6
贵州	0.007 6	0.025 6	0.078 0	0.024 4
云南	0.049 5	0.075 5	0.069 5	0.039 1
西藏	0.082 3	0.079 5	0.032 2	0.013 6
陕西	0.069 4	0.088 7	0.068 6	0.036 6
甘肃	0.188 6	0.076 5	0.130 5	0.000 1
青海	0.246 0	0.100 5	0.000 1	0.257 8
宁夏	0.310 6	0.048 7	0.000 1	0.000 1
新疆	0.045 1	0.013 6	0.046 4	0.060 9

由表 4-12 可知，四个时间段广东省入境旅游流扩散场绝对位势的变化特征为：①广东省对上海、北京的扩散场绝对位势在四个时间段均较高，表明广东省向此两市扩散转移的入境旅游流占此两市接待入境客流的比例较大，广东省实际上已成为此两市接收“二次扩散”入境旅游流主要的“先导客源市场”；②广东省对内蒙古、黑龙江、安徽、辽宁、山东的扩散场绝对位势在四个时间段均较低，表明广东省向此五省区扩散转移的入境流占此五省区接待入境客流的比例较小，此五省区对广东省的依赖性较低；③广东省对各省区的扩散场绝对位势的极大值和极小值的差异性较大，表明广东省“二次扩散”入境旅游流对各省区的重要程度各异，各省区对广东省的“客源依赖”程度极不均衡；④随着时间的推移，广东省入境旅游流扩散场绝对位势的总和在波动中下降，表明各省区对广东省“二次扩散”入境旅游流的“客源依赖”程度整体逐步下降，广东省在中国入境旅游流地域系统中的影响力略有下降；⑤随着时间的推移，广东省入境旅游流扩散场绝对位势的地域均衡化特征日显，表明各省区入境旅游流的地缘市场结构正向着合理化的方向迈进。

广东省对各省区的扩散场绝对位势在地域空间的分布特征貌似紊乱，但实际也有规律可循。①一类省区对广东省的“客源依赖”程度较高：与广东省经济联系度高的入境旅游热点省区，如上海、北京等。②三类省区对广东省的“客源依赖”程度较低：自身实力较强，从而外部依赖程度较低的省区，如山东、辽宁等；

距离其他旅游热点区域较近，转而依赖其他热点区域的省区，如安徽等；自身也是边境口岸，从而外部依赖程度较低的省区，如内蒙古、黑龙江等。

（3）相对位势与绝对位势的对比

由四个时间段广东省入境旅游流扩散场相对位势和扩散场绝对位势，可计算得出绝对位势减去相对位势的差值，从而得到广东省入境旅游流扩散场位势差异度 U_{m1}、U_{m2}、U_{m3}、U_{m4}（表 4-13）。

表 4-13　1994—2009 年广东省入境旅游流扩散场位势差异度序列

Tab. 4-13 Array of potentials diversity of inbound tourist flows spatial diffusion field of Guangdong during 1994-2009

省区	1994—1997 年	1998—2001 年	2002—2005 年	2006—2009 年
	U_{m1}	U_{m2}	U_{m3}	U_{m4}
北京	−0.060 8	−0.060 0	0.031 8	0.051 7
天津	0.017 3	0.068 1	0.153 0	0.012 0
河北	0.014 9	0.029 0	0.072 8	0.002 7
山西	0.039 9	0.146 1	0.146 1	0.004 4
内蒙古	0.005 1	0.006 4	0.002 6	0.000 1
辽宁	0.015 0	0.018 2	0.016 3	0.008 5
吉林	0.020 0	0.064 1	0.039 5	0.003 7
黑龙江	0.013 1	0.005 0	0.013 9	0.002 7
上海	−0.011 3	0.001 1	0.002 2	0.027 5
江苏	0.007 7	0.003 0	0.003 9	0.002 2
浙江	0.012 4	0.009 4	0.005 1	0.007 8
安徽	0.027 5	0.029 8	0.006 5	0.003 2
福建	0.005 9	0.003 8	0.014 6	0.036 5
江西	0.134 6	0.278 9	0.321 2	0.030 1
山东	0.013 2	0.010 2	0.011 7	0.008 1
河南	0.023 1	0.040 3	0.026 9	0.018 5
湖北	0.028 1	0.104 4	0.053 2	0.027 6
湖南	0.072 5	0.133 3	0.033 4	0.038 4
广西	0.035 9	0.032 3	0.053 6	0.094 6
海南	0.061 8	0.051 7	0.036 7	0.093 5
重庆	0.020 8	0.068 5	0.066 5	0.015 2
四川	0.039 7	0.059 0	0.053 8	0.026 3
贵州	0.006 7	0.023 0	0.073 2	0.022 9
云南	0.022 1	0.035 4	0.045 2	0.023 9

省区	1994—1997 年	1998—2001 年	2002—2005 年	2006—2009 年
	U_{m1}	U_{m2}	U_{m3}	U_{m4}
西藏	0.077 3	0.073 6	0.030 9	0.012 8
陕西	0.041 6	0.056 7	0.051 6	0.028 9
甘肃	0.172 8	0.069 3	0.120 8	0.000 1
青海	0.243 8	0.099 1	0.000 1	0.255 8
宁夏	0.309 6	0.048 5	0.000 1	0.000 1
新疆	0.038 4	0.012 0	0.042 3	0.057 0

由表 4-13 可知，四个时间段广东省入境旅游流扩散场位势差异度的变化特征为：①广西、江西、陕西的位势差异度在大多数时间保持在高位态势，表明此三省（市）对广东省的依赖性与其对广东省的重要性之间的差位较大，广东省入境旅游流向广西、江西、陕西等省区扩散转移时，双向非共轭性显著；②内蒙古、江苏、黑龙江、浙江的位势差异度始终保持在低位态势，表明此四省区对广东省的依赖性与其对广东省的重要性之间的差位较小，广东省入境旅游流向内蒙古、江苏、黑龙江、浙江等省区扩散转移时，双向共轭性显著；③广东省对各省区的扩散场绝对位势基本均高于扩散场相对位势，表明广东省入境旅游流向其他省区扩散转移的概率虽不很高，但其对其他省区的影响性却较大，这一特征表明广东省是中国入境旅游流地域系统中重要的“集散地”；④随着时间的推移，广东省入境旅游流扩散场位势差异度的极大值和极小值大体上趋于下降，入境旅游流扩散场位势差异度的总和大体上也趋于下降，这两个特征表明广东省入境旅游流向其他省区扩散转移时的双向共轭性正逐步增强，广东省入境旅游流扩散场的地域格局正在经历优化调整的转型期。

4.4.2 场能分析

应用 ArcGIS 软件测量广东省与其他省区旅游中心城市之间的航空距离 D_{ij}，根据各年度广东省入境游客扩散转移数量的测算结果，由公式（4-3），可计算出 1994—2009 年各年度广东省入境旅游流扩散场的场能；根据各年度的指标值，可得到 1994—1997 年、1998—2001 年、2002—2005 年、2006—2009 年四个时间段广东省入境旅游流扩散场的年均场能 E_{D1}、E_{D2}、E_{D3}、E_{D4}（表 4-14）。

表 4-14　1994—2009 年广东省入境旅游流扩散场能序列

Tab. 4-14 Array of energy of inbound tourist flows spatial diffusion field of Guangdong during 1994-2009

省区	1994—1997 年	1998—2001 年	2002—2005 年	2006—2009 年
	E_{D1}（万人次×km）	E_{D2}（万人次×km）	E_{D3}（万人次×km）	E_{D4}（万人次×km）
北京	32 539	71 224	160 309	130 194
天津	875	5 888	23 166	3 260
河北	866	2 711	8 578	406
山西	655	4 720	8 433	982
内蒙古	455	667	495	323
辽宁	1 365	3 460	5 676	5 509
吉林	1 297	3 688	4 171	847
黑龙江	1 357	1 090	4 194	1 551
上海	11 121	22 491	45 843	124 071
江苏	2 678	3 164	7 807	9 690
浙江	2 322	2 803	5 987	23 640
安徽	405	835	368	340
福建	1 499	1 567	3 091	9 836
江西	1 140	3 649	8 504	1 743
山东	1 675	2 248	4 030	6 577
河南	925	2 319	1 987	3 401
湖北	1 645	4 842	4 252	3 863
湖南	1 371	4 627	1 441	3 284
广西	1 322	2 431	4 900	12 386
海南	2 090	2 197	1 213	5 380
重庆	802	2 116	4 174	1 710
四川	2 674	4 595	8 119	4 327
贵州	89	404	1 731	755
云南	4 520	10 216	11 479	12 191
西藏	1 586	2 423	1 133	1 318
陕西	5 207	9 131	8 854	7 080
甘肃	4 020	3 021	6 777	10 533
青海	580	583	1 545	2 506
宁夏	257	52	163	274
新疆	2 941	1 356	5 401	8 802

由表 4-14 可知，四个时间段广东省入境旅游流扩散场能的变化特征为：①广东省入境旅游流对北京、上海、云南、陕西等省区的扩散场能始终较大，且北京、上海在其中占据绝对优势，是广东省入境旅游流扩散场能强度最大的两个极点；②广东省入境旅游流对宁夏、内蒙古、安徽、贵州、重庆等省区的扩散场能始终较小，这些省区中有的与广东省距离较远，有的与广东省距离较近，可见广东省入境旅游流扩散场能并不符合距离衰减规律；③广东省对各省区的扩散场能的极大值和极小值的差异性较大，表明广东省入境旅游流扩散场能的地域空间分布呈现不均衡布局的基本态势，且伴随时间的推移，广东省入境旅游流扩散场能的地域格局呈现“马太效应”式的发展态势，入境旅游流扩散场能的地域集中性加强；④广东省入境旅游流扩散场能整体上正不断成长壮大，且广东省对入境旅游热点省区的扩散场能相对较大，对其他省区的扩散场能相对较小，入境旅游流扩散场能呈现鲜明的“等级扩散”地域规律性。

4.4.3 场地域结构分析

由公式（4-4），先计算得到各年度广东省对其他省区的入境旅游流扩散场能指数；根据各年度的指标值，可得到 1994—1997 年、1998—2001 年、2002—2005 年、2006—2009 年四个时间段广东省入境旅游流扩散场能指数的均值 I_{D1}、I_{D2}、I_{D3}、I_{D4}（表 4-15）。

表 4-15 1994—2009 年广东省入境旅游流扩散场能指数序列

Tab. 4-15 Array of energy index of inbound tourist flows spatial diffusion field of Guangdong during 1994-2009

省区	1994—1997 年	1998—2001 年	2002—2005 年	2006—2009 年
	I_{D1}	I_{D2}	I_{D3}	I_{D4}
北京	976.673 2	1 149.223 7	1 630.468 8	772.270 6
天津	0.485 8	7.813 9	39.336 0	0.478 4
河北	0.732 6	1.788 3	4.998 2	0.009 0
山西	0.445 0	5.246 7	5.358 6	0.048 2
内蒙古	0.164 5	0.126 3	0.017 0	0.000 0
辽宁	1.427 4	2.347 2	1.745 5	1.244 2
吉林	0.980 5	2.278 7	0.726 4	0.020 8
黑龙江	0.950 8	0.162 6	0.748 2	0.065 3
上海	161.991 3	177.991 5	205.813 0	1 059.377 6

省区	1994—1997 年	1998—2001 年	2002—2005 年	2006—2009 年
	I_{D1}	I_{D2}	I_{D3}	I_{D4}
江苏	10.399 3	3.669 6	6.269 7	6.663 8
浙江	8.376 3	3.290 5	4.054 4	46.297 5
安徽	0.340 6	0.377 9	0.018 1	0.011 6
福建	7.431 9	1.920 3	2.108 0	15.183 9
江西	2.965 6	7.833 9	10.772 6	0.338 9
山东	2.828 0	1.212 0	1.158 8	2.015 3
河南	1.171 1	1.512 0	0.386 4	0.718 0
湖北	5.675 3	12.318 5	2.383 9	1.489 9
湖南	5.622 3	14.696 7	0.405 5	1.575 2
广西	6.423 4	6.227 4	6.680 3	30.346 0
海南	11.026 3	2.812 0	0.261 0	3.424 0
重庆	0.977 5	1.710 1	1.777 0	0.219 7
四川	9.687 0	6.545 1	5.624 1	1.227 8
贵州	0.009 4	0.085 3	0.447 6	0.060 9
云南	29.437 5	33.644 3	11.547 0	9.808 4
西藏	1.867 0	1.182 3	0.067 8	0.055 5
陕西	32.549 5	23.995 0	6.352 8	2.898 9
甘肃	15.205 8	1.775 0	2.904 0	0.000 0
青海	0.246 9	0.069 1	0.000 0	0.272 1
宁夏	0.037 1	0.000 8	0.000 0	0.000 0
新疆	4.327 8	0.173 0	0.862 3	1.800 4

为了对 1994—2009 年广东省入境旅游流扩散场的地域结构开展动态分析，利用 SPSS 软件的聚类分析法对表 4-15 中的四个时间段广东省入境旅游流扩散场能指数开展聚类分析。根据聚类分析结果，可在每个时间段将除广东省以外的其余 30 个省（自治区、直辖市）按入境旅游流扩散场能指数依次归入五个类型区：I 类区域（场能指数大）、II类区域（场能指数较大）、III类区域（场能指数一般）、IV类区域（场能指数较小）、V类区域（场能指数小），这样能更加清晰地在地域空间呈现每个时间段广东省入境旅游流扩散场的地域结构梯级差异，从而既显示了广东省入境旅游流扩散场地域结构的共时性分布特征，更揭示了广东省入境旅游流扩散场地域结构的历时性动态演进规律。

由四个时间段广东省入境旅游流扩散场能指数的聚类分析结果，可以获得 1994—1997 年、1998—2001 年、2002—2005 年、2006—2009 年四个时间段广东省入境旅游流扩散场地域结构图（图 4-11～图 4-14），便于从共时性和历时性的双重视角显示广东省入境旅游流扩散场的地域结构分异规律。

（1）1994—1997 年的场地域结构状况

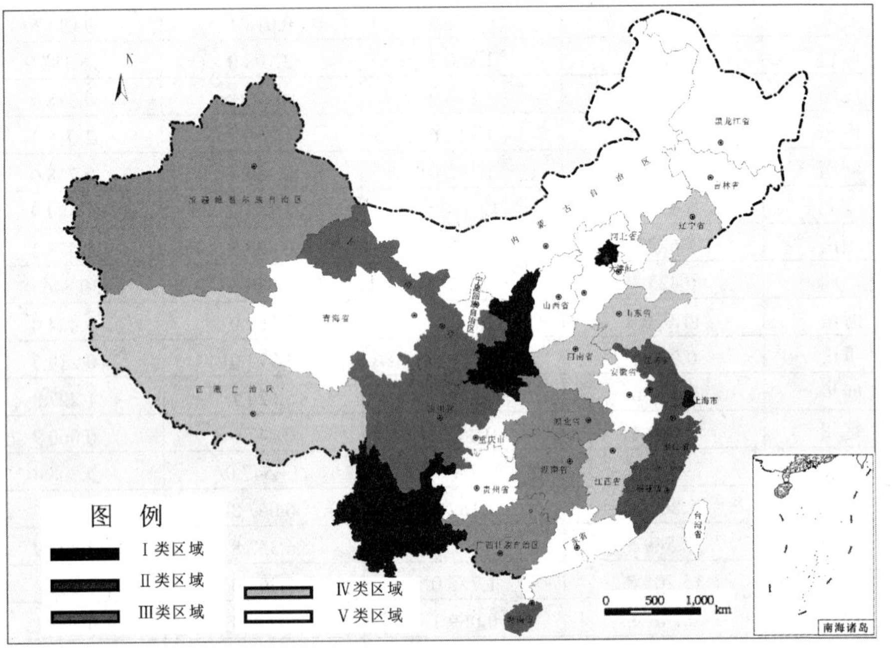

图 4-11　1994—1997 年广东省入境旅游流扩散场地域结构

Fig. 4-11 Regional structure of inbound tourist flows spatial diffusion field of Guangdong during 1994-1997

由图 4-11 可知：1994—1997 年，北京、上海、陕西、云南处于广东省入境旅游流扩散场的Ⅰ类区域，此 4 省（市）是这一时间段广东省入境旅游流扩散场的“一级作用区域”；甘肃、海南、江苏、四川、浙江、福建处于广东省入境旅游流扩散场的Ⅱ类区域，此 6 省是这一时间段广东省入境旅游流扩散场的“二级作用区域”；广西、湖北、湖南、新疆处于广东省入境旅游流扩散场的Ⅲ类区域，此 4 省（区）是这一时间段广东省入境旅游流扩散场的“三级作用区域”；江西、山东、西藏、辽宁、河南处于广东省入境旅游流扩散场的Ⅳ类区域，此 5 省（区）是这一时间段广东省入境旅游流扩散场的“四级作用区域”；吉林、重庆、黑龙江、河北、天津、山西、安徽、青海、内蒙古、宁夏、贵州处于广东省入境旅游流扩散场的Ⅴ类区域，此 11 省（区、市）是这一时间段广东省入境旅游流扩散场的“五级作用区域”。

（2）1998—2001 年的场地域结构状况

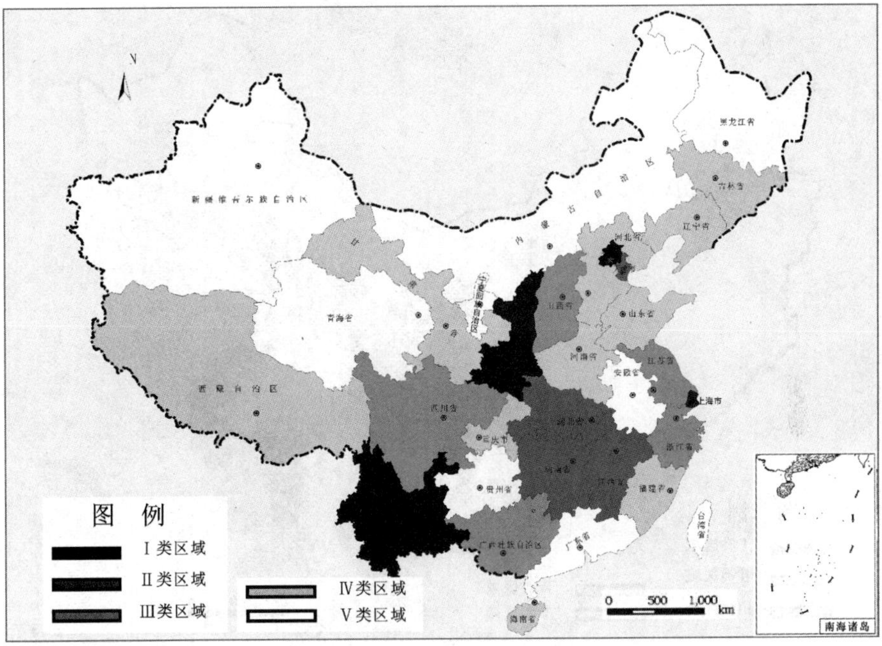

图 4-12　1998—2001 年广东省入境旅游流扩散场地域结构

Fig. 4-12 Regional structure of inbound tourist flows spatial diffusion field of Guangdong during 1998-2001

由图 4-12 可知：1998—2001 年，北京、上海、云南、陕西处于广东省入境旅游流扩散场的Ⅰ类区域，此 4 省（市）是这一时间段广东省入境旅游流扩散场的“一级作用区域”；湖南、湖北、江西、天津处于广东省入境旅游流扩散场的Ⅱ类区域，此 4 省（市）是这一时间段广东省入境旅游流扩散场的“二级作用区域”；四川、广西、山西、江苏、浙江处于广东省入境旅游流扩散场的Ⅲ类区域，此 5 省（区）是这一时间段广东省入境旅游流扩散场的“三级作用区域”；海南、辽宁、吉林、福建、河北、甘肃、重庆、河南、山东、西藏处于广东省入境旅游流扩散场的Ⅳ类区域，此 10 省（区、市）是这一时间段广东省入境旅游流扩散场的“四级作用区域”；安徽、新疆、黑龙江、内蒙古、贵州、青海、宁夏处于广东省入境旅游流扩散场的Ⅴ类区域，此 7 省（区）是这一时间段广东省入境旅游流扩散场的“五级作用区域”。

（3）2002—2005 年的场地域结构状况

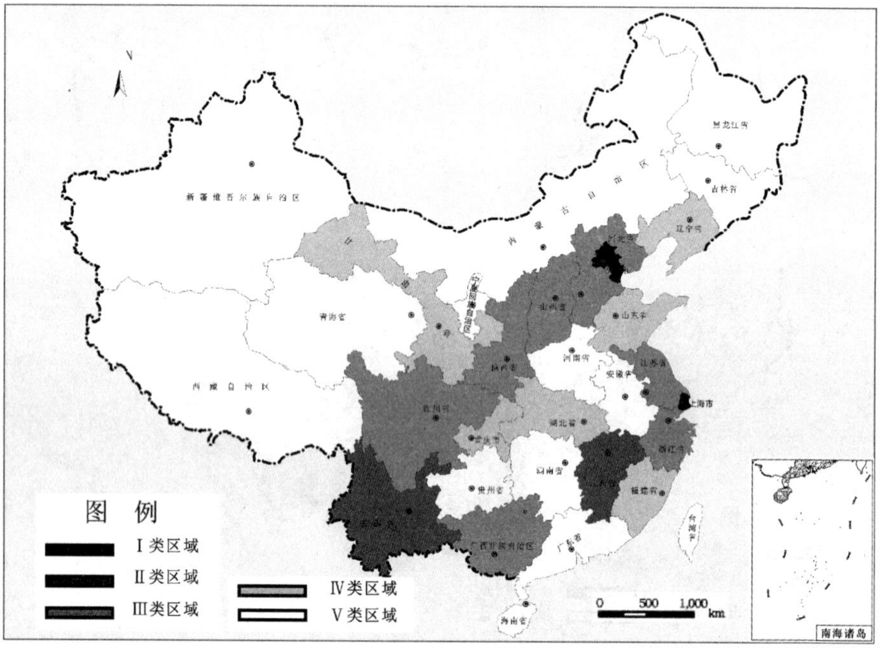

图 4-13　2002—2005 年广东省入境旅游流扩散场地域结构

Fig. 4-13 Regional structure of inbound tourist flows spatial diffusion field of Guangdong during 2002-2005

由图 4-13 可知：2002—2005 年，北京、上海、天津处于广东省入境旅游流扩散场的Ⅰ类区域，此 3 直辖市是这一时间段广东省入境旅游流扩散场的“一级作用区域”；云南、江西处于广东省入境旅游流扩散场的Ⅱ类区域，此 2 省是这一时间段广东省入境旅游流扩散场的“二级作用区域”；广西、陕西、江苏、四川、山西、河北、浙江处于广东省入境旅游流扩散场的Ⅲ类区域，此 7 省（区）是这一时间段广东省入境旅游流扩散场的“三级作用区域”；甘肃、湖北、福建、重庆、辽宁、山东处于广东省入境旅游流扩散场的Ⅳ类区域，此 6 省（市）是这一时间段广东省入境旅游流扩散场的“四级作用区域”；新疆、黑龙江、吉林、贵州、湖南、河南、海南、西藏、安徽、内蒙古、青海、宁夏处于广东省入境旅游流扩散场的Ⅴ类区域，此 12 省（区）是这一时间段广东省入境旅游流扩散场的“五级作用区域”。

（4）2006—2009 年的场地域结构状况

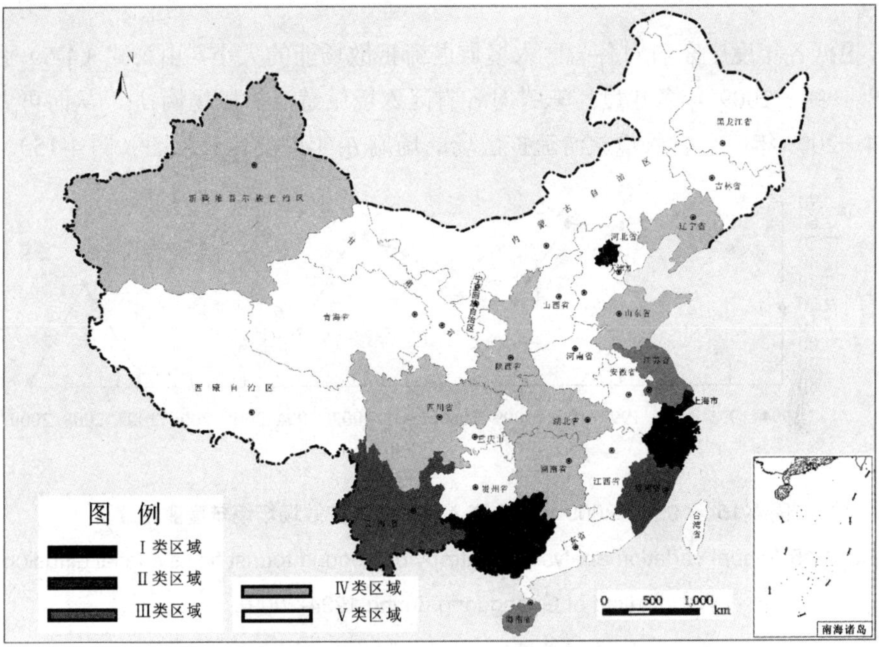

图 4-14　2006—2009 年广东省入境旅游流扩散场地域结构

Fig. 4-14 Regional structure of inbound tourist flows spatial diffusion field of Guangdong during 2006-2009

由图 4-14 可知：2006—2009 年，上海、北京、浙江、广西处于广东省入境旅游流扩散场的Ⅰ类区域，此 4 省（区、市）是这一时间段广东省入境旅游流扩散场的“一级作用区域”；福建、云南处于广东省入境旅游流扩散场的Ⅱ类区域，此 2 省是这一时间段广东省入境旅游流扩散场的“二级作用区域”；江苏、海南处于广东省入境旅游流扩散场的Ⅲ类区域，此 2 省是这一时间段广东省入境旅游流扩散场的“三级作用区域”；陕西、山东、新疆、湖南、湖北、辽宁、四川处于广东省入境旅游流扩散场的Ⅳ类区域，此 7 省（区）是这一时间段广东省入境旅游流扩散场的“四级作用区域”；河南、天津、江西、青海、重庆、黑龙江、贵州、西藏、山西、吉林、安徽、河北、内蒙古、甘肃、宁夏处于广东省入境旅游流扩散场的V类区域，此15省（区、市）是这一时间段广东省入境旅游流扩散场的“五级作用区域”。

4.4.4 场熵分析

根据各年度广东省对各省区入境旅游流扩散场能的大小，由公式（4-5）可计算出1994—2009年各年度广东省对各省区入境旅游流扩散场熵 I_G，从而可做出1994—2009年广东省入境旅游流扩散场的场熵 I_G 年度变化分析图（图4-15）。

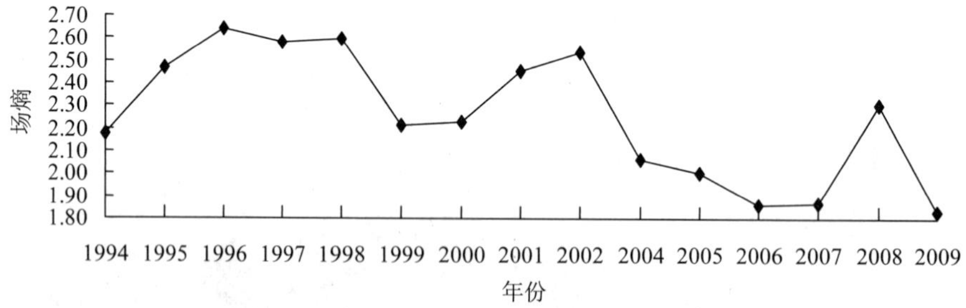

图4-15　1994—2009年广东省入境旅游流扩散场场熵年度变化分析

Fig. 4-15 Annual variation analysis of entropy of inbound tourist flows spatial diffusion field of Guangdong during 1994-2009

由图4-15可知：场熵先由1994年的2.174 9持续上升至1996年的2.637 3，再微降至1998年的2.592 5，接着继续降至1999年的2.211 2，再上升至2002年的2.532 7，之后场熵不断下降，直至降至2007年的1.869 6，2008年场熵反弹至2.305 4，2009年回落至1.830 4。

总体而言，1994—2009年广东省入境旅游流扩散场的场熵呈现波动中下降的变化趋势。这一趋势表明，广东省入境旅游流扩散场的分布结构越来越有序，越朝向平衡态势发展。导致这一现象的原因在于：新兴旅游目的地不断涌现，它们对入境旅游流的吸引能力不断增强，在一定意义上减弱了传统旅游目的地的扩散空间场效应；不同旅游目的地之间的竞争与协作，推动入境旅游流扩散场的分布结构由扩散不平衡状态向扩散平衡状态演进。

4.5 本章小结

4.5.1 研究结论

（1）入境旅游流扩散场的相对位势对比表明：①北京市对上海、广东、陕西的入境旅游流扩散场相对位势稳居榜首，此三省（市）实际上已成为北京市入境旅游流“二次扩散”最主要的“后续目标市场”；②上海市对北京、浙江、江苏、广东、陕西、广西的入境旅游流扩散场相对位势稳居榜首，此六省区实际上已成为上海市入境旅游流“二次扩散”最主要的“后续目标市场”；③广东省对上海、北京、广西、浙江、福建、云南、陕西的入境旅游流扩散场相对位势稳居榜首，此七省区实际上已成为广东省入境旅游流“二次扩散”最主要的“后续目标市场”；④北京、上海、广东入境旅游流扩散转移的地域空间规律均呈现典型的“路径依赖”特征。

（2）入境旅游流扩散场的绝对位势对比表明：①北京市对陕西、甘肃、宁夏、上海、山西的入境旅游流扩散场绝对位势较高，北京市实际上已成为此五省区接收“二次扩散”入境旅游流主要的“先导客源市场”；②上海市对北京、陕西、浙江、江苏的入境旅游流扩散场绝对位势较高，上海市实际上已成为此四省区接收“二次扩散”入境旅游流主要的“先导客源市场”；③广东省对上海、北京的入境旅游流扩散场绝对位势较高，广东省实际上已成为此两市接收“二次扩散”入境旅游流主要的“先导客源市场”；④北京与上海之间的相互依赖程度较高，而广东省与北京、上海之间的入境旅游流扩散转移则呈现非对称的单向依赖特征。

（3）入境旅游流扩散场能的对比表明：①上海、陕西、广东是北京市入境旅游流扩散场能最大的三个极点，此外，北京市对江苏、云南、四川、广西的入境旅游流扩散场能也较大；②北京、广东、陕西是上海市入境旅游流扩散场能最大的三个极点，此外，上海市对江苏、广西的入境旅游流扩散场能也较大；③北京、上海是广东省入境旅游流扩散场能最大的两个极点，此外，广东省对云南、陕西的入境旅游流扩散场能也较大；④三省（市）入境旅游流扩散场能整体上正不断成长壮大，且三省（市）对入境旅游热点省区的扩散场能相对较大，对其他省区的扩散场能相对较小，入境旅游流扩散场能呈现鲜明的“等级扩散”地域规律特征；⑤三省（市）对其余各省区的入境旅游流扩散场能的极大值和极小值的差异性较大，并且伴随时间的推移，三省（市）入境旅游流扩散场能的地域分布呈现“马太效应”式的集中化发展态势。

（4）入境旅游流扩散场地域结构的对比表明：①上海、陕西、广东、江苏始终处于北京市入境旅游流扩散场Ⅰ类区域或Ⅱ类区域，此四省（市）实际上是北京市入境旅游流扩散场的主要作用区域，除此以外的其他省区受北京市入境旅游流扩散场的影响作用相对有限；②北京、江苏、广东、陕西、广西始终处于上海市入境旅游流扩散场Ⅰ类区域或Ⅱ类区域，此五省（区、市）实际上是上海市入境旅游流扩散场的主要作用区域，除此以外的其他省区受上海市入境旅游流扩散场的影响作用相对有限；③上海、北京、云南、广西始终处于广东省入境旅游流扩散场Ⅰ类区域或Ⅱ类区域，此四省（区、市）区实际上是广东省入境旅游流扩散场的主要作用区域，除此以外的其他省区受广东省入境旅游流扩散场的影响作用相对有限；④北京、上海、广东入境旅游流扩散场的场能指数地域差异分布特征相当显著，地域空间集中性十分突出，且三个省区之间的互动关联作用很强，三个省区入境旅游流扩散场的主要作用区域呈现高度重合性。

（5）入境旅游流扩散场场熵的对比表明：①1994—1998 年，广东省入境旅游流扩散场的场熵在三省（市）中相对最大，上海市次之，北京市在三省（市）中最小，表明这一时间段广东省入境旅游流扩散场的地域分布结构在三省（市）中相对最无序，也最不合理；北京市入境旅游流扩散场的地域分布结构在三省（市）中相对最有序，也最合理；上海市入境旅游流扩散场的地域分布结构的有序程度在三省（市）中居中；②1999—2002 年，上海市入境旅游流扩散场的场熵与广东省入境旅游流扩散场的场熵的排名经历了小幅的反复，但二者在三省（市）中始终占据首位和次位，北京市入境旅游流扩散场的场熵在三省（市）中最小的状况依然未发生变化，表明这一时间段上海市和广东省入境旅游流扩散场的地域分布结构在三省（市）中相对依然无序，北京市入境旅游流扩散场的地域分布结构在三省（市）中相对依然有序；③2004—2009 年，上海市入境旅游流扩散场的场熵在三省（市）中相对最大，广东省次之，北京市在三省（市）中最小，表明这一时间段上海市入境旅游流扩散场的地域分布结构在三省（市）中相对最无序，也最不合理；北京市入境旅游流扩散场的地域分布结构在三省（市）中相对最有序，也最合理；广东省入境旅游流扩散场的地域分布结构的有序程度在三省（市）中居中；④1994—2009 年，广东省入境旅游流扩散场的场熵呈现较显著的递减变化趋势，北京市和上海市入境旅游流扩散场的场熵呈现相对稳定的变化趋势，表明广东省入境旅游流扩散场的地域分布结构的有序程度在向着有序化和合理化的方向迈进，而北京市和上海市入境旅游流扩散场的地域分布结构的有序程度相对变化不大。

4.5.2　启示与展望

（1）入境旅游流在宏观的地域空间网络中所呈现的群体行为的“大数定律”在本质上区别于存在和构成入境旅游流系统结构的微观“旅游者”的个体行为。这种差异犹如量子力学所提出的“波粒二象性”——作为个体的“旅游者”的个人行为及其空间状态可被喻为离散的粒子行为，这种个体行为往往具有随机性与无序性，而当所有旅游者构成为整体的“旅游流”时，其群体特征将表现为另一种规律化和联系性的波动行为，这种群体行为将开始表现出可认知性与可观控性。因此，入境旅游流扩散规律的研究命题在本质上区别于“旅游者”个体行为特征的研究命题[204-206]。换言之，入境旅游流扩散在地域空间所呈现的群体行为规律性，是基于“区域视角”的问题分析，这一命题从属于社会群体流动规律的研究范畴；而基于“个体行为视角”的旅游者行为规律的研究主要涵盖旅游动机、旅游认知、旅游决策、旅游偏好、旅游评价等研究命题，从而导致此类命题多具有行为学或心理学的色彩。此两者之间存在质性差异，不容相互混淆。研究旅游流在宏观尺度的扩散流动规律特征应基于“区域视角”的空间相互作用，而非“个体行为视角”的旅游者行为分析。

（2）旅游流所具备的运动属性以及在客源地与目的地之间或不同目的地之间的流动特性证实了旅游流空间场的客观存在。入境旅游流扩散场地域分布的差异性与非均衡性，必然导致入境旅游流扩散场层次性与梯级格局的出现，这种层次性和梯级格局恰恰就是形成入境旅游流扩散场差异性的初始动因，而这种差异性引致出“场势”“场能”等一系列参数和模型的差异，从而产生了“场地域结构”的异化，异化的程度可以用“场熵”来度量，在这个异化的入境旅游流扩散场中，“运动”和“流”的出现是一种必然。

（3）入境旅游流扩散的根本动力机制源于流空间①的天然运动属性和旅游流空间场的客观作用。本章从分析入境旅游流扩散场效应动态规律特征入手，通过入境旅游流扩散场变迁历程的动态分析，尝试探索入境旅游流扩散场的时空规律特

① 流空间（Space of flows）的概念是由社会学家卡斯泰尔（Castells）正式提出的，他认为流空间是一种动态化的空间概念，并进一步将其定义为“通过流动而运作的共享时间之社会实践的物质组织”。

征。如何穿透这些规律现象、深入挖掘引起入境旅游流扩散的根本动力机制，以及入境旅游流在地域空间的内在演进机理，将是入境旅游流研究在新时期实现突破发展的核心命题。这一观点的提出是作者感慨于目前学术界对旅游流空间扩散的研究虽对其矢量运动模式给予了必要关注，但却囿于旅游流的“现象规律”考究而惑于其“本原机理”的现状而有所感悟。作者不避浅陋，言明这一观点，旨在抛砖引玉，也是试图跳出传统研究中的“思维陷阱”，倡导树立对入境旅游流扩散“规律性”和“秩序性”的新认识，助推入境旅游流扩散研究向“动力机制”领域深入。从而，引导和调控入境旅游流扩散的关键其实在于对旅游流天然运动属性的认可，对旅游流空间场的正确疏导，以及对旅游流空间场作用规律的准确把握与恰当运用。

（4）入境旅游流扩散及其动态演进受到空间相互作用理论的支配[205]。由于经济发展并不是均衡地发生于地域空间之中，因此在区域经济发展的初期，必然伴随着空间的极化过程，从而出现增长极（入境旅游典型区域的形成即是增长极理论的现实写照）。入境旅游典型区域出现之后，入境旅游流扩散受极化效应和涓滴效应的双重影响，还受到梯度推移理论的客观作用。此外，入境旅游流扩散的中长尺度地域规律性，当是等级扩散的作用使然。

（5）入境旅游流扩散还受宏观经济运行的客观影响[206]。1994—2009 年，尤其是进入 21 世纪以后，伴随市场经济发展模式的转变和宏观经济战略的转型，中国经济发展的时空格局发生了很大变化，这一宏观背景深刻地影响到入境旅游流的空间扩散；当前，在区域经济一体化和国家谋求地域协调发展的大背景下①，伴随新时期国家新的地域格局战略动向②，全国的经济格局势必发生嬗变，在发展战略、机制体制、交通区位、社会环境等多重因素的综合影响下，入境旅游流扩散系统也将开始新一轮的整合与重构。

（6）在旅游进入“泛产业”的时代背景下，通过旅游流空间扩散规律特征来

① 2004 年国务院首次明确提出促进中部地区崛起的概念，2007 年国务院批复《东北地区振兴规划》，2010 年中共中央、国务院在西部大开发十年之际再次召开西部大开发工作会议。

② 2009 年国务院先后批复了《珠江三角洲地区改革发展规划纲要》《关于支持福建省加快建设海峡西岸经济区的若干意见》《关中—天水经济区发展规划》《江苏沿海地区发展规划》《横琴总体发展规划》《辽宁沿海经济带发展规划》《促进中部地区崛起规划》《中国图们江区域合作开发规划纲要》《黄河三角洲高效生态经济区发展规划》《鄱阳湖生态经济区规划》《甘肃省循环经济总体规划》《关于推进海南国际旅游岛建设发展的若干意见》12 个区域规划，2010 年国务院先后批复《皖江城市带承接产业转移示范区规划》《长江三角洲地区区域规划》等区域规划方案，使这些规划相继上升为国家战略。

研究旅游流作为社会群体的流动规律性，进而寻求导致该流动产生的理论与现实基础，体现了物质世界量子化向人文社会量子化的扩展[207]，具备“整体论”所期望的由“现象规律”探索“本原机理”的一般特质，而树立这种基本的哲学理念是旅游流研究在新时期拓展新领域的科学之选。如何在准确把握入境旅游流扩散规律特征的基础上，深入识别和挖掘导致入境旅游流扩散的动力机制，并结合当下国民经济发展与地域格局的现实状况，实现对入境旅游流的合理引导与调控，将是作者下一步的研究与努力方向。

第 5 章 入境旅游流扩散的折射效应分析

由于旅游流扩散的矢量属性，对旅游流扩散的研究必须立足于时空二元综合的视角，即不仅需要关注旅游流扩散的数量规模特征动态变化，还需要关注旅游流扩散的时空地域格局演进历程。

本章设定入境游客转移数量模型、入境旅游流空间折射模型，以北京、上海、广东为实证案例，系统分析 1994—2009 年此三省（市）入境旅游流扩散的数量规模特征、深入剖析 1994—2009 年此三省（市）入境旅游流扩散对其他省区的重要程度，以及在这个过程中其他省区对此三省（市）入境旅游流扩散的市场依赖性。

5.1 模型构建

5.1.1 入境游客扩散转移数量模型

在综合考虑入境旅游流从中国东部向中国西部扩散转移的基础上，可以建立入境游客扩散转移数量模型，其计算公式如下：

$$X_{ij} = Q_i \times \frac{q_{ij}}{q_i} \tag{5-1}$$

式中，X_{ij} 表示由 i 地扩散转移至 j 地的入境游客数量，Q_i 表示 i 地接待入境游客总数量，q_{ij} 表示在 i 地的抽样调查中由 i 地区流向 j 地区的入境游客数量，q_i 表示在 i 地抽样调查的入境游客数量。

5.1.2　入境旅游流扩散折射模型

（1）理论基础

①折射率。光从真空射入介质发生折射时，入射角γ 的正弦值与折射角β 的正弦值的比值叫做介质的“绝对折射率”，简称“折射率”。它表示光在介质中传播时，介质对光的一种特征（图 5-1）。

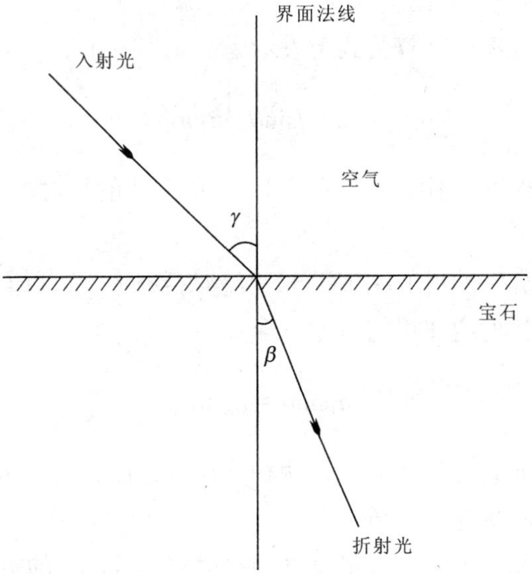

图 5-1　光的折射示意

Fig. 5-1 Refractive schematic diagram of light

②绝对折射率。

绝对折射率的计算公式为

$$n=\sin r /\sin\beta \tag{5-2}$$

设光在某种媒质中的速度为 v，由于真空中的光速为 c，所以这种媒质的绝对折射率公式还可以表示为：

$$n=c/v \tag{5-3}$$

由于光在真空中传播的速度最大，故绝对折射率以真空为最小，等于 1，其他介质的绝对折射率均大于 1。

③相对折射率。两种介质的折射率之比称为相对折射率。例如，第一介质的折射率为 n_1，第二介质的折射率为 n_2，则 $n_{21}=n_2/n_1$ 称为第二介质对第一介质的相对折射率，即相对折射率是表示在两种（各向同性）介质中光速比值的物理量。

相对折射率的另一种计算办法为：光从介质 1 射入介质 2 发生折射时，入射角 θ_1 与折射角 θ_2 的正弦之比。

所以，相对折射率的计算公式可表示为：

$$n_{21}=\sin\theta_1/\sin\theta_2=n_2/n_1=v_1/v_2 \quad (5\text{-}4)$$

显然，介质的绝对折射率大于或等于 1，而介质的相对折射率可大于 1，也可小于 1 或者等于 1。

④折射定律。真空的折射率等于 1，“绝对折射率”可以看作介质相对真空的相对折射率。于是折射定律可写成如下形式

$$n_1\sin\theta_i=n_2\sin\theta_t \quad (5\text{-}5)$$

⑤光密介质与光疏介质。此外，两种介质进行比较时，折射率较大的称光密介质，折射率较小的称光疏介质。

光疏和光密是相对而言的。如空气的折射率为 1，水的折射率为 1.33，玻璃的折射率是 1.5，则水对空气而言为光密介质，水对玻璃而言又是光疏介质。光疏介质与光密介质相比，它的光速大，绝对折射率小。光密介质对光疏介质的相对折射率大于 1，光疏介质对光密介质的相对折射率小于 1。光在两种介质间传播时，光疏介质中光线与法线的夹角比光密介质中光线与法线的夹角大。

（2）入境旅游流扩散折射模型

有学者认为折射定律具有普适性[208]。对于具有粒子性的入境游客个体和具有波的特性的入境旅游流，二者均遵循成本最小化、利益最大化原则[209]。在入境旅游流扩散系统中，东部地区的省区与中西部地区的省区恰如两种不同介质，根据物理学的折射特性，折射为入境旅游流自东向西的空间扩散，反射为没有扩散至中国内陆的入境旅游支流（图 5-2）。

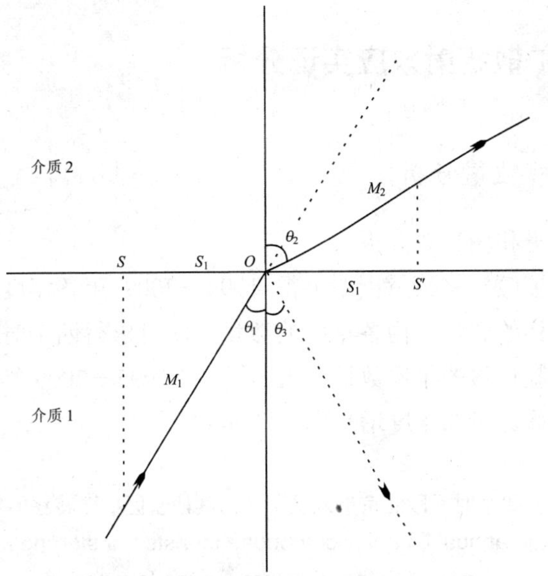

图 5-2　入境旅游流扩散折射模型

Fig. 5-2 Spatial refractive model of inbound tourist flows

各年度入境旅游流扩散折射率的计算公式为

$$n_{ji} = \sin\theta_2 / \sin\theta_1 = \frac{OS' / M_2}{OS / M_1} \tag{5-6}$$

图 5-2 中，介质 1 表示东部地区的某省区，介质 2 表示中西部地区的某省区；SS'为相交界面，θ_1 为入射角，θ_2 为折射角，θ_3 为反射角；OS'/M_2 为介质 2 接收的来自介质 1 扩散的入境客流在介质 2 的市场占有率，OS/M_1 为介质 1 向介质 2 扩散的入境客流在介质 1 的市场占有率。

各时间段的入境旅游流扩散折射率为年度折射率的几何平均数，其计算公式为：

$$n_i = \sqrt[N]{n_1 \times n_2 \times n_3 \times \cdots \times n_N} \tag{5-7}$$

借鉴光密介质和光疏介质的定义办法，可将入境旅游流扩散折射率较大的省区称为“流密介质”，入境旅游流扩散折射率较小的省区称为“流疏介质”。

5.2 北京市扩散折射效应实证分析

5.2.1 扩散转移数量分析

（1）扩散数量和增长率分析

由入境游客扩散转移数量模型可得 1994—2009 年各年度北京市入境游客向其他省区扩散转移的数量；由各年度的数量，即可求得四个时间段北京市入境游客向其他省区扩散转移的年均数量（表 5-1）和 1995—2009 年北京市入境游客向其他省区扩散转移数量的年度增长率（图 5-3）。

表 5-1　四个时间段北京市入境游客向其他省区扩散转移的年均数量

Tab. 5-1 Average annual Quantity of inbound tourists transferring and diffusion from Beijing to other provinces in the four periods

省区	1994—1997 年	1998—2001 年	2002—2005 年	2006—2009 年
天津	35 116	49 247	32 052	170 422
河北	14 607	47 755	30 556	78 578
山西	94 976	100 400	144 978	46 731
内蒙古	11 174	9 724	6 981	2 382
辽宁	49 503	77 123	79 759	286 096
吉林	31 339	61 310	26 121	32 192
黑龙江	18 045	27 574	21 911	35 207
上海	350 961	653 681	903 454	1 451 102
江苏	64 652	86 971	132 367	171 507
浙江	32 098	60 658	88 201	143 080
安徽	5 883	7 203	9 131	5 227
福建	38 802	39 087	46 229	34 482
江西	4 040	14 703	24 326	12 691
山东	44 354	31 955	57 025	132 928
河南	41 184	65 855	38 916	43 594
湖北	26 158	90 213	81 019	16 876
湖南	10 027	35 342	35 706	30 741
广东	201 104	335 411	488 143	228 261
广西	107 401	157 486	171 092	50 398
海南	12 742	32 474	40 221	79 413

省区	1994—1997 年	1998—2001 年	2002—2005 年	2006—2009 年
重庆	76 995	64 841	111 682	15 970
四川	47 518	58 770	128 052	57 903
贵州	2 270	9 319	20 099	4 476
云南	29 427	107 555	134 606	73 579
西藏	19 204	28 147	40 142	17 923
陕西	202 950	243 856	242 287	778 380
甘肃	63 239	50 842	34 665	19 554
青海	1 396	4 785	8 387	0
宁夏	1 341	1 535	1 646	6 276
新疆	26 425	46 063	65 711	17 335
合计	1 664 930	2 599 884	3 245 462	4 043 305

由表 5-1 可知，四个时间段，北京市入境游客向其他省区扩散转移的数量整体呈不断上升态势——扩散转移的数量从第一阶段的年均 1 664 930 人，上升至第二阶段的年均 2 599 884 人，升至第三阶段的年均 3 245 462 人，又升至第四阶段的年均 4 043 305 人。这一结果表明北京市入境游客向其他省区扩散转移的数量群体正持续壮大。

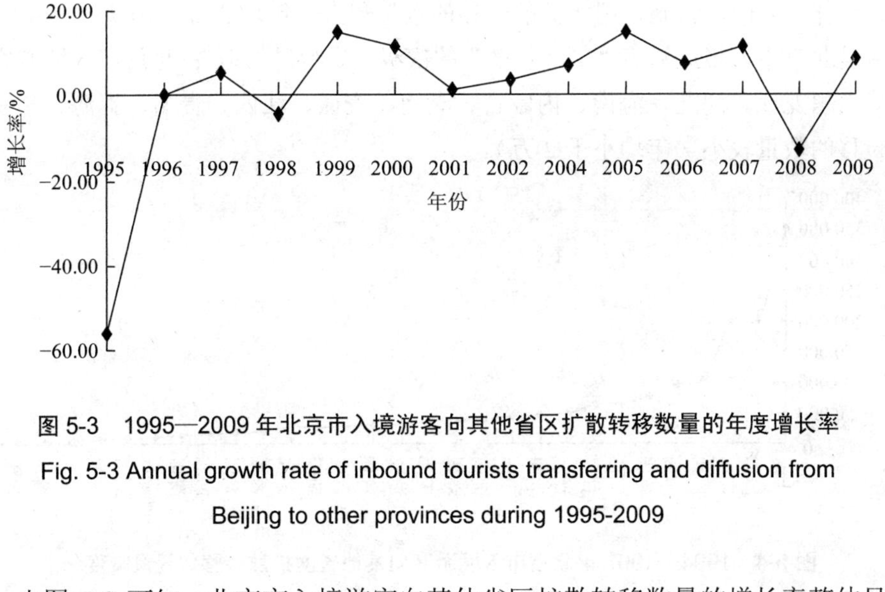

图 5-3　1995—2009 年北京市入境游客向其他省区扩散转移数量的年度增长率

Fig. 5-3 Annual growth rate of inbound tourists transferring and diffusion from Beijing to other provinces during 1995-2009

由图 5-3 可知，北京市入境游客向其他省区扩散转移数量的增长率整体呈现波动式上升的变化趋势：1995—1998 年为第一个波动周期，增长率在这个波动周期内由 1995 年的−56.01 上升至 1997 年的 5.00，后又下降至 1998 年的−4.24；1998—2001 年为第二个波动周期，增长率在这个波动周期内由 1998 年的−4.24 上升至 1999 年的 14.68，后又下降至 2001 年的 1.46；2001—2008 年为第三个波动周期，增长率在这个波动周期内由 2001 年的 1.46 上升至 2005 年的 15.03，后又下降至 2006 年的 7.54，之后微升至 2007 年的 11.58，再降至 2008 年的−12.96；2008—2009 年进入第四个波动周期，增长率由 2008 年的−12.96 上升至 2009 年的 8.83。

（2）扩散数量衰减变化分析

北京市入境游客向其他省区扩散转移数量不仅呈现时间序列的差异性，而且呈现出地域空间的差异性，即其在同一时间对不同省区扩散转移的游客数量也存在较大差异。由表 5-1 的数据，可做出四个时间段北京市入境游客向其他省区扩散转移数量的衰减变化图（图 5-4～图 5-7）。

①1994—1997 年的衰减变化。由图 5-4 可知，在 1994—1997 年这一时间段，北京市入境游客向上海、陕西、广东、广西扩散转移的数量巨大（年均大于 10 万），这 4 个省区是北京市入境旅游流“二次扩散”最主要的“后续目的地”；北京市入境游客向山西、重庆、江苏、甘肃、辽宁、四川、山东、河南、福建、天津、浙江、吉林、云南、新疆、湖北扩散转移的数量较大（年均 2 万～10 万），此 15 个省区是北京市入境旅游流“二次扩散”的次级“后续目的地”；北京市入境游客向西藏、黑龙江、河北、海南、内蒙古、湖南、安徽、江西、贵州、青海、宁夏扩散转移的数量较小（年均小于 2 万）。

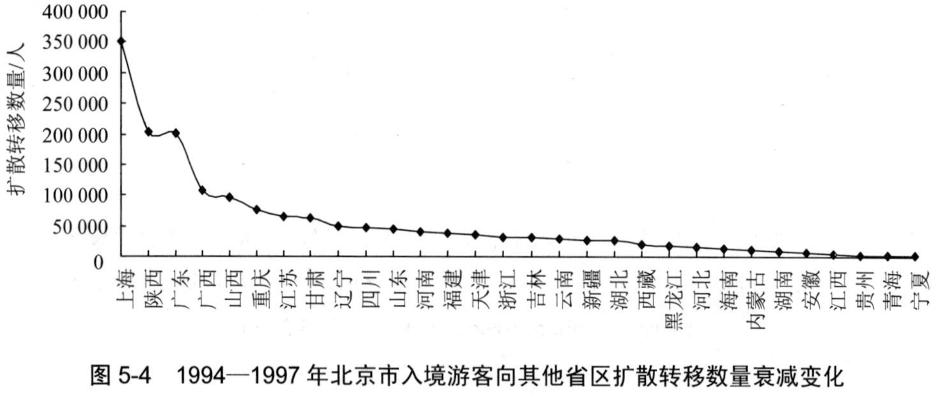

图 5-4　1994—1997 年北京市入境游客向其他省区扩散转移数量衰减变化

Fig. 5-4 Quantity attenuation changes of inbound tourists transferring and diffusion from Beijing to other provinces during 1994-1997

②1998—2001 年的衰减变化。

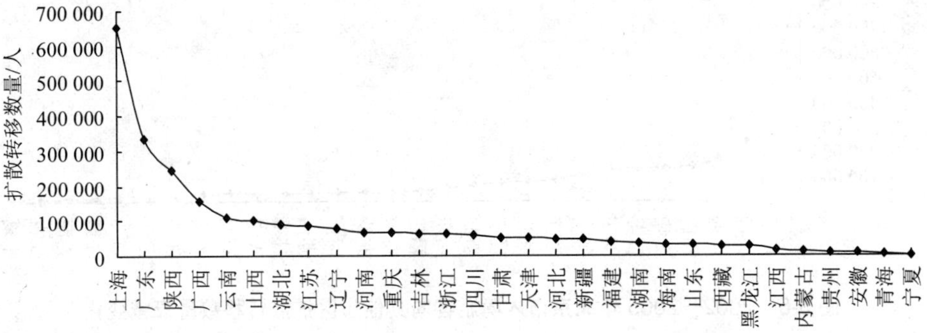

图 5-5 1998—2001 年北京市入境游客向其他省区扩散转移数量衰减变化

Fig. 5-5 Quantity attenuation changes of inbound tourists transferring and diffusion from Beijing to other provinces during 1998-2001

由图 5-5 可知，在 1998—2001 年这一时间段，北京市入境游客向上海、广东、陕西、广西、云南、山西扩散转移的数量巨大（年均大于 10 万），这 6 个省区是北京市入境旅游流“二次扩散”最主要的“后续目的地”；北京市入境游客向湖北、江苏、辽宁、河南、重庆、吉林、浙江、四川、甘肃、天津、河北、新疆、福建、湖南、海南、山东、西藏、黑龙江扩散转移的数量较大（年均 2 万～10 万），此 15 个省区是北京市入境旅游流“二次扩散”的次级“后续目的地”；北京市入境游客向江西、内蒙古、贵州、安徽、青海、宁夏扩散转移的数量较小（年均小于 2 万）。

③2002—2005 年的衰减变化。由图 5-6 可知，在 2002—2005 年这一时间段，北京市入境游客向上海、广东、陕西、广西、山西、云南、江苏、四川、重庆扩散转移的数量巨大（年均大于 10 万），这 9 个省区是北京市入境旅游流“二次扩散”最主要的“后续目的地”；北京市入境游客向浙江、湖北、辽宁、新疆、山东、福建、海南、西藏、河南、湖南、甘肃、天津、河北、吉林、江西、黑龙江、贵州扩散转移的数量较大（年均 2 万～10 万），此 17 个省区是北京市入境旅游流“二次扩散”的次级“后续目的地”；北京市入境游客向安徽、青海、内蒙古、宁夏扩散转移的数量较小（年均小于 2 万）。

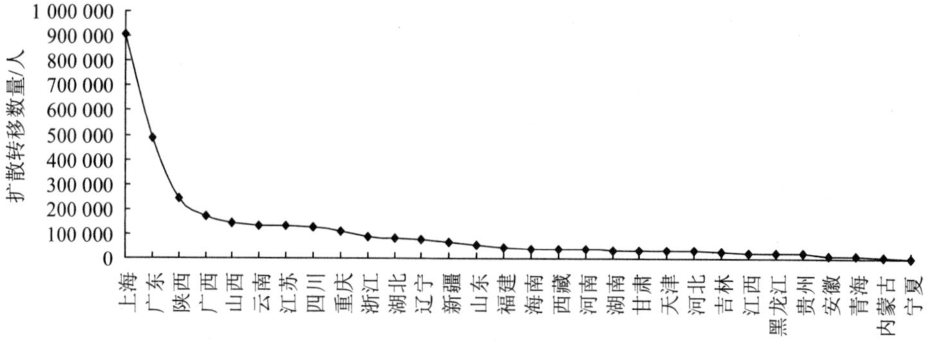

图 5-6　2002—2005 年北京市入境游客向其他省区扩散转移数量衰减变化

Fig. 5-6 Quantity attenuation changes of inbound tourists transferring and diffusion from Beijing to other provinces during 2002-2005

④2006—2009 年的衰减变化。

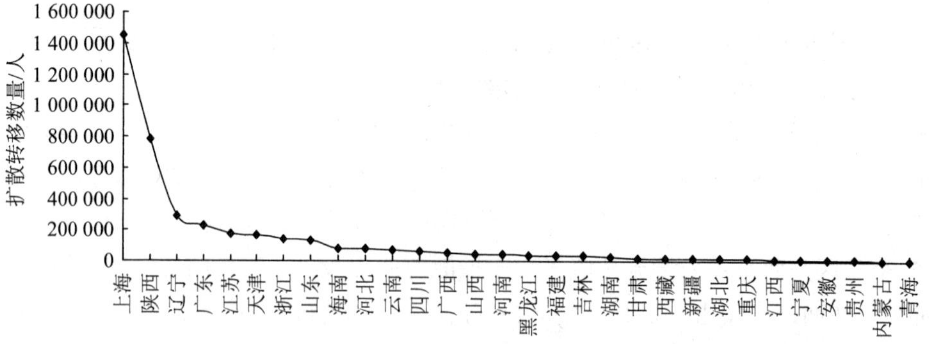

图 5-7　2006—2009 年北京市入境游客向其他省区扩散转移数量衰减变化

Fig. 5-7 Quantity attenuation changes of inbound tourists transferring and diffusion from Beijing to other provinces during 2006-2009

由图 5-7 可知，在 2006—2009 年这一时间段，北京市入境游客向上海、陕西、辽宁、广东、江苏、天津、浙江、山东扩散转移的数量巨大（年均大于 10 万），这 8 个省区是北京市入境旅游流“二次扩散”最主要的“后续目的地”；北京市入境游客向海南、河北、云南、四川、广西、山西、河南、黑龙江、福建、吉林、湖南扩散转移的数量较大（年均 2 万～10 万），此 11 个省区是北京市入境旅游流“二次扩散”的次级“后续目的地”；北京市入境游客向甘肃、西藏、新疆、湖北、重庆、江西、宁夏、安徽、贵州、内蒙古、青海扩散转移的数量较小（年均小于 2 万）。

5.2.2 扩散的折射效应分析

（1）扩散折射率分析

根据公式（5-6）和公式（5-7），基于光线可逆原理，可得到 1994—2009 年四个时间段北京市对其他省区的入境旅游流扩散折射率 n_{bi} 序列表（表 5-2）。

表 5-2 四个时间段北京市对其他省区的入境旅游流扩散折射率序列

Tab. 5-2 Spatial refractive index of inbound tourist flows from Beijing to other provinces in the four periods

省区	1994—1997 年	1998—2001 年	2002—2005 年	2006—2009 年
	n_{bi}	n_{bi}	n_{bi}	n_{bi}
天津	19.683 4	19.227 0	21.178 9	3.536 1
河北	55.608 1	17.964 9	21.842 8	7.204 9
山西	10.832 3	4.845 6	5.770 4	2.448 7
内蒙古	31.966 2	85.323 0	150.747 6	19.103 6
辽宁	11.799 3	9.397 6	11.353 1	1.548 8
吉林	21.871 9	10.519 8	27.283 9	6.473 0
黑龙江	32.313 9	18.719 3	26.622 6	4.084 1
上海	1.577 7	1.569 7	1.398 0	0.139 0
江苏	4.273 6	3.663 8	4.148 6	0.781 2
浙江	7.337 4	8.310 1	5.019 0	0.720 8
安徽	17.220 3	29.127 9	53.862 4	6.013 0
福建	6.105 2	13.325 7	10.504 9	1.587 5
江西	22.227 9	23.062 5	13.663 0	2.481 1
山东	9.106 1	19.359 7	8.597 4	1.538 3
河南	10.647 0	11.046 6	9.135 4	1.506 8
湖北	14.513 7	5.524 6	7.703 5	1.154 0
湖南	18.786 0	14.665 1	13.261 7	3.259 2
广东	1.220 6	1.882 5	1.741 4	0.269 3
广西	3.880 6	3.937 7	5.770 9	0.837 9
海南	11.041 9	29.354 2	26.929 6	2.400 5
重庆	10.101 0	12.707 0	9.254 7	2.455 6
四川	6.865 1	6.676 6	2.865 3	0.651 2
贵州	63.444 5	45.267 4	47.590 9	7.110 8
云南	4.827 1	4.125 5	5.213 4	0.736 5
西藏	16.505 2	21.861 9	20.964 7	2.624 9
陕西	2.504 8	2.385 5	3.426 9	0.699 6

省区	1994—1997 年	1998—2001 年	2002—2005 年	2006—2009 年
	n_{bi}	n_{bi}	n_{bi}	n_{bi}
甘肃	7.383 7	11.082 3	14.494 9	1.377 0
青海	71.005 9	114.032 0	107.896 6	10.063 4
宁夏	224.728 6	420.489 0	767.553 2	55.701 2
新疆	10.195 8	17.247 5	8.614 2	2.044 2
均值	24.319 2	32.890 1	47.147 0	5.018 4

由表 5-2 可知，四个时间段，北京市对其他省区的入境旅游流扩散折射率整体呈现先平稳上升后急速下降的变化趋势：折射率的均值从第一阶段的 24.319 上升至第二阶段的 32.890 1，后又上升至第三阶段的 47.147 0，之后呈显著的下降态势，第四阶段折射率的均值跌至最低值 5.018 4。这一变化特征表明：1994—1997 年、1998—2001 年、2002—2005 年，其他省区接收入境旅游流的方式和渠道相对单一，从而北京市入境旅游流扩散对其他省区的重要性不断攀升；2006—2009 年，其他省区接收入境旅游流的方式和渠道已逐步开始趋于多元化和复杂化，从而北京市入境旅游流扩散对其他省区的重要性迅速下降。

（2）扩散折射率衰减变化分析

北京市对其他省区的入境旅游流扩散折射率不仅在各时间段之间呈现出差异性，其对同一时段不同省区的入境旅游流扩散折射率之间也存在较大的差异。由表 5-2 的数据，可做出四个时间段的北京市对其他省区的入境旅游流扩散折射率衰减变化图（图 5-8、图 5-9、图 5-10、图 5-11）。

①1994—1997 年的衰减变化。

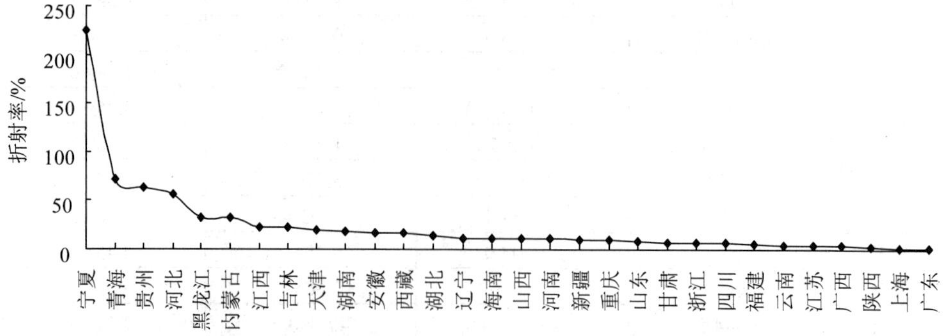

图 5-8　1994—1997 年北京市入境旅游流扩散折射率衰减变化

Fig. 5-8 Spatial refractive index attenuation changes of inbound tourist flows from Beijing to other provinces during 1994-1997

由图 5-8 可知，在 1994—1997 年这一时间段，对北京市而言，宁夏、青海、贵州、河北、黑龙江、内蒙古、江西、吉林的入境旅游流扩散折射率极大（>20），属于典型的“流密介质”，此时段内，北京市入境旅游流扩散对此 8 省区的重要性相对较高，即此 8 省区对北京市的依赖性相对较强。反之，广东、上海、陕西、广西、江苏、云南、福建、四川、浙江、甘肃、山东的入境旅游流扩散折射率很小（<10），属“流疏介质”，此时段内，北京市入境旅游流扩散对此 11 省区的重要性相对较低，即此 11 省区对北京市的依赖性相对较弱。

②1998—2001 年的衰减变化。

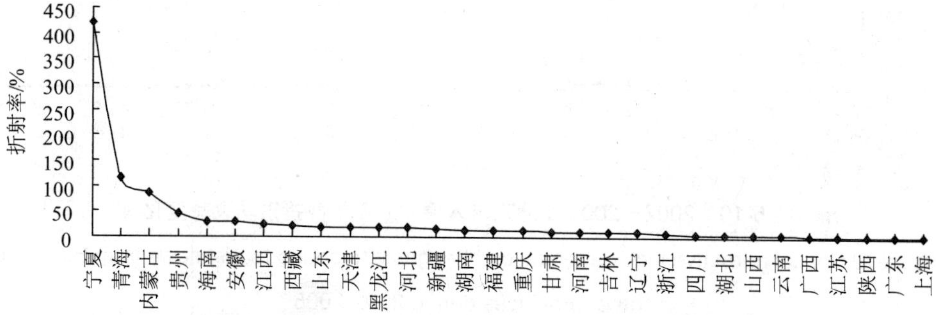

图 5-9　1998—2001 年北京市入境旅游流扩散折射率衰减变化

Fig. 5-9 Spatial refractive index attenuation changes of inbound tourist flows from Beijing to other provinces during 1998-2001

由图 5-9 可知，在 1998—2001 年这一时间段，对北京市而言，宁夏、青海、内蒙古、贵州、海南、安徽、江西、西藏的入境旅游流扩散折射率极大（>20），属于典型的“流密介质”，此时段内，北京市入境旅游流扩散对此 8 省区的重要性相对较高，即此 8 省区对北京市的依赖性相对较强。反之，上海、广东、陕西、江苏、广西、云南、山西、湖北、四川、浙江、辽宁的入境旅游流扩散折射率很小（<10），属“流疏介质”，此时段内，北京市入境旅游流扩散对此 11 省区的重要性相对较低，即此 11 省区对北京市的依赖性相对较弱。

③2002—2005 年的衰减变化。

由图 5-10 可知，在 2002—2005 年这一时间段，对北京市而言，宁夏、内蒙古、青海、安徽、贵州、吉林、海南、黑龙江、河北、天津、西藏的入境旅游流扩散折射率极大（>20），属于典型的“流密介质”，此时段内，北京市入境旅游流扩散对此 11 省区的重要性相对较高，即此 11 省区对北京市的依赖性相对较强。

反之，上海、广东、四川、陕西、江苏、浙江、云南、山西、广西、湖北、山东、新疆、河南、重庆的入境旅游流扩散折射率很小（<10），属“流疏介质”，此时段内，北京市入境旅游流扩散对此14省区的重要性相对较低，即此14省区对北京市的依赖性相对较弱。

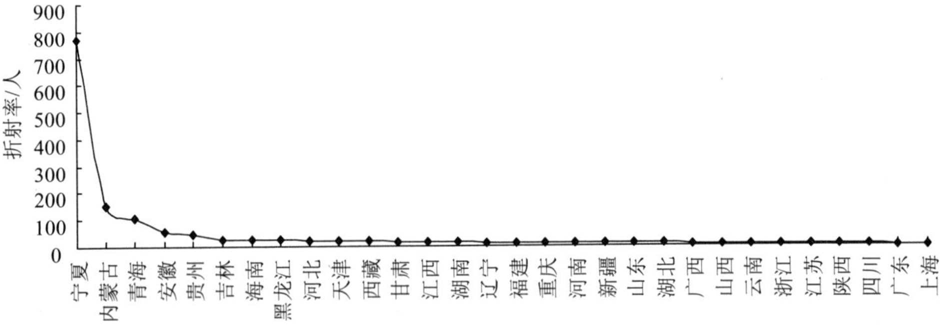

图 5-10　2002—2005 年北京市入境旅游流扩散折射率衰减变化

Fig. 5-10 Spatial refractive index attenuation changes of inbound tourist flows from Beijing to other provinces during 2002-2005

④2006—2009 年的衰减变化。

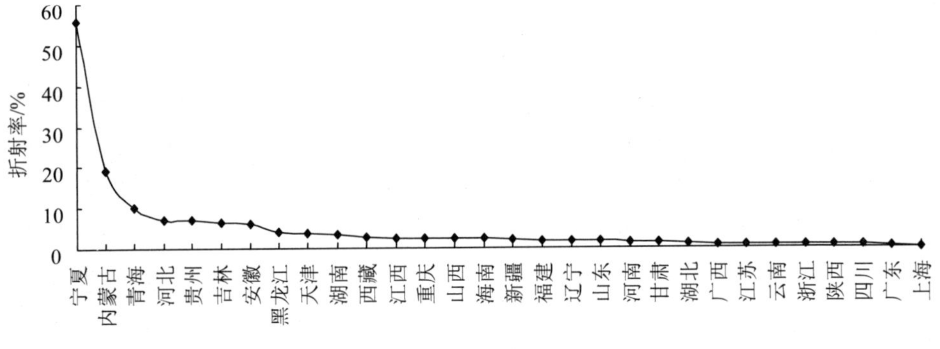

图 5-11　2006—2009 年北京市入境旅游流扩散折射率衰减变化

Fig. 5-11 Spatial refractive index attenuation changes of inbound tourist flows from Beijing to other provinces during 2006-2009

由图 5-11 可知，在 2006—2010 年这一时间段，对北京市而言，宁夏、内蒙古、青海的入境旅游流扩散折射率极大（>10），属于典型的“流密介质”，此时段内，北京市入境旅游流扩散对此 3 省区的重要性相对较高，即此 3 省区对北京市的依赖性相对较强。反之，上海、广东、四川、陕西、浙江、云南、江苏、广西、湖北、甘肃、河南、山东、辽宁、福建、新疆、海南、山西、重庆、江西、西藏、湖南、天津、黑龙江、安徽、吉林、贵州、河北的入境旅游流扩散折射率很小（＜10），属“流疏介质”，此时段内，北京市入境旅游流扩散对此 27 省区的重要性相对较低，即此 27 省区对北京市的依赖性相对较弱。

5.3　上海市扩散折射效应实证分析

5.3.1　扩散转移数量分析

（1）扩散数量和增长率分析

由入境游客扩散转移数量模型可得 1994—2009 年各年度上海市入境游客向其他省区扩散转移的数量；由各年度的数量，即可求得四个时间段上海市入境游客向其他省区扩散转移的年均数量（表 5-3）和 1995—2009 年上海市入境游客向其他省区扩散转移数量的年度增长率（图 5-12）。

表 5-3　四个时间段上海市入境游客向其他省区扩散转移的年均数量

Tab. 5-3 Average annual Quantitiy of inbound tourists transferring and diffusion from Shanghai to other provinces in the four periods

单位：人

省区	1994—1997 年	1998—2001 年	2002—2005 年	2006—2009 年
北京	411 790	609 384	1 220 015	1 540 959
天津	9 811	21 622	29 532	90 473
河北	4 106	21 878	45 103	18 227
山西	9 095	59 266	165 129	18 508
内蒙古	1 699	5 983	1 635	3 205
辽宁	15 555	21 893	54 711	141 641
吉林	6 749	22 274	37 935	20 159
黑龙江	4 808	7 423	12 894	9 761
江苏	157 235	186 156	354 926	917 961
浙江	79 409	97 255	369 151	921 563
安徽	20 445	19 759	26 587	80 302
福建	42 571	18 362	73 033	121 208
江西	5 243	12 322	35 083	26 920

省区	1994—1997 年	1998—2001 年	2002—2005 年	2006—2009 年
山东	25 780	14 399	71 992	171 651
河南	22 369	24 916	37 848	27 009
湖北	32 568	50 487	72 067	36 291
湖南	11 133	23 565	34 848	27 879
广东	177 202	183 342	336 595	378 001
广西	64 559	68 854	111 827	117 298
海南	7 143	13 333	23 959	63 835
重庆	50 838	36 732	102 302	45 826
四川	19 835	48 651	120 577	38 626
贵州	3 348	6 076	16 559	9 186
云南	18 528	56 633	91 231	37 496
西藏	4 015	4 584	18 301	0
陕西	63 322	108 582	181 417	223 881
甘肃	6 631	7 520	16 732	0
青海	1 758	2 871	0	3 205
宁夏	0	244	0	6 076
新疆	8 398	5 092	13 078	14 337
合计	1 285 941	1 759 458	3 675 065	5 111 487

由表 5-3 可知，四个时间段，上海市入境游客向其他省区扩散转移的数量整体呈不断上升态势——扩散转移的数量从第一阶段的年均 1 285 941 人，上升至第二阶段的年均 1 759 458 人，升至第三阶段的年均 3 675 065 人，又升至第四阶段的年均 5 111 487 人。这一结果表明上海市入境游客向其他省区扩散转移的数量群体正持续壮大。

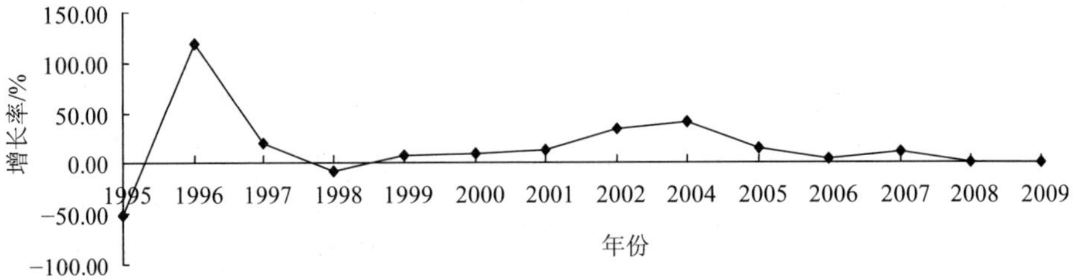

图 5-12 1995—2009 年上海市入境游客向其他省区扩散转移数量的年度增长率

Fig. 5-12 Annual growth rate of inbound tourists transferring and diffusion from Shanghai to other provinces during 1995-2009

由图 5-12 可知，上海市入境游客向其他省区扩散转移数量的增长率整体呈现平稳式波动的变化趋势：1995—1998 年为第一个波动周期，增长率在这个波动周期内由 1995 年的−52.09 上升至 1996 年的 118.32，后又下降至 1998 年的−7.64；1998—2006 年为第二个波动周期，增长率在这个波动周期内由 1998 年的−7.64 上升至 2004 年的 41.44，后又下降至 2006 年的 4.52；2006—2009 年进入第四个波动周期，增长率由 2006 年的 4.52 上升至 2007 年的 11.94，后又下降至 2009 年的 1.31。

（2）扩散数量衰减变化分析

上海市入境游客向其他省区扩散转移数量不仅呈现时间序列的差异性，而且呈现出地域空间的差异性，即其在同一时间对不同省区扩散转移的游客数量也存在较大差异。由表 5-3 的数据，可做出四个时间段上海市入境游客向其他省区扩散转移数量的衰减变化图（图 5-13～图 5-16）。

①1994—1997 年的衰减变化。由图 5-13 可知，在 1994—1997 年这一时间段，上海市入境游客向北京、广东、江苏扩散转移的数量巨大（年均大于 10 万），这 3 个省区是上海市入境旅游流“二次扩散”最主要的“后续目的地”；上海市入境游客向浙江、广西、陕西、重庆、福建、湖北、山东、河南、安徽扩散转移的数量较大（年均 2 万～10 万），此 9 个省区是上海市入境旅游流“二次扩散”的次级“后续目的地”；上海市入境游客向四川、云南、辽宁、湖南、天津、山西、新疆、海南、吉林、甘肃、江西、黑龙江、河北、西藏、贵州、青海、内蒙古、宁夏扩散转移的数量较小（年均小于 2 万）。

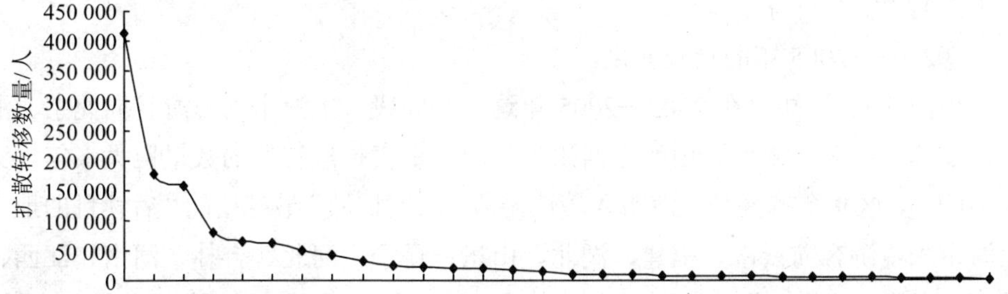

图 5-13　1994—1997 年上海市入境游客向其他省区扩散转移数量衰减变化

Fig. 5-13 Quantity attenuation changes of inbound tourists transferring and diffusion from Shanghai to other provinces during 1994-1997

②1998—2001 年的衰减变化。

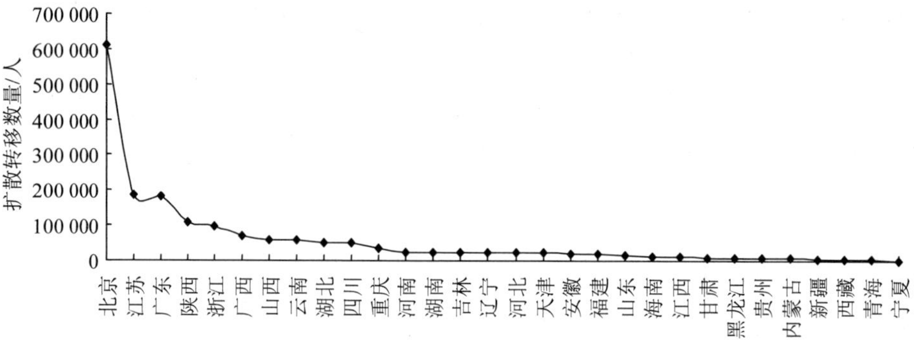

图 5-14　1998—2001 年上海市入境游客向其他省区扩散转移数量衰减变化

Fig. 5-14 Quantity attenuation changes of inbound tourists transferring and diffusion from Shanghai to other provinces during 1998-2001

由图 5-14 可知，在 1998—2001 年这一时间段，上海市入境游客向北京、江苏、广东、陕西扩散转移的数量巨大（年均大于 10 万），这 4 个省区是上海市入境旅游流“二次扩散”最主要的“后续目的地”；上海市入境游客向浙江、广西、山西、云南、湖北、四川、重庆、河南、湖南、吉林、辽宁、河北、天津扩散转移的数量较大（年均 2 万～10 万），此 13 个省区是上海市入境旅游流“二次扩散”的次级“后续目的地”；上海市入境游客向安徽、福建、山东、海南、江西、甘肃、黑龙江、贵州、内蒙古、新疆、西藏、青海、宁夏扩散转移的数量较小（年均小于 2 万）。

③2002—2005 年的衰减变化。

由图 5-15 可知，在 2002—2005 年这一时间段，上海市入境游客向北京、浙江、江苏、广东、陕西、山西、四川、广西、重庆扩散转移的数量巨大（年均大于 10 万），这 9 个省区是上海市入境旅游流“二次扩散”最主要的“后续目的地”；上海市入境游客向云南、福建、湖北、山东、辽宁、河北、吉林、河南、江西、湖南、天津、安徽、海南扩散转移的数量较大（年均 2 万～10 万），此 13 个省区是上海市入境旅游流“二次扩散”的次级“后续目的地”；上海市入境游客向西藏、甘肃、贵州、新疆、黑龙江、内蒙古、青海、宁夏扩散转移的数量较小（年均小于 2 万）。

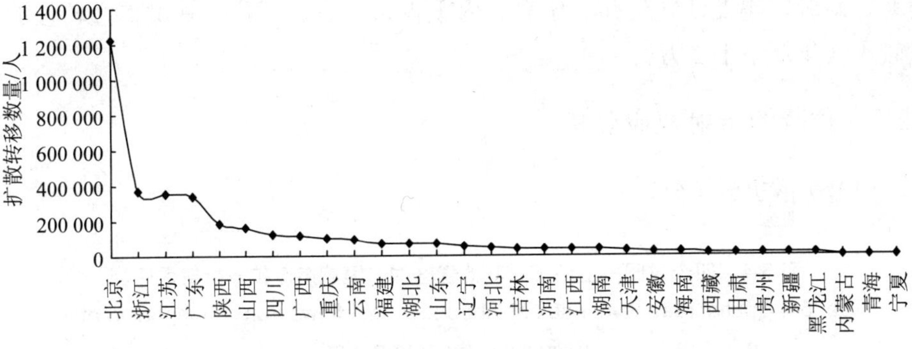

图 5-15　2002—2005 年上海市入境游客向其他省区扩散转移数量衰减变化

Fig. 5-15 Quantity attenuation changes of inbound tourists transferring and diffusion from Shanghai to other provinces during 2002—2005

④2006—2009 年的衰减变化。

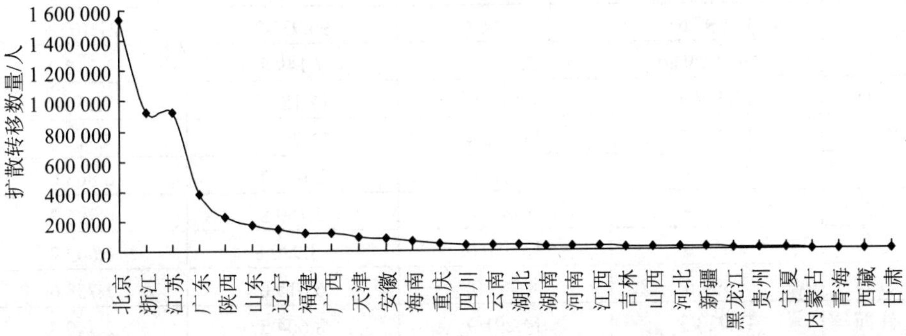

图 5-16　2006—2009 年上海市入境游客向其他省区扩散转移数量衰减变化

Fig. 5-16 Quantity attenuation changes of inbound tourists transferring and diffusion from Shanghai to other provinces during 2006-2009

由图 5-16 可知，在 2006—2009 年这一时间段，上海市入境游客向北京、浙江、江苏、广东、陕西、山东、辽宁、福建、广西扩散转移的数量巨大（年均大于 10 万），这 9 个省区是上海市入境旅游流“二次扩散”最主要的“后续目的地”；上海市入境游客向天津、安徽、海南、重庆、四川、云南、湖北、湖南、河南、江西、吉林扩散转移的数量较大（年均 2 万～10 万），此 11 个省区是上海市入境旅游流“二次扩散”的次级“后续目的地”；上海市入境游客向山西、河北、新疆、黑龙江、贵州、宁夏、内蒙古、青海、西藏、甘肃扩散转移的数量较小（年均小于 2 万）。

5.3.2 扩散的折射效应分析

（1）扩散折射率分析

表 5-4 四个时间段上海市对其他省区的入境旅游流扩散折射率序列

Tab. 5-4 Spatial refractive index of inbound tourist flows from Shanghai to other provinces in the four periods

省区	1994—1997 年	1998—2001 年	2002—2005 年	2006—2009 年
	n_{si}	n_{si}	n_{si}	n_{si}
北京	0.509 5	0.753 4	0.780 1	0.157 0
天津	11.266 9	11.915 0	13.337 8	3.906 1
河北	31.830 2	11.132 9	13.755 8	7.958 8
山西	6.200 4	3.002 8	3.634 0	2.705 0
内蒙古	18.297 6	52.874 8	94.935 9	21.102 5
辽宁	6.753 9	5.823 7	7.149 8	1.710 9
吉林	12.519 5	6.519 1	17.182 5	7.150 4
黑龙江	18.496 5	11.600 4	16.766 0	4.511 5
江苏	2.446 2	2.270 5	2.612 7	0.863 0
浙江	4.199 9	5.149 8	3.160 8	0.796 2
安徽	9.857 0	18.050 6	33.920 8	6.642 2
福建	3.494 6	8.258 0	6.615 6	1.753 6
江西	12.723 3	14.291 9	8.604 5	2.740 7
山东	5.212 3	11.997 3	5.414 4	1.699 3
河南	6.094 4	6.845 6	5.753 2	1.664 5
湖北	8.307 7	3.423 6	4.851 4	1.274 8
湖南	10.753 2	9.088 0	8.351 8	3.600 2
广东	0.698 7	1.166 6	1.096 7	0.297 5
广西	2.221 3	2.440 2	3.634 3	0.925 6
海南	6.320 4	18.190 8	16.959 3	2.651 7
重庆	6.570 7	7.874 5	5.828 3	2.712 6
四川	3.929 6	4.137 5	1.804 5	0.719 3
贵州	36.315 8	28.052 3	29.971 2	7.854 9
云南	2.763 0	2.556 6	3.283 2	0.813 6
西藏	9.447 6	13.547 9	13.202 9	2.899 6

省区	1994—1997 年	1998—2001 年	2002—2005 年	2006—2009 年
	n_{si}	n_{si}	n_{si}	n_{si}
陕西	1.433 7	1.478 3	2.158 2	0.772 8
甘肃	4.226 5	6.867 7	9.128 4	1.521 1
青海	40.644 0	70.665 8	67.949 7	11.116 5
宁夏	128.635 2	260.577 6	483.379 6	61.529 7
新疆	5.836 1	10.688 3	5.424 9	2.258 2
均值	13.933 5	20.374 7	29.688 3	5.543 6

根据公式（5-6）和公式（5-7），基于光线可逆原理，由入境旅游流空间折射模型可得 1994—2009 年四个时间段上海市对其他省区的入境旅游流扩散折射率序列表（表 5-4）。

由表 5-4 可知，四个时间段，上海市对其他省区的入境旅游流扩散折射率整体呈现先平稳上升后急速下降的变化趋势：折射率的均值从第一阶段的 13.933 5 上升至第二阶段的 20.374 7，后又上升至第三阶段的 29.688 3，之后呈显著的下降态势，第四阶段折射率的均值跌至最低值 5.543 6。这一变化特征表明：1994—1997 年、1998—2001 年、2002—2005 年，其他省区接收入境旅游流的方式和渠道相对单一，从而上海市入境旅游流扩散对其他省区的重要性不断攀升；2006—2009 年，其他省区接收入境旅游流的方式和渠道已逐步开始趋于多元化和复杂化，从而上海市入境旅游流扩散对其他省区的重要性迅速下降。

（2）扩散折射率衰减变化分析

上海市对其他省区的入境旅游流扩散折射率不仅在各时间段之间呈现出差异性，其对同一时段不同省区的入境旅游流扩散折射率之间也存在较大的差异。由表 5-4 的数据，可做出四个时间段的上海市对其他省区的入境旅游流扩散折射率衰减变化图（图 5-17～图 5-20）。

①1994—1997 年的衰减变化。

由图 5-17 可知，在 1994—1997 年这一时间段，对上海市而言，宁夏、青海、贵州、河北的入境旅游流扩散折射率极大（>20），属于典型的“流密介质”，此时段内，上海市入境旅游流扩散对此 4 省区的重要性相对较高，即此 4 省区对上海市的依赖性相对较强。反之，北京、广东、陕西、广西、江苏、云南、福建、四川、浙江、甘肃、山东、新疆、河南、山西、海南、重庆、辽宁、湖北、西藏、安徽的入境旅游流扩散折射率很小（<10），属“流疏介质”，此时段内，上海市

入境旅游流扩散对此 20 省区的重要性相对较低，即此 20 省区对上海市的依赖性相对较弱。

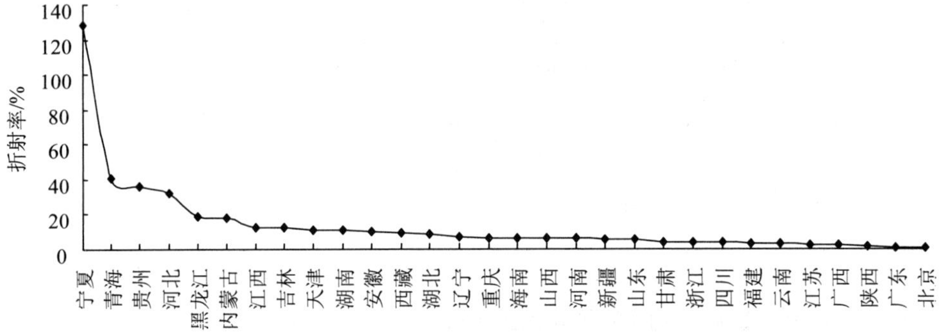

图 5-17　1994—1997 年上海市入境旅游流扩散折射率衰减变化

Fig. 5-17 Spatial refractive index attenuation changes of inbound tourist flows from Shanghai to other provinces during 1994-1997

②1998—2001 年的衰减变化。

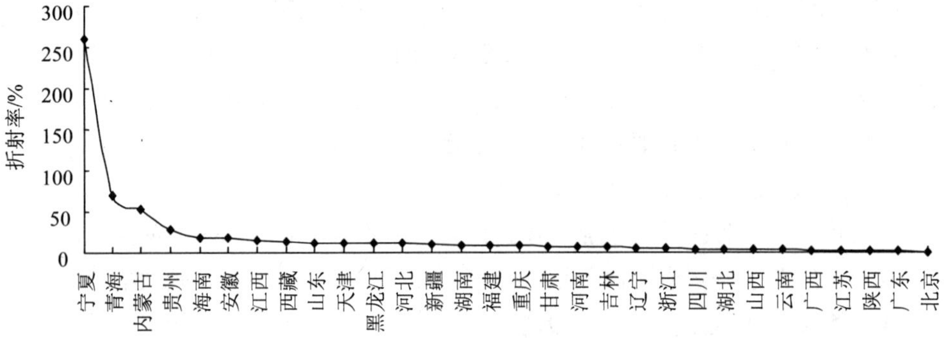

图 5-18　1998—2001 年上海市入境旅游流扩散折射率衰减变化

Fig. 5-18 Spatial refractive index attenuation changes of inbound tourist flows from Shanghai to other provinces during 1998-2001

由图 5-18 可知，在 1998—2001 年这一时间段，对上海市而言，宁夏、青海、内蒙古、贵州的入境旅游流扩散折射率极大（>20），属于典型的“流密介质”，此时段内，上海市入境旅游流扩散对此 4 省区的重要性相对较高，即此 4 省区对上海市的依赖性相对较强。反之，北京、广东、陕西、江苏、广西、云南、山西、湖北、四川、浙江、辽宁、吉林、河南、甘肃、重庆、福建、湖南的入境旅游流扩散折射率很小（<10），属“流疏介质”，此时段内，上海市入境旅游流扩散对此 17 省区的重要性相对较低，即此 17 省区对上海市的依赖性相对较弱。

③2002—2005 年的衰减变化。

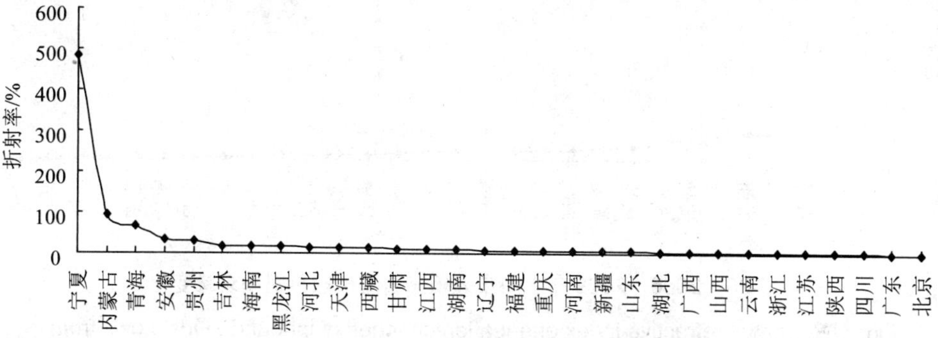

图 5-19　2002—2005 年上海市入境旅游流扩散折射率衰减变化

Fig. 5-19 Spatial refractive index attenuation changes of inbound tourist flows from Shanghai to other provinces during 2002-2005

由图 5-19 可知，在 2002—2005 年这一时间段，对上海市而言，宁夏、内蒙古、青海、安徽、贵州的入境旅游流扩散折射率极大（>20），属于典型的“流密介质”，此时段内，上海市入境旅游流扩散对此 5 省区的重要性相对较高，即此 5 省区对上海市的依赖性相对较强。反之，北京、广东、四川、陕西、江苏、浙江、云南、山西、广西、湖北、山东、新疆、河南、重庆、福建、辽宁、湖南、江西、甘肃的入境旅游流扩散折射率很小（<10），属“流疏介质”，此时段内，上海市入境旅游流扩散对此 19 省区的重要性相对较低，即此 19 省区对上海市的依赖性相对较弱。

④2006—2009 年的衰减变化。

由图 5-20 可知，在 2006—2010 年这一时间段，对上海市而言，宁夏、内蒙古、青海的入境旅游流扩散折射率极大（>10），属于典型的“流密介质”，此时段内，上海市入境旅游流扩散对此 3 省区的重要性相对较高，即此 3 省区对上海市的依赖性相对较强。反之，北京、广东、四川、陕西、浙江、云南、江苏、广西、湖北、甘肃、河南、山东、辽宁、福建、新疆、海南、山西、重庆、江西、西藏、湖南、天津、黑龙江、安徽、吉林、贵州、河北的入境旅游流扩散折射率很小（<10），属“流疏介质”，此时段内，上海市入境旅游流扩散对此27省区的重要性相对较低，即此27省区对上海市的依赖性相对较弱。

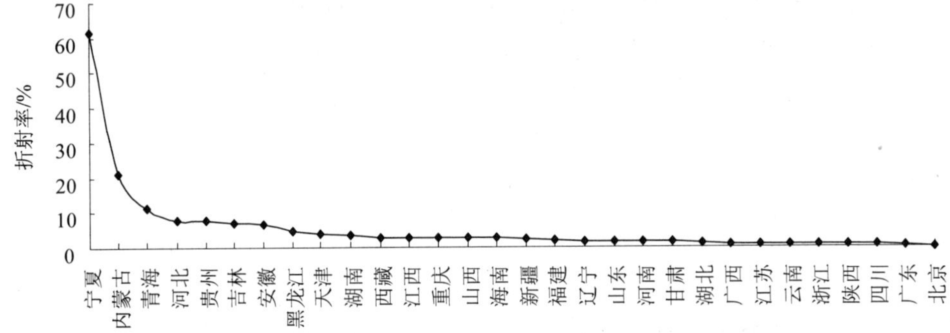

图 5-20　2006—2009 年上海市入境旅游流扩散折射率衰减变化

Fig. 5-20 Spatial refractive index attenuation changes of inbound tourist flows from Shanghai to other provinces during 2006-2009

5.4　广东省扩散折射效应实证分析

5.4.1　扩散转移数量分析

（1）扩散数量和增长率分析。

由入境游客扩散转移数量模型可得 1994—2009 年各年度广东省入境游客向其他省区扩散转移的数量；由各年度的数量，即可求得四个时间段广东省入境游客向其他省区扩散转移的年均数量（表 5-5）和 1995—2009 年广东省入境游客向其他省区扩散转移数量的年度增长率（图 5-21）。

表 5-5　四个时间段广东省入境游客向其他省区扩散转移的年均数量

Tab. 5-5 Average annual Quantity of inbound tourists transferring and diffusion from Guangdong to other provinces in the four periods

省区	1994—1997 年	1998—2001 年	2002—2005 年	2006—2009 年
北京	165 423	362 093	814 993	661 890
天津	4 580	30 826	121 286	17 068
河北	4 753	14 877	47 078	2 228

省区	1994—1997 年	1998—2001 年	2002—2005 年	2006—2009 年
山西	3 802	27 410	48 969	5 701
内蒙古	2 187	3 208	2 380	0
辽宁	5 975	15 142	24 841	24 110
吉林	4 365	12 414	14 038	2 850
黑龙江	4 351	3 496	13 447	4 972
上海	85 020	171 953	350 482	948 558
江苏	21 335	25 213	62 210	77 211
浙江	21 124	25 508	54 480	215 107
安徽	4 260	8 776	3 866	3 579
福建	26 441	27 637	54 523	173 475
江西	13 570	43 441	101 234	20 748
山东	8 972	12 042	21 585	35 228
河南	6 657	16 694	14 303	24 484
湖北	18 847	55 459	48 706	44 248
湖南	22 107	74 630	23 235	52 972
广西	29 255	53 782	108 412	274 026
海南	27 981	29 406	16 238	72 028
重庆	26 989	17 810	35 136	14 393
四川	19 237	33 057	58 411	31 127
贵州	1 019	4 637	19 855	8 657
云南	33 312	75 281	84 594	89 841
西藏	5 984	9 140	4 273	4 972
陕西	34 080	59 759	57 943	46 337
甘肃	19 347	14 536	32 614	0
青海	2 699	2 711	0	11 656
宁夏	1 233	247	0	0
新疆	7 666	3 535	14 079	22 945
合计	632 574	1 234 720	2 253 210	2 890 412

由表 5-5 可知，四个时间段，广东省入境游客向其他省区扩散转移的数量整体呈不断上升态势——扩散转移的数量从第一阶段的年均 632 574 人，上升至第二阶段的年均 1 234 720 人，升至第三阶段的年均 2 253 210 人，又升至第四阶段的年均 2 890 412 人。这一结果表明广东省入境游客向其他省区扩散转移的数量群体正持续壮大。

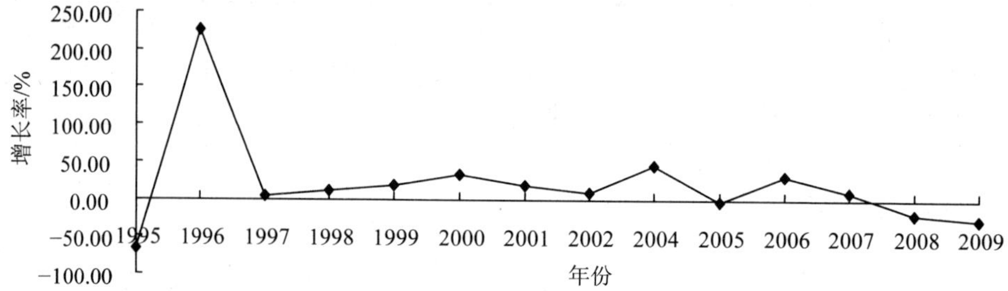

图 5-21　1995—2009 年广东省入境游客向其他省区扩散转移数量的年度增长率

Fig. 5-21 Annual growth rate of inbound tourists transferring and diffusion from Guangdong to other provinces during 1995-2009

由图 5-21 可知，广东省入境游客向其他省区扩散转移数量的增长率整体呈现波动式微降的变化趋势：1995—1997 年为第一个波动周期，增长率在这个波动周期内由 1995 年的−65.45 上升至 1996 年的 225.98，后又下降至 1997 年的 4.19；1997—2002 年为第二个波动周期，增长率在这个波动周期内由 1997 年的 4.19 上升至 2000 年的 33.06，后又下降至 2002 年的 7.90；2002—2005 年为第三个波动周期，增长率在这个波动周期内由 2002 年的 7.90 上升至 2004 年的 44.38，后又下降至 2005 年的−3.24；2005—2009 年进入第四个波动周期，增长率由 2005 年的−3.24 上升至 2006 年的 31.19，后又下降至 2009 年的−26.71。

（2）扩散数量衰减变化分析

广东省入境游客向其他省区扩散转移数量不仅呈现时间序列的差异性，而且呈现出地域空间的差异性，即其在同一时间对不同省区扩散转移的游客数量也存在较大差异。由表 5-5 的数据，可做出四个时间段广东省入境游客向其他省区扩散转移数量的衰减变化图（图 5-22～图 5-25）。

①1994—1997 年的衰减变化。

由图 5-22 可知，在 1994—1997 年这一时间段，广东省入境游客向北京扩散转移的数量巨大（年均大于 10 万），北京是广东省入境旅游流“二次扩散”最主要的“后续目的地”；广东省入境游客向上海、陕西、云南、广西、海南、重庆、福建、湖南、江苏、浙江扩散转移的数量较大（年均 2 万～10 万），此 10 个省区是广东省入境旅游流“二次扩散”的次级“后续目的地”；广东省入境游客向甘肃、四川、湖北、江西、山东、新疆、河南、西藏、辽宁、河北、天津、吉林、黑龙江、安徽、山西、青海、内蒙古、宁夏、贵州扩散转移的数量较小（年均小于 2 万）。

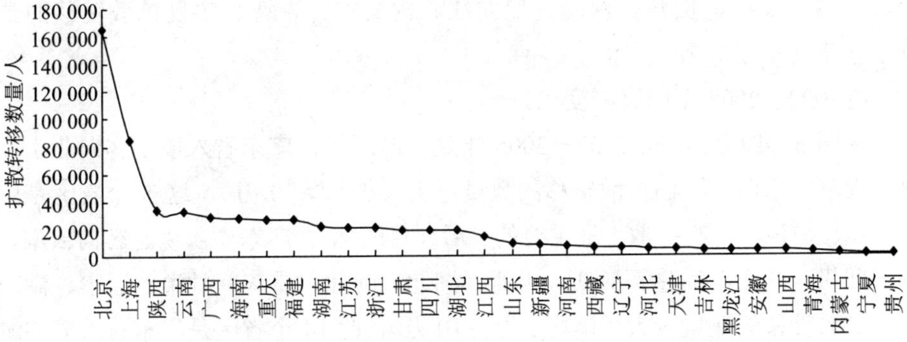

图 5-22　1994—1997 年广东省入境游客向其他省区扩散转移数量衰减变化

Fig. 5-22 Quantity attenuation changes of inbound tourists transferring and diffusion from Guangdong to other provinces during 1994-1997

②1998—2001 年的衰减变化。

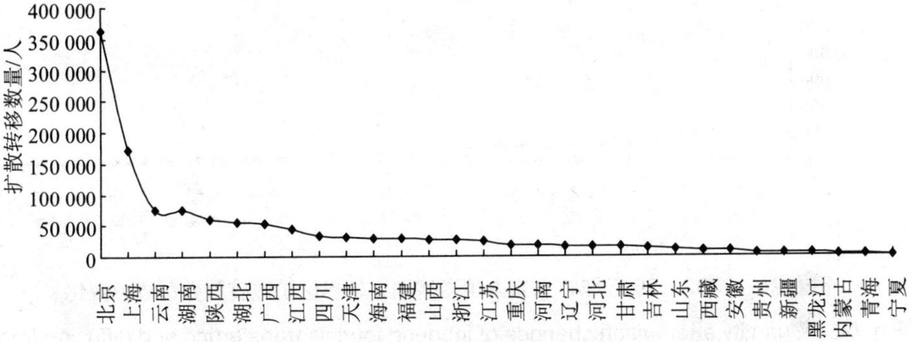

图 5-23　1998—2001 年广东省入境游客向其他省区扩散转移数量衰减变化

Fig. 5-23 Quantity attenuation changes of inbound tourists transferring and diffusion from Guangdong to other provinces during 1998-2001

由图 5-23 可知，在 1998—2001 年这一时间段，广东省入境游客向北京、上海扩散转移的数量巨大（年均大于 10 万），北京和上海是广东省入境旅游流“二次扩散”最主要的“后续目的地”；广东省入境游客向云南、湖南、陕西、湖北、广西、江西、四川、天津、海南、福建、山西、浙江、江苏扩散转移的数量较大（年均 2 万～10 万），此 13 个省区是广东省入境旅游流“二次扩散”的次级“后续目的地”；广东省入境游客向重庆、河南、辽宁、河北、甘肃、吉林、山东、西藏、安徽、贵州、新疆、黑龙江、内蒙古、青海、宁夏扩散转移的数量较小（年均小于 2 万）。

③2002—2005 年的衰减变化。

由图 5-24 可知，在 2002—2005 年这一时间段，广东省入境游客向北京、上海、天津、广西、江西扩散转移的数量巨大（年均＞10 万），这 5 个省区是广东省入境旅游流“二次扩散”最主要的“后续目的地”；广东省入境游客向云南、江苏、四川、陕西、福建、浙江、山西、湖北、河北、重庆、甘肃、辽宁、湖南、山东扩散转移的数量较大（年均 2 万～10 万），此 14 个省区是广东省入境旅游流“二次扩散”的次级“后续目的地”；广东省入境游客向贵州、海南、河南、新疆、吉林、黑龙江、西藏、安徽、内蒙古、青海、宁夏扩散转移的数量较小（年均＜2 万）。

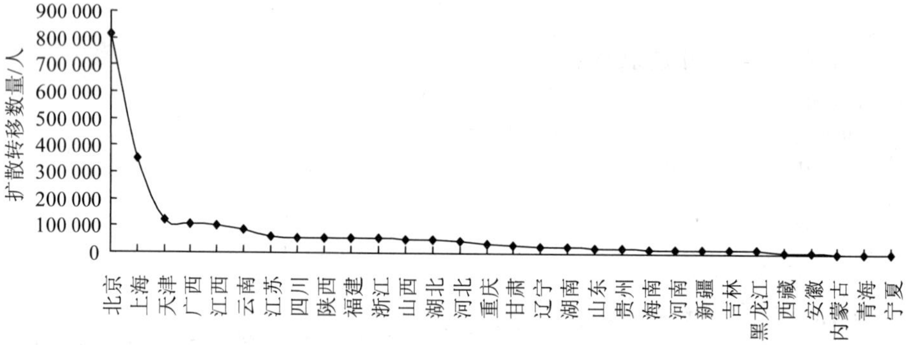

图 5-24　2002—2005 年广东省入境游客向其他省区扩散转移数量衰减变化

Fig. 5-24 Quantity attenuation changes of inbound tourists transferring and diffusion from Guangdong to other provinces during 2002-2005

④2006—2009 年的衰减变化。

由图 5-25 可知，在 2006—2009 年这一时间段，广东省入境游客向上海、北京、广西、浙江、福建扩散转移的数量巨大（年均大于 10 万），这 5 个省区是广东省入境旅游流“二次扩散”最主要的“后续目的地”；广东省入境游客向云南、江苏、海南、湖南、陕西、湖北、山东、四川、河南、辽宁、新疆、江西扩散转移的数量较大（年均 2 万～10 万），此 12 个省区是广东省入境旅游流“二次扩散”的次级“后续目的地”；广东省入境游客向天津、重庆、青海、贵州、山西、黑龙江、西藏、安徽、吉林、河北、内蒙古、甘肃、宁夏扩散转移的数量较小（年均小于 2 万）。

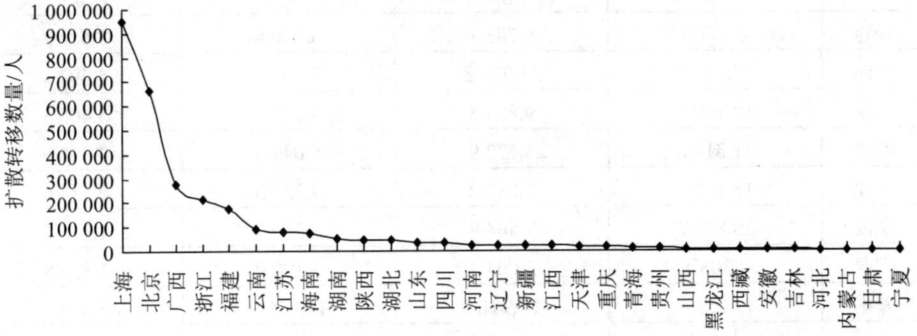

图 5-25　2006—2009 年广东省入境游客向其他省区扩散转移数量衰减变化

Fig. 5-25 Quantity attenuation changes of inbound tourists transferring and diffusion from Guangdong to other provinces during 2006-2009

5.4.2　扩散的折射效应分析

（1）扩散折射率分析

表 5-6　四个时间段广东省对其他省区的入境旅游流扩散折射率序列

Tab. 5-6 Spatial refractive index of inbound tourist flows from Guangdong to other provinces in the four periods

省区	1994—1997 年	1998—2001 年	2002—2005 年	2006—2009 年
	n_{gi}	n_{gi}	n_{gi}	n_{gi}
北京	0.988 2	0.618 8	0.684 7	0.314 6
天津	21.851 5	9.786 9	11.707 1	7.827 5
河北	61.733 1	9.144 5	12.074 1	15.949 0
山西	12.025 4	2.466 5	3.189 7	5.420 6
内蒙古	35.487 2	43.431 0	83.329 3	42.288 3
辽宁	13.098 9	4.783 5	6.275 7	3.428 5
吉林	24.281 0	5.354 8	15.081 8	14.328 9
黑龙江	35.873 1	9.528 5	14.716 2	9.040 7
上海	1.751 4	0.799 0	0.772 8	0.307 8
江苏	4.744 3	1.864 9	2.293 2	1.729 4
浙江	8.145 6	4.230 0	2.774 4	1.595 5
安徽	19.117 1	14.826 6	29.773 7	13.310 6

省区	1994—1997 年	1998—2001 年	2002—2005 年	2006—2009 年
	n_{gi}	n_{gi}	n_{gi}	n_{gi}
福建	6.777 6	6.783 1	5.806 8	3.514 2
江西	24.676 2	11.739 3	7.552 5	5.492 2
山东	10.109 1	9.854 5	4.752 4	3.405 3
河南	11.819 8	5.622 9	5.049 8	3.335 6
湖北	16.112 3	2.812 2	4.258 3	2.554 6
湖南	20.855 2	7.464 8	7.330 7	7.214 7
广西	4.308 1	2.004 4	3.190 0	1.854 8
海南	12.258 1	14.941 8	14.885 9	5.313 9
重庆	7.055 6	6.468 1	5.115 8	5.435 9
四川	7.621 3	3.398 5	1.583 9	1.441 5
贵州	70.432 6	23.042 0	26.307 0	15.740 8
云南	5.358 7	2.099 9	2.881 8	1.630 4
西藏	18.323 1	11.128 1	11.588 7	5.810 6
陕西	2.780 7	1.214 3	1.894 3	1.548 6
甘肃	8.197 0	5.641 1	8.012 4	3.048 3
青海	78.826 9	58.044 5	59.642 3	22.276 8
宁夏	249.481 3	214.036 9	424.282 9	123.302 1
新疆	11.318 8	8.779 3	4.761 7	4.525 2
均值	26.847 0	16.730 4	26.052 3	11.099 6

根据公式（5-6）和公式（5-7），基于光线可逆原理，由入境旅游流空间折射模型可得 1994—2009 年四个时间段广东省对其他省区的入境旅游流扩散折射率序列表（表 5-6）。

由表 5-6 可知，四个时间段，广东省对其他省区的入境旅游流扩散折射率整体呈现波动式下降的变化趋势：折射率的均值从第一阶段的 26.847 0 下跌至第二阶段的 16.730 4，后又回升至第三阶段的 26.052 3，之后呈显著的下降态势，第四阶段折射率的均值跌至最低值 11.099 6。这一变化特征表明：1994—1997 年、2002—2005 年，其他省区接收入境旅游流的方式和渠道相对单一，从而广东省入境旅游流扩散对其他省区的重要性不断攀升；1998—2001 年、2006—2009 年，其他省区接收入境旅游流的方式和渠道趋于多元化和复杂化，从而广东省入境旅游流扩散对其他省区的重要性迅速下降。

（2）扩散折射率衰减变化分析

广东省对其他省区的入境旅游流扩散折射率不仅在各时间段之间呈现出差异性，其对同一时段不同省区的入境旅游流扩散折射率之间也存在较大的差异。由表 5-6 的数据，可做出四个时间段的广东省对其他省区的入境旅游流扩散折射率衰减变化图（图 5-26～图 5-29）。

①1994—1997 年的衰减变化。

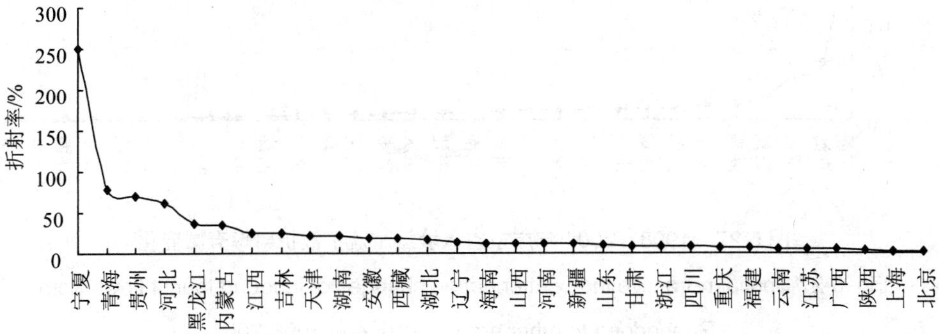

图 5-26　1994—1997 年广东省入境旅游流扩散折射率衰减变化

Fig. 5-26 Spatial refractive index attenuation changes of inbound tourist flows from Guangdong to other provinces during 1994-1997

由图 5-26 可知，在 1994—1997 年这一时间段，对广东省而言，宁夏、青海、贵州、河北、黑龙江、内蒙古、江西、吉林、天津、湖南的入境旅游流扩散折射率极大（＞20），属于典型的“流密介质”，此时段内，广东省入境旅游流扩散对此 10 省区的重要性相对较高，即此 10 省区对广东省的依赖性相对较强。反之，北京、上海、陕西、广西、江苏、云南、福建、重庆、四川、浙江、甘肃的入境旅游流扩散折射率很小（＜10），属“流疏介质”，此时段内，广东省入境旅游流扩散对此 11 省区的重要性相对较低，即此 11 省区对广东省的依赖性相对较弱。

②1998—2001 年的衰减变化。

由图 5-27 可知，在 1998—2001 年这一时间段，对广东省而言，宁夏、青海、内蒙古、贵州的入境旅游流扩散折射率极大（＞20），属于典型的“流密介质”，此时段内，广东省入境旅游流扩散对此 4 省区的重要性相对较高，即此 4 省区对广东省的依赖性相对较强。反之，北京、上海、陕西、江苏、广西、云南、山西、湖北、四川、浙江、辽宁、吉林、河南、甘肃、重庆、福建、湖南、新疆、河北、黑龙江、天津、山东的入境旅游流扩散折射率很小（<10），属“流疏介质”，此时段内，广东省入境旅游流扩散对此22省区的重要性相对较低，即此22省区对广东省的依赖性相对较弱。

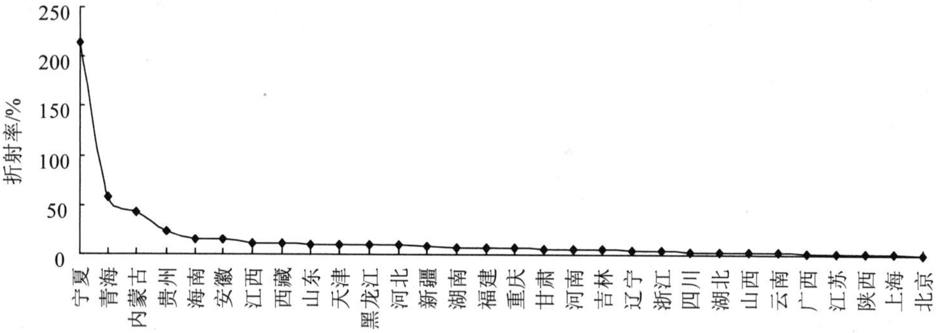

图 5-27　1998—2001 年广东省入境旅游流扩散折射率衰减变化

Fig. 5-27 Spatial refractive index attenuation changes of inbound tourist flows from Guangdong to other provinces during 1998-2001

③2002—2005 年的衰减变化。

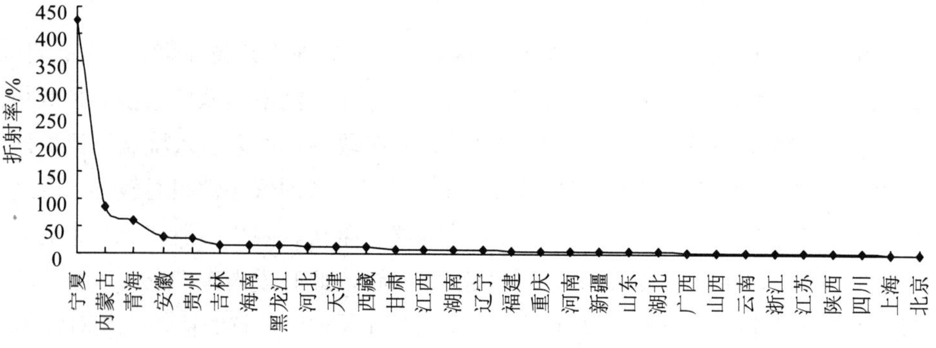

图 5-28　2002—2005 年广东省入境旅游流扩散折射率衰减变化

Fig. 5-28 Spatial refractive index attenuation changes of inbound tourist flows from Guangdong to other provinces during 2002-2005

由图 5-28 可知，在 2002—2005 年这一时间段，对广东省而言，宁夏、内蒙古、青海、安徽、贵州的入境旅游流扩散折射率极大（>20），属于典型的“流密介质”，此时段内，广东省入境旅游流扩散对此 5 省区的重要性相对较高，即此 5 省区对广东省的依赖性相对较强。反之，北京、上海、四川、陕西、江苏、浙江、云南、山西、广西、湖北、山东、新疆、河南、重庆、福建、辽宁、湖南、江西、甘肃的入境旅游流扩散折射率很小（＜10），属“流疏介质”，此时段内，广东省入境旅游流扩散对此 19 省区的重要性相对较低，即此 19 省区对广东省的依赖性相对较弱。

④2006—2009 年的衰减变化。

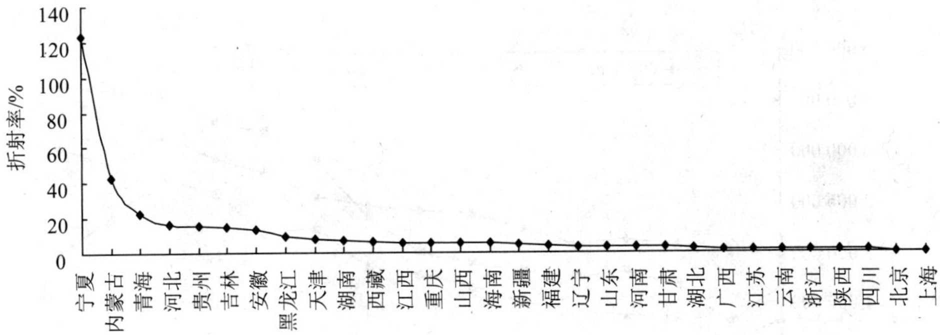

图 5-29　2006—2009 年广东省入境旅游流扩散折射率衰减变化

Fig. 5-29 Spatial refractive index attenuation changes of inbound tourist flows from Guangdong to other provinces during 2006-2009

由图 5-29 可知，在 2006—2009 年这一时间段，对广东省而言，宁夏、内蒙古、青海、河北、贵州、吉林、安徽的入境旅游流扩散折射率极大（＞10），属于典型的“流密介质”，此时段内，广东省入境旅游流扩散对此 7 省区的重要性相对较高，即此 7 省区对广东省的依赖性相对较强。反之，上海、北京、四川、陕西、浙江、云南、江苏、广西、湖北、甘肃、河南、山东、辽宁、福建、新疆、海南、山西、重庆、江西、西藏、湖南、天津、黑龙江的入境旅游流扩散折射率很小（＜10），属“流疏介质”，此时段内，广东省入境旅游流扩散对此 23 省区的重要性相对较低，即此 23 省区对广东省的依赖性相对较弱。

5.5 三省（市）对比实证分析

5.5.1 扩散转移数量对比分析

根据1994—2009年各年度北京、上海、广东的入境游客向其他省区扩散转移数量的总和 Qb、Qs、Qg，可做出入境游客扩散转移数量对比分析图（图5-30），开展此三省（市）之间入境扩散旅游流规模的对比分析。

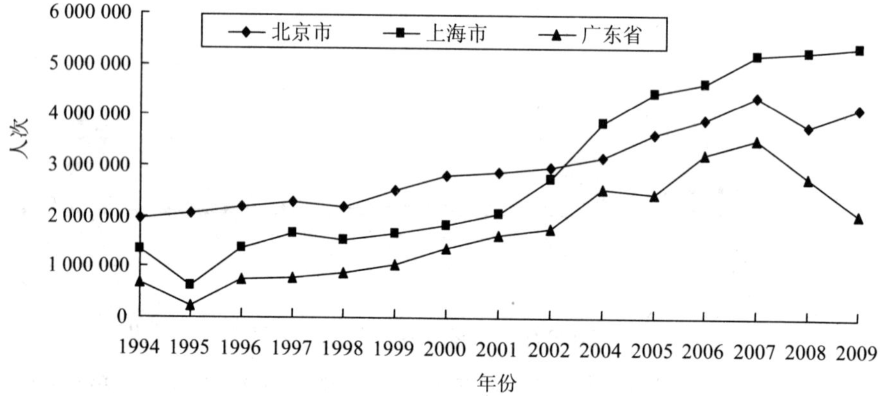

图5-30 1994—2009年三省（市）入境游客向其他省区扩散转移数量对比分析

Fig. 5-30 Contrast diagram of the spatial diffusion quantity of inbound tourists from Beijing, Shanghai and Guangdong to other provinces from 1994 to 2009

由图5-30可知，1994—2009年北京、上海、广东入境扩散旅游流的规模对比表明：① 1994—2002年，北京市入境游客向其他省区扩散转移数量的总和 Qb 在三省区中一直保持领先优势，上海市入境游客向其他省区扩散转移数量的总和 Qs 在三省区居于第二，广东省入境游客向其他省区扩散转移数量的总和 Qg 在三省区排名末位，表明1994—2002年北京市入境扩散旅游流的规模最大，上海市入境扩散旅游流的规模次之，广东省入境扩散旅游流的规模再次之；2004—2009年，上海市入境游客向其他省区扩散转移数量的总和 Qs 超过北京市入境游客向其他省区扩散转移数量的总和 Qb，Qs 在三省区排名首位，Qb 下降至次席，广东省入境游客向其他省区扩散转移数量的总和 Qg 在三省区仍排名末位，表明2004—2009

年上海市入境扩散旅游流的规模最大，北京市入境扩散旅游流的规模次之，广东省入境扩散旅游流的规模再次之。② 1994—2009 年北京、上海、广东的入境游客向其他省区扩散转移数量的总和 *Q*b、*Q*s、*Q*g 整体均呈现递增的变化趋势，表明此三省（市）接待的入境游客向其他省区扩散转移的数量不断上升，即此三省（市）入境扩散旅游流的规模均处于成长壮大的发展阶段。③ 北京市入境游客向其他省区扩散转移数量的总和 *Q*b 与广东省入境游客向其他省区扩散转移数量的总和 *Q*g 的递增速率基本相同，而上海市入境游客向其他省区扩散转移数量的总和 *Q*s 的递增速率显著高于 *Q*b 与 *Q*g 的递增速率，表明北京和广东的入境扩散旅游流成长壮大的趋势大体相当，而上海的入境扩散旅游流成长壮大的趋势比北京和广东显著。

5.5.2　扩散的折射效应对比分析

根据 1994—2009 年的四个时间段北京、上海、广东的入境旅游流扩散折射率均值 n_b、n_s、n_g，可做出此三省（市）的入境旅游流扩散折射率均值对比分析（图 5-31）。

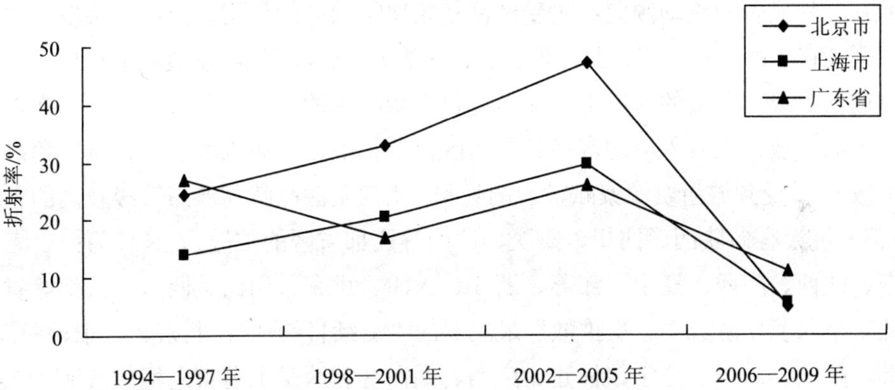

图 5-31　四个时间段三省（市）入境旅游流扩散折射率均值对比分析

Fig. 5-31 Contrast diagram of mean of the spatial refractive index of inbound tourist flows of Beijing，Shanghai and Guangdong during 1994 to 2009

由图 5-31 可知，四个时间段北京、上海、广东的入境旅游流扩散折射率对比分析表明：①1994—2009 年，北京、上海、广东的入境旅游流扩散折射率 n_b、n_s、n_g 整体均呈现递减的变化趋势，表明其他省区接收入境旅游流的方式和渠道正逐步趋于多元化和复杂化，此三省（市）的入境旅游流扩散对其他省区的重要性正逐步趋于下降。②1994—2009 年，北京市入境旅游流扩散折射率 n_b 一直维持在高位态势，表明北京市的入境旅游流扩散对其他省区的重要性在此三省（市）中相对最高；广东省入境旅游流扩散折射率 n_g 一直维持在较低态势，表明广东省的入境旅游流扩散对其他省区的重要性在此三省（市）中相对最低；上海市入境旅游流扩散折射率 n_s 大小居中，表明上海市的入境旅游流扩散对其他省区的重要性居于北京、广东之间。③北京市入境旅游流扩散折射率 n_b 与广东省入境旅游流扩散折射率 n_g 的递减速率基本相同，而上海市入境旅游流扩散折射率 n_s 的递减速率低于 n_b 和 n_g 的递减速率，表明北京和广东的入境旅游流扩散对其他省区的重要性弱化的趋势大体相当，而上海的入境旅游流扩散对其他省区的重要性弱化的趋势比北京和广东隐蔽。

5.6 本章小结

（1）从入境游客扩散转移的数量规模来看，北京、上海、广东的入境旅游流扩散有三种显著的流动倾向：①受经济初始禀赋效应的作用，流向经济发达的沿海省区（京、沪、粤、苏、浙、鲁、辽、闽等）；②受区位禀赋效应的作用，在交通可达性等现实因素的作用下，流向与扩散源毗邻的省区（北京入境游客在环渤海区内的扩散，上海入境游客在长三角区内的扩散，广东入境游客在珠三角区内的扩散）；③受到旅游资源禀赋效应的吸引，指向资源品味和产品等级较高的省区（东部入境游客向陕西、四川、重庆、广西等西部省区的扩散）。具体为：上海、广东、陕西、广西、辽宁、江苏、浙江、天津、山东、山西、四川、云南等省区是北京市入境旅游流“二次扩散”最主要的“后续目的地”；北京、广东、浙江、江苏、陕西、山东、辽宁、福建、广西、四川等省区是上海市入境旅游流“二次扩散”最主要的“后续目的地”；上海、北京、广西、浙江、福建等省区是广东省入境旅游流“二次扩散”最主要的“后续目的地”。

（2）从入境旅游流扩散对其他省区的重要程度来看，北京、上海、广东的入境旅游流扩散对以下三类省区的重要程度较高：①入境旅游发展相对滞后的西部省区（宁夏、青海、贵州、内蒙古）；②入境旅游发展相对滞后的东部省区（安徽、吉林、江西、河北）；③与扩散源毗邻的省区（北京市对河北和天津的重要性程度高，上海市对安徽的重要性程度高，广东省对江西的重要性程度高）。具体为：北京市入境旅游流扩散对宁夏、青海、内蒙古、贵州、安徽、吉林、江西、黑龙江、河北、天津、海南、西藏的重要性较高；上海市入境旅游流扩散对宁夏、青海、内蒙古、贵州、安徽的重要性较高；广东省入境旅游流扩散对宁夏、青海、内蒙古、贵州、安徽、吉林、河北、江西的重要性较高。

（3）四个时间段中，北京、上海、广东的入境游客向其他省区扩散转移数量布局均呈现鲜明的“长尾”特征——即东部省区的绝大多数入境游客实际上扩散至少数的几个省区，剩下的极少数入境游客扩散至其余的多数省区。这一规律揭露了入境游客相对“挑剔”的群体偏好特征。基于入境客流扩散的“长尾”分布特征，并综合考虑多重现实因素的客观影响，入境客流的这种“心理依赖”与“路径锁定”效应仍将长久维持下去，在短时期内尚不会发生根本性的变化。

（4）四个时间段中，北京、上海、广东的入境旅游流扩散折射率布局也呈现鲜明的“长尾”特征——即东部省区的入境旅游流扩散实际上对极少数省区起到了举足轻重的影响程度，对少数省区的影响作用较强，对其余多数省区的影响作用都相当有限。这一客观规律暴露了入境旅游发展的进程中，极少数省区的发展对北京、上海、广东等东部省区的长时期高度依赖性。基于旅游产业发展和结构调整的长期性，并综合考虑多重现实因素的客观影响，入境旅游流扩散折射率布局所呈现的“长尾”特征也将长久维持下去，在短时期内发生根本性转变的可能性不大。

（5）入境游客扩散转移数量布局呈现的“长尾”特征不同于入境旅游流扩散折射率布局的“长尾”特征，而两类“长尾”的差异性恰恰就揭示了入境游客扩散转移数量与入境旅游流空间折射之间“剪刀差”的客观存在——虽然东部省区向入境旅游业绩相对突出和入境旅游资源相对丰足的部分省区扩散转移了多数的入境客流，但这些客流对其“二次扩散”的“后续目的地”的影响作用却相对有限，而东部省区向入境旅游业绩相对滞后和入境旅游资源相对匮乏的另一部分省区扩散转移了少数的入境客流，但这些客流对其“二次扩散”的“后续目的地”的影响作用却十分巨大。

本章的不足之处：①旅游流折射模型与光线折射模型之间存在某些现实差异性，正是由于这些差异性，折射模型应用于旅游流扩散研究时难免凿枘的痕迹。例如，在自然世界的光线折射模型中，介质之间的界面是清晰的，即两类物质的接触边界，法线也是明确的，即垂直于界面的直线，然而在现实社会的旅游流折射模型中，旅游流扩散的折射界面是一个尚未明了的“模糊界面”，很难予以清晰的界定，法线亦然；②作者对入境旅游流扩散的折射效应研究，忽略了入境旅游流扩散时并存的反射研究，即因被调查游客暂不向外省区扩散而带来的客流“暂留”现象，且未能演示和证明这种反射机制是否存在，以及这种反射机制是否也遵循类似于光的反射原理。这些问题都有待后续研究的进一步深入。

第 6 章 入境旅游流扩散的双向对流分析

国内学者在研究旅游流的流动模式时，多驻足于传统的“O—D”（客源地—目的地）模式研究，区域选定比较特殊，且多集中于探讨单个风景区或者单个旅游区旅游流的时空地域结构分异以及影响旅游流产生波动变化的诸多特征元素，即对“点域”的研究，而相对欠缺对中尺度和大尺度的旅游流时空地域结构特征与演变规律的系统性综合探讨，即对“面域”的研究[210-215]，且多习惯于将旅游地的目的地属性与客源地属性区别开来对待，相对缺乏对旅游地的系统性与宏观性认识[216-218]。

鉴于此，作者尝试探索旅游流扩散的地域集中性、旅游流扩散的双向对流特征，以北京、上海、广东为例，深入探讨入境旅游流扩散的地域结构特征规律，并尝试将入境旅游流的集聚与扩散放置于同一个研究平台，聚焦于旅游流扩散的共轭与孪生特质，并尝试探讨引起入境旅游流扩散的特定要素及其内在演进机理。本章的研究旨在引导入境旅游流研究从独立的和静态的“单点层次”向兼具系统性和动态性的“系统层次”转变，倡导树立对入境旅游流扩散“共轭性”与“共生性”的新认识，为探索中国入境旅游流扩散的动态演变特征与潜在机理提供典型案例。

6.1 模型构建

6.1.1 入境旅游流空间集中指数模型

入境旅游流空间集中指数是某一时期流入和流出某地客流强度的定量化表达模型之一，用于表述区域集散旅游流空间转移的市场结构稳定性与波动性。由于游客集聚与游客扩散的方向差异，入境旅游流空间集中指数是个带方向的矢量。

按照旅游流矢量的方向，将入境旅游流空间集中指数分解为入境旅游流空间扩散指数和入境旅游流空间集聚指数两个指标。

（1）入境旅游流空间扩散指数

入境旅游流空间扩散指数是某一时期流出某地客流强度的定量化表达模型之一，用于表述区域扩散旅游流空间转移的市场结构稳定性与波动性。由于游客扩散的方向性，入境旅游流空间扩散指数是个带方向的矢量。

入境旅游流空间扩散指数的计算公式为：

$$G_{di}=\sqrt{\sum_{j=1}^{n}\left(\frac{X_{ij}}{X_i}\right)^2}\times 100\% \qquad (6\text{-}1)$$

式中，G_{di} 为 i 区域入境旅游流空间扩散指数，X_{ij} 为 i 区域扩散至 j 区域的入境客流数量，X_i 为 i 区域接待入境客流总量，n 为接收 i 区域入境客流扩散转移的区域数量。G_{di} 越大，表明 i 区域入境旅游流扩散转移的区域越集中化，不利于 i 区域入境旅游可持续发展；G_{di} 越小，表明 i 区域入境旅游流扩散转移的区域越分散化，利于 i 区域入境旅游稳定均衡发展。

（2）入境旅游流空间集聚指数

入境旅游流空间集聚指数是某一时期流入某地客流强度的定量化表达模型之一，用于表述区域集聚旅游流空间转移的市场结构稳定性与波动性。由于游客集聚的方向性，入境旅游流空间集聚指数也是个带方向的矢量。

入境旅游流空间集聚指数的计算公式为：

$$G_{ci}=\sqrt{\sum_{j=1}^{n}\left(\frac{X_{ji}}{X_i}\right)^2}\times 100\% \qquad (6\text{-}2)$$

式中，G_{ci} 为 i 区域入境旅游流空间集聚指数，X_{ji} 为由 j 区域向 i 区域集聚的入境客流数量，X_i 为 i 区域接待入境客流总量，n 为 i 区域接收入境客流集聚的区域数量。G_{ci} 越大，表明入境旅游流向 i 区域集聚的区域越集中化，不利于 i 区域入境旅游可持续发展；G_{ci} 越小，表明入境旅游流向 i 区域集聚的区域越分散化，利于 i 区域入境旅游稳定均衡发展。

6.1.2 入境旅游流空间转移态矩阵模型

按照旅游流矢量方向的差异性，可将入境旅游流空间转移态分解为入境旅游流空间集聚态指数和入境旅游流空间扩散态指数两个指标，这两个指标共同组合成二维空间；通过两个指标的标准值 p、q 的确立[①]，可将此二维空间划分为四个象限——Ⅰ象限（X 高 Y 高）、Ⅱ象限（X 低 Y 高）、Ⅲ象限（X 低 Y 低）、Ⅳ象限（X 高 Y 低），构建入境旅游流空间转移态矩阵。

入境旅游流空间集聚态指数公式为：

$$S_{ci} = A_{ji} \times T_i \tag{6-3}$$

式中，S_{ci} 表示区域 i 入境旅游流空间集聚态指数，A_{ji} 表示由区域 j 向区域 i 集聚的客流占区域 i 集聚客流总数的比重，T_i 表示区域 i 的入境游客接待指数。

其中，区域 i 入境游客接待指数 T_i 的公式为：

$$T_i = \frac{X_i}{X_0} \times 100 \tag{6-4}$$

式中，X_i 表示区域 i 接待入境客流总量，X_0 表示基准参照地接待客流总量。本书选取常年接待入境客流数量最少的宁夏回族自治区为基准参照地，各入境旅游典型区域的入境游客接待指数为区域内各省（自治区、直辖市）接待指数的平均数。

同理，入境旅游流空间扩散态指数公式为：

$$S_{di} = A_{ij} \times T_i \tag{6-5}$$

式中，S_{di} 表示区域 i 入境旅游流空间扩散态指数，A_{ij} 表示由区域 i 向区域 j 扩散的客流占 i 区域扩散客流总数的比重，T_i 表示区域 i 的入境游客接待指数。

6.2　北京市双向对流实证分析

6.2.1　空间扩散指数分析

由（6-1）式可得 1994—2009 年北京市入境旅游流空间扩散指数 G_{db} 的年度

① 标准值 p、q 的确立办法有三种：平均值法、坐标散点法、综合法。为准确反映入境旅游流集聚和扩散的自然分异规律，确保分析结论的客观性与公正性，作者在此选用平均值法确立入境旅游流转移态矩阵的标准值，从而实现对入境旅游流转移态矩阵的四象限划分。

序列值；由 G_{db} 的年度序列值可得 1994—2009 年北京市入境旅游流空间扩散指数的年度序列图（图 6-1）。

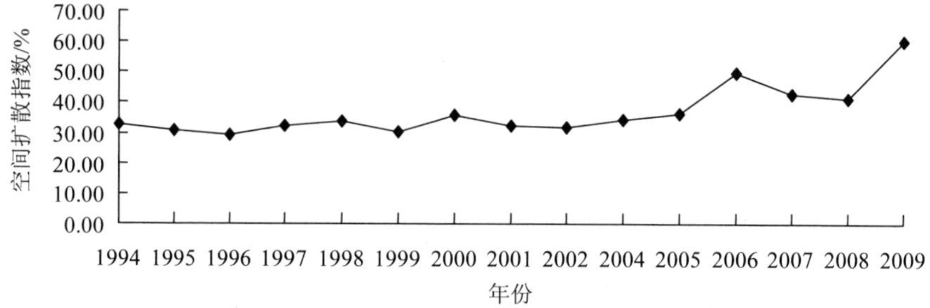

图 6-1　1994—2009 年北京市入境旅游流空间扩散指数年度序列

Fig. 6-1 Spatial diffusion index of inbound tourist flows of Beijing during 1994-2009

由图 6-1 可知，北京市入境旅游流空间扩散指数 G_{db} 在 1994—2005 年呈现小幅波动的维稳趋势，2005—2009 年呈现波动式上升的变化趋势。G_{db} 的两个阶段性最大值分别是 2006 年的 49.89%和 2009 年的 49.89%，G_{db} 的两个阶段性最小值分别是 1996 年的 29.07%和 1999 年的 30.17%。总体而言，1994—2009 年 G_{db} 呈波动式上升的变化趋势。

由 G_{db} 的年度序列值可得 1995—2009 年北京市入境旅游流空间扩散指数 G_{db} 的年度变化率 R_{db}；由 R_{db} 的年度序列值可得 1995—2009 年北京市入境旅游流空间扩散指数的变化率年度序列图（图 6-2）。

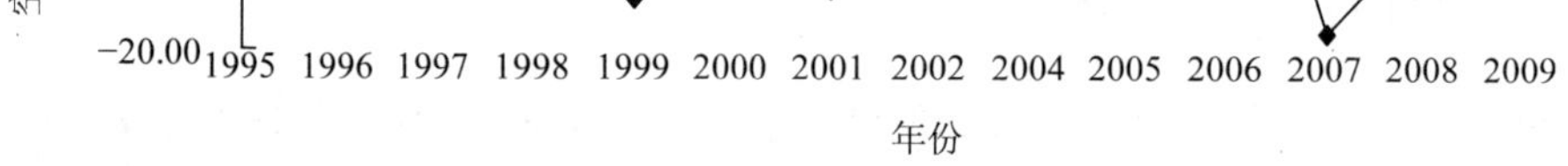

图 6-2　1995—2009 年北京市入境旅游流空间扩散指数变化率年度序列

Fig. 6-2 Annual rate of spatial diffusion index of inbound tourist flows of Beijing during 1995-2009

由图 6-2 可知，北京市入境旅游流空间扩散指数变化率 R_{db} 整体呈现波动式上升的变化趋势：1995—1999 年为 R_{db} 的第一个波动周期，R_{db} 在这个波动周期内由 1995 年的-5.79%先微降至 1996 年的-6.14%，后又反弹至 1997 年的 9.31%，再不断降至 1999 年的-12.58%；1999—2001 年为 R_{db} 的第二个波动周期，R_{db} 在这个波动周期内由 1999 年的-12.58%先上升至 2000 年的 15.97%，后又降至 2001 年的-11.27%；2001—2007 年为 R_{db} 的第三个波动周期，R_{db} 在这个波动周期内由 2001 年的-11.27%先不断上升至 2004 年的 7.06%，后微降至 2005 年的 4.63%，后反弹至 2006 年的 27.61%，再降至 2007 年的-17.45%；2007—2009 年 R_{db} 进入第四个波动周期，R_{db} 在这个波动周期内由 2007 年的-17.45%不断上升至 2009 年的 31.28%。

6.2.2　空间集聚指数分析

由式（6-2）可得 1994—2009 年北京市入境旅游流空间集聚指数 G_{cb} 的年度序列值；由 G_{cb} 的年度序列值可得 1994—2009 年北京市入境旅游流空间集聚指数的年度序列图（图 6-3）。

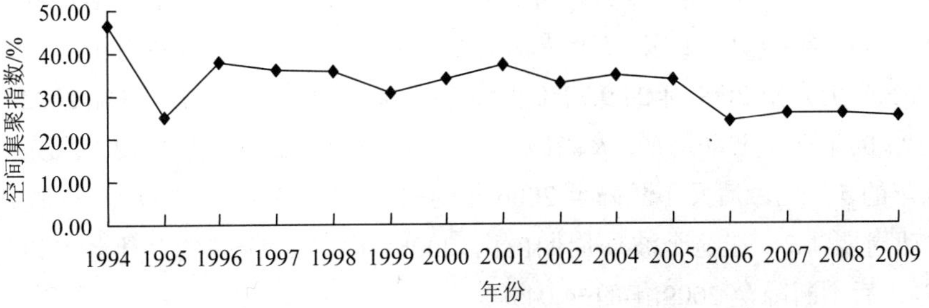

图 6-3　1994—2009 年北京市入境旅游流空间集聚指数年度序列

Fig. 6-3 Spatial concentrate index of inbound tourist flows of Beijing during 1994-2009

由图 6-3 可知，北京市入境旅游流空间集聚指数 G_{cb} 在 1994—1999 年呈现波动式下降的变化趋势，1999—2005 年呈现小幅波动的维稳趋势，2005—2009 年呈现缓慢下降的变化趋势。G_{cb} 的三个阶段性最大值分别是 1994 年的 46.59%、1996 年的 37.69%和 2001 年的 37.02%，G_{cb} 的三个阶段性最小值分别是 1995 年的 24.86%、1999 年的 30.78%和 2006 年的 23.98%。总体而言，1994—2009 年 G_{cb} 呈波动式下降的变化趋势。

由 G_{cb} 的年度序列值可得 1995—2009 年北京市入境旅游流空间集聚指数 G_{cb} 的年度变化率 R_{cb}；由 R_{cb} 的年度序列值可得 1995—2009 年北京市入境旅游流空间集聚指数的变化率年度序列图（图 6-4）。

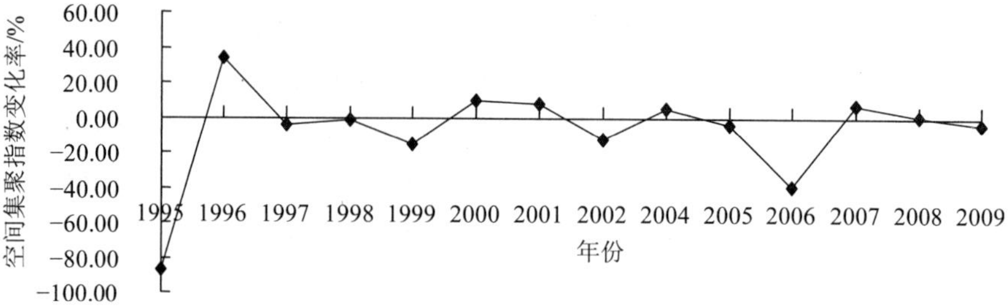

图 6-4　1995—2009 年北京市入境旅游流空间集聚指数变化率年度序列

Fig. 6-4 Annual rate of spatial concentrate index of inbound tourist flows of Beijing during 1995-2009

由图 6-4 可知，北京市入境旅游流空间集聚指数变化率 R_{cb} 整体呈现波动式上升的变化趋势：1995—1999 年为 R_{cb} 的第一个波动周期，R_{cb} 在这个波动周期内由 1995 年的−87.42%先上升至 1996 年的 34.05%，后又不断降至 1999 年的−15.73%；1999—2002 年为 R_{cb} 的第二个波动周期，R_{cb} 在这个波动周期内由 1999 年的−15.73%先上升至 2000 年的 9.72%，后又不断降至 2002 年的−12.65%；2002—2006 年为 R_{cb} 的第三个波动周期，R_{cb} 在这个波动周期内由 2002 年的−12.65%先上升至 2004 年的 5.52%，后又不断降至 2006 年的−39.55%；2006—2009 年 R_{cb} 进入第四个波动周期，R_{cb} 在这个波动周期内由 2006 年的−39.55%先上升至 2007 年的 6.61%，后不断降至 2009 年的−4.04%。

6.2.3　双向对流效应分析

由公式（6-3）～公式（6-5）可分别计算 1994—2009 年北京市入境旅游流空间集聚态指数与入境旅游流空间扩散态指数；在此基础上，可计算 1994—1997 年、1998—2001 年、2002—2005 年、2006—2009 年北京市入境旅游流空间集聚态指数与入境旅游流空间扩散态指数的平均值；以此两个平均值指标组合成二维空间，通过两个指标的标准值 p、q 的确立，可将平面二维空间划分为四个象限，从而得到 1994—1997 年、1998—2001 年、2002—2005 年、2006—2009 年北京市入境旅游流空间转移态矩阵图。

（1）1994—1997 年的双向对流效应

采用平均值法确定 1994—1997 年北京市入境旅游流空间转移态矩阵的标准值为 p=1 832.09，q=1 813.91。由此，可绘制出 1994—1997 年北京市入境旅游流空间转移态矩阵图（图 6-5）。

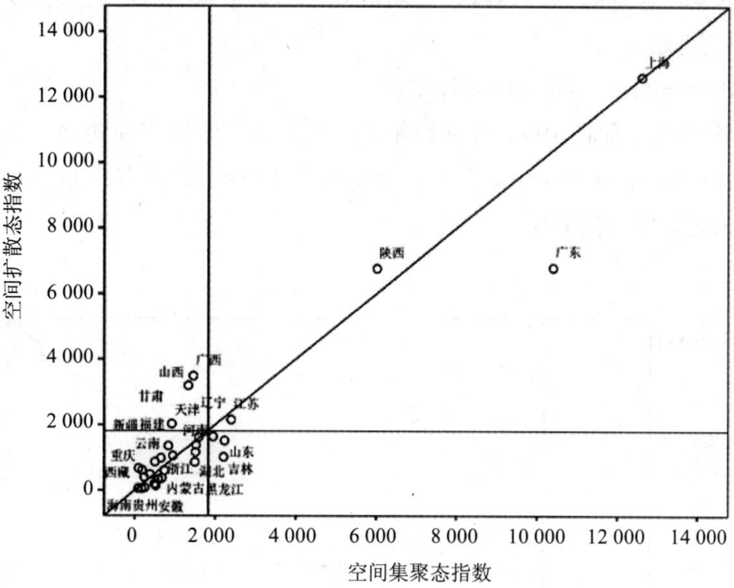

图 6-5　1994—1997 年北京市入境旅游流空间转移态矩阵

Fig. 6-5 Spatial transferring state matrix of inbound tourist flows of Beijing during 1994-1997

由图 6-5 可知，1994—1997 年，上海、广东、陕西、江苏位于矩阵图的 I 象限（*X* 高 *Y* 高），且上海、陕西位于 I 象限的上半部，广东、江苏位于 I 象限的下半部；广西、山西、甘肃位于矩阵图的Ⅱ象限（*X* 低 *Y* 高）；辽宁、山东、吉林位于矩阵图的Ⅳ象限（*X* 高 *Y* 低）；其余的省（自治区、直辖市）均位于矩阵图的III象限（*X* 低 *Y* 低）。

由此可知，1994—1997 年，上海、广东、陕西、江苏既是北京市入境旅游流集聚的主要“前导客源地”，也是北京市入境旅游流扩散的主要“后续目的地”，其中，北京市向上海、陕西扩散入境旅游流的能力略强于此 2 省（直辖市）向北京市集聚入境旅游流的能力；北京市向广东、江苏扩散入境旅游流的能力略弱于此 2 省向北京市集聚入境旅游流的能力。广西、山西、甘肃是北京市入境旅游流扩散的主要“后续目的地”，北京市向此3省（自治区）扩散入境旅游流的能力明显强于此3省（自治区）向北京市集聚入境旅游流的能力。辽宁、山东、吉林是北京市入境旅游流集聚的主要“前导客源地”，北京市向此3省扩散入境旅游流的能力明显弱于此3省向北京市集聚入境旅游流的能力。除此10省（自治区、直辖市）以外的全国其他省（自治区、直辖市）对北京市入境旅游流集聚和扩散的影响作用相对有限。

（2）1998—2001年的双向对流效应

采用平均值法确定1998—2001年北京市入境旅游流空间转移态矩阵的标准值为p=1 286.66，q=1 286.66。由此，可绘制出1998—2001年北京市入境旅游流空间转移态矩阵图（图6-6）。

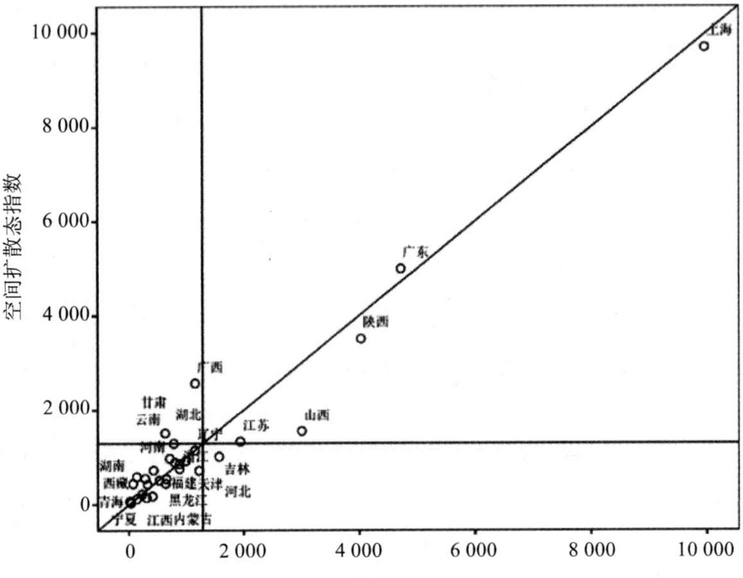

图6-6　1998—2001年北京市入境旅游流空间转移态矩阵

Fig. 6-6 Spatial transferring state matrix of inbound tourist flows of Beijing during 1998-2001

由图6-6可知，1998—2001年，上海、广东、陕西、山西、江苏位于矩阵图的Ⅰ象限（X高Y高），且广东位于Ⅰ象限的上半部，上海、陕西、山西、江苏位于Ⅰ象限的下半部；广西、湖北、云南位于矩阵图的Ⅱ象限（X低Y高）；吉林位于矩阵图的Ⅳ象限（X 高 Y 低）；其余的省（自治区、直辖市）均位于矩阵图的Ⅲ象限（X 低 Y 低）。

由此结果可知，1998—2001 年，上海、广东、陕西、山西、江苏既是北京市入境旅游流集聚的主要“前导客源地”，也是北京市入境旅游流扩散的主要“后续目的地”，其中，北京市向广东扩散入境旅游流的能力略强于广东向北京市集聚旅游流的能力，北京市向上海、陕西、山西、江苏扩散入境旅游流的能力略弱于此 4 省（直辖市）向北京市集聚入境旅游流的能力。广西、湖北、云南是北京市入境旅游流扩散的主要“后续目的地”，北京市向此 3 省（自治区）扩散入境旅游流的能力明显强于此 3 省（自治区）向北京市集聚入境旅游流的能力。吉林是北京市入境旅游流集聚的主要“前导客源地”，北京市向吉林扩散入境旅游流的能力明显弱于吉林向北京市集聚入境旅游流的能力。除此 9 省（自治区、直辖市）以外的全国其他省（自治区、直辖市）对北京市入境旅游流集聚和扩散的影响作用相对有限。

（3）2002—2005 年的双向对流效应

采用平均值法确定 2002—2005 年北京市入境旅游流空间转移态矩阵的标准值为 p=1 564.98，q=1 564.98。由此，可绘制出 2002—2005 年北京市入境旅游流空间转移态矩阵图（图 6-7）。

由图 6-7 可知，2002—2005 年，上海、广东、陕西、山西、重庆、江苏、四川位于矩阵图的Ⅰ象限（X 高 Y 高），且上海、广东、陕西、四川位于Ⅰ象限的上半部，山西、重庆、江苏位于Ⅰ象限的下半部；广西、云南、新疆位于矩阵图的Ⅱ象限（X 低 Y 高）；没有省（自治区、直辖市）位于矩阵图的Ⅳ象限（X 高 Y 低）；其余的省（自治区、直辖市）均位于矩阵图的Ⅲ象限（X 低 Y 低）。

由此可知，2002—2005 年，上海、广东、陕西、山西、重庆、江苏、四川既是北京市入境旅游流集聚的主要“前导客源地”，也是北京市入境旅游流扩散的主要“后续目的地”，其中，北京市向上海、广东、陕西、四川扩散入境旅游流的能力略强于此 4 省（直辖市）向北京市集聚旅游流的能力，北京市向山西、重庆、江苏扩散入境旅游流的能力略弱于此 3 省（直辖市）向北京市集聚入境旅游流的能力。广西、云南、新疆是北京市入境旅游流扩散的主要“后续目的地”，北京市向此 3 省（自治区）扩散入境旅游流的能力明显强于此 3 省（自治区）向北京市集聚入境旅游流的能力。除此 10 省（自治区、直辖市）以外的全国其他省（自治区、直辖市）对北京市入境旅游流集聚和扩散的影响作用相对有限。

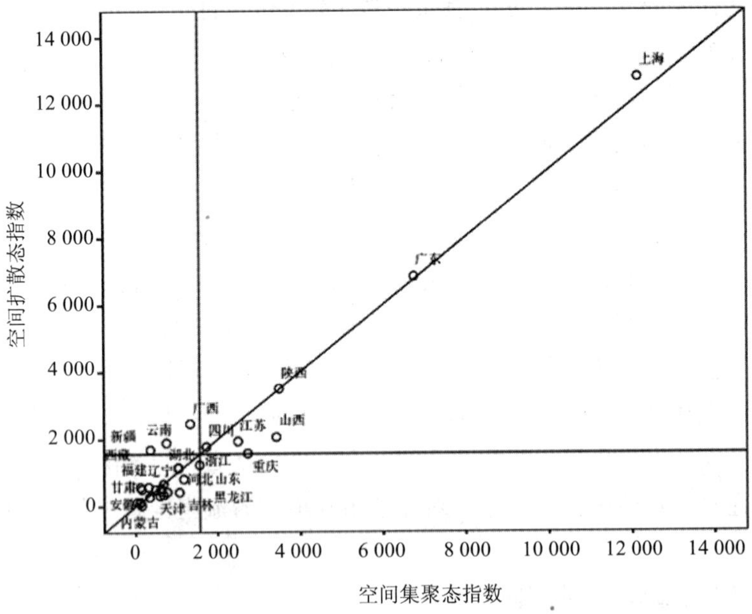

图 6-7　2002—2005 年北京市入境旅游流空间转移态矩阵

Fig. 6-7 Spatial transferring state matrix of inbound tourist flows of Beijing during 2002-2005

（4）2006—2009 年的双向对流效应

采用平均值法确定 2006—2009 年北京市入境旅游流空间转移态矩阵的标准值为 p=1 271.86，q=1 271.86。由此，可绘制出 2006—2009 年北京市入境旅游流空间转移态矩阵图（图 6-8）。

由图 6-8 可知，2006—2009 年，上海、陕西、广东、浙江位于矩阵图的 I 象限（X 高 Y 高），且均位于 I 象限的上半部；辽宁、江苏、天津位于矩阵图的 II 象限（X 低 Y 高）；河北、四川、湖北、山东、山西、重庆、宁夏位于矩阵图的IV象限（X 高 Y 低）；其余的省（自治区）均位于矩阵图的III象限（X 低 Y 低）。

由此结果可知，2006—2009 年，上海、陕西、广东、浙江既是北京市入境旅游流集聚的主要“前导客源地”，也是北京市入境旅游流扩散的主要“后续目的地”，且北京市向此 4 省（直辖市）扩散入境旅游流的能力略弱于此 4 省（直辖市）向北京市集聚入境旅游流的能力。辽宁、江苏、天津是北京市入境旅游流扩散的主要“后续目的地”，北京市向此 3 省（直辖市）扩散入境旅游流的能力明显强于此 3 省（直辖市）向北京市集聚入境旅游流的能力。河北、四川、湖北、山东、山西、重庆、宁夏是北京市入境旅游流集聚的主要“前导客源地”，北京市向此 7 省（自治区、直辖市）扩散入境旅游流的能力明显弱于此 7 省（自治区、直辖市）向北京市集聚入境旅游流的能力。除此 14 省（自治区、直辖市）以外的全国其他省（自治区、直辖市）对北京市入境旅游流集聚和扩散的影响作用相对有限。

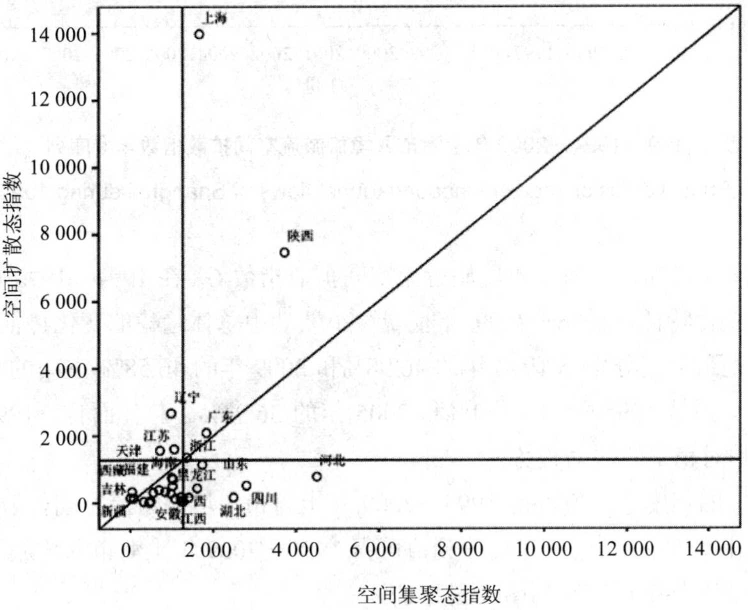

图 6-8　2006—2009 年北京市入境旅游流空间转移态矩阵

Fig. 6-8 Spatial transferring state matrix of inbound tourist flows of Beijing during 2006-2009

6.3　上海市双向对流实证分析

6.3.1　空间扩散指数分析

由式（6-1）可得 1994—2009 年上海市入境旅游流空间扩散指数 G_{ds} 的年度序列值；由 G_{ds} 的年度序列值可得 1994—2009 年上海市入境旅游流空间扩散指数的年度序列图（图 6-9）。

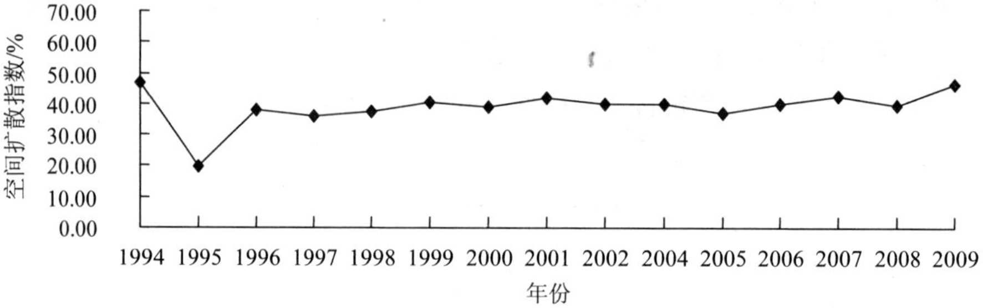

图 6-9　1994—2009 年上海市入境旅游流空间扩散指数年度序列

Fig. 6-9 Spatial diffusion index of inbound tourist flows of Shanghai during 1994-2009

由图 6-9 可知，上海市入境旅游流空间扩散指数 G_{ds} 在 1994—1996 年呈现波动反弹的变化特征，1996—2009 年呈现微小波动中总体趋稳的变化特征。G_{ds} 的两个阶段性最大值分别是 1994 年的 46.98%和 2009 年的 46.58%，G_{ds} 的两个阶段性最小值分别是 1995 年的 19.61%和 2005 年的 36.93%。总体而言，1994—2009 年 G_{ds} 呈相对稳定的波动趋势。

由 G_{ds} 的年度序列值可得 1995—2009 年上海市入境旅游流空间扩散指数 G_{ds} 的年度变化率 R_{ds}；由 R_{ds} 的年度序列值可得 1995—2009 年上海市入境旅游流空间扩散指数的变化率年度序列图（图 6-10）。

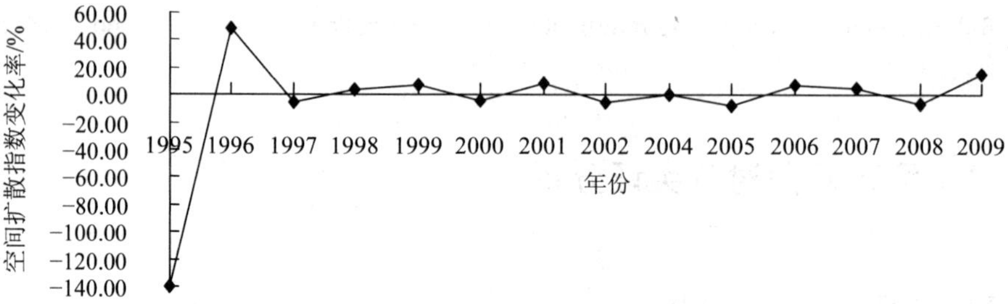

图 6-10　1995—2009 年上海市入境旅游流空间扩散指数变化率年度序列

Fig. 6-10 Annual rate of spatial diffusion index of inbound tourist flows of Shanghai during 1995-2009

由图 6-10 可知，上海市入境旅游流空间扩散指数变化率 R_{ds} 整体呈现波动式上升的变化趋势：1995—1997 年为 R_{ds} 的第一个波动周期，R_{ds} 在这个波动周期内由 1995 年的−139.62%上升至 1996 年的 48.33%，后又下降至 1997 年的−5.25%；1997—2000 年为 R_{ds} 的第二个波动周期，R_{ds} 在这个波动周期内由 1997 年的−5.25%先不断上升至 1999 年的 6.71%，后又降至 2000 年的−3.85%；2000—2005 年为 R_{ds} 的第三个波动周期，R_{ds} 在这个波动周期内由 2000 年的−3.85%先上升至 2001 年的 8.12%，再降至 2002 年的−5.92%，再小幅反弹至 2004 年的 0.36%，后又回落至 2005 年的−8.11%；2005—2008 年为 R_{ds} 的第四个波动周期，R_{ds} 在这个波动周期内由 2005 年的−8.11%先上升至 2006 年的 7.49%，再不断下降至 2008 年的−6.27%；2008—2009 年 R_{ds} 进入第五个波动周期，R_{ds} 在这个波动周期内由 2008 年的−6.27%上升至 2009 年的 14.83%。

6.3.2 空间集聚指数分析

由式（6-2）可得 1994—2009 年上海市入境旅游流空间集聚指数 G_{cs} 的年度序列值；由 G_{cs} 的年度序列值可得 1994—2009 年上海市入境旅游流空间集聚指数的年度序列图（图 6-11）。

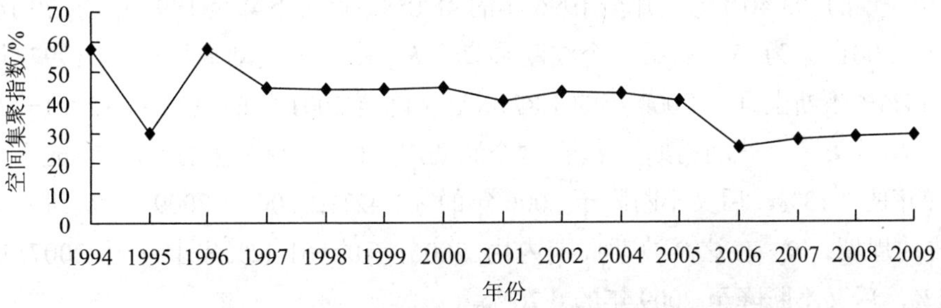

图 6-11 1994—2009 年上海市入境旅游流空间集聚指数年度序列

Fig. 6-11 Spatial concentrate index of inbound tourist flows of Shanghai during 1994-2009

由图 6-11 可知，上海市入境旅游流空间集聚指数 G_{cs} 在 1994—1997 年呈现反复波动的变化趋势，1997—2009 年呈现不断下降的变化趋势。G_{cs} 的两个阶段性最大值分别是 1994 年的 57.74%和 1996 年的 57.48%，G_{cs} 的两个阶段性最小值分别是 1995 年的 29.86 和 2006 年的 24.98。总体而言，1994—2009 年 G_{cs} 呈波动式下降的变化趋势。

由 G_{cs} 的年度序列值可得 1995—2009 年上海市入境旅游流空间集聚指数 G_{cs} 的年度变化率 R_{cs}；由 R_{cs} 的年度序列值可得 1995—2009 年上海市入境旅游流空间

集聚指数的变化率年度序列图（图 6-12）。

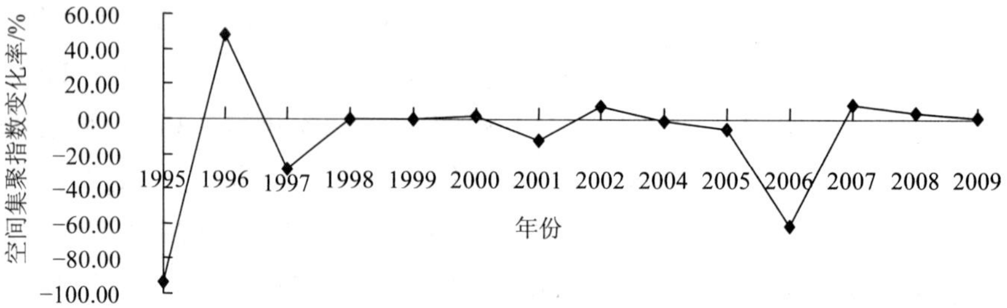

图 6-12　1995—2009 年上海市入境旅游流空间集聚指数变化率年度序列

Fig. 6-12 Annual rate of spatial concentrate index of inbound tourist flows of Shanghai during 1995-2009

由图 6-12 可知，上海市入境旅游流空间集聚指数变化率 R_{cs} 整体呈现波动式上升的变化趋势：1995—1997 年为 R_{cs} 的第一个波动周期，R_{cs} 在这个波动周期内由 1995 年的−93.40%先上升至 1996 年的 48.06%，后又下降至 1997 年的−29.14%；1997—2001 年为 R_{cs} 的第二个波动周期，R_{cs} 在这个波动周期内由 1997 年的−29.14%先不断上升至 2000 年的 1.87%，后又降至 2001 年的−12.07%；2001—2006 年为 R_{cs} 的第三个波动周期，R_{cs} 在这个波动周期内由 2001 年的−12.07%先上升至 2002 年的 7.13%，后又不断降至 2006 年的−61.42%；2006—2009 年 R_{cs} 进入第四个波动周期，R_{cs} 在这个波动周期内由 2006 年的−61.42%先上升至 2007 年的 8.21%，后又不断降至 2009 年的 0.76%。

6.3.3　双向对流效应分析

由公式（6-3）～公式（6-5）可分别计算 1994—2009 年上海市入境旅游流空间集聚态指数与入境旅游流空间扩散态指数；在此基础上，可计算 1994—1997 年、1998 —2001 年、2002—2005 年、2006—2009 年上海市入境旅游流空间集聚态指数与入境旅游流空间扩散态指数的平均值；以此两个平均值指标组合成二维空间，通过两个指标的标准值 p、q 的确立，可将平面二维空间划分为四个象限，从而得到 1994—1997 年、1998—2001 年、2002—2005 年、2006—2009 年上海市入境旅游流空间转移态矩阵图。

（1）1994—1997 年的双向对流效应

采用平均值法确定 1994—1997 年上海市入境旅游流空间转移态矩阵的标准值为 p=1 227.48，q=1 219.83。由此，可绘制出 1994—1997 年上海市入境旅游流空间转移态矩阵图（图 6-13）。

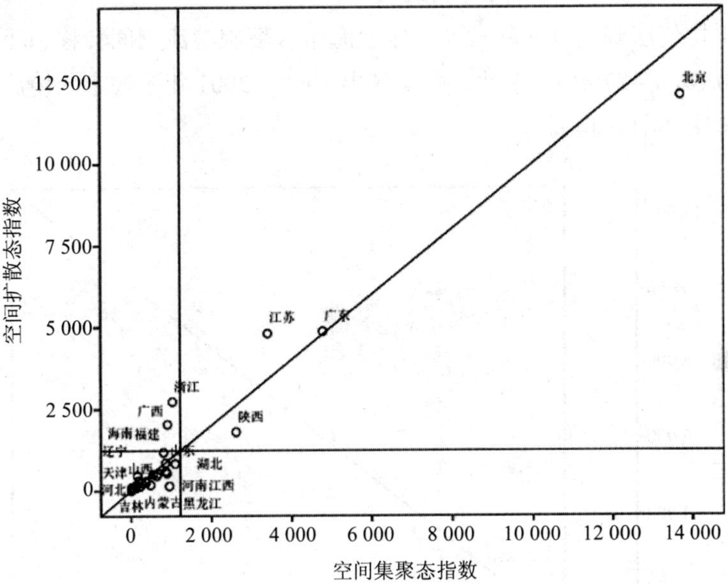

图 6-13　1994—1997 年上海市入境旅游流空间转移态矩阵

Fig. 6-13 Spatial transferring state matrix of inbound tourist flows of Shanghai during 1994-1997

由图 6-13 可知，1994—1997 年，北京、广东、江苏、陕西位于矩阵图的 I 象限（X 高 Y 高），且江苏、广东位于 I 象限的上半部，北京、陕西位于 I 象限的下半部；浙江、广西位于矩阵图的 II 象限（X 低 Y 高）；没有省区位于矩阵图的 IV 象限（X 高 Y 低）；其余的省（自治区、直辖市）均位于矩阵图的 III 象限（X 低 Y 低）。

由此结果可知，1994—1997 年，北京、广东、江苏、陕西既是上海市入境旅游流集聚的主要“前导客源地”，也是上海市入境旅游流扩散的主要“后续目的地”，其中，上海市向江苏、广东扩散入境旅游流的能力略强于此 2 省向上海市集聚入境旅游流的能力；上海市向北京、陕西扩散入境旅游流的能力略弱于此 2 省（直辖市）向上海市集聚入境旅游流的能力。浙江、广西是上海市入境旅游流扩散的主要“后续目的地”，上海市向此 2 省（自治区）扩散入境旅游流的能力明显强于此 2 省（自治区）向上海市集聚入境旅游流的能力。除此 6 省（自治区、直辖市）以外的全国其他省（自治区、直辖市）对上海市入境旅游流集聚和扩散的影响作用相对有限。

（2）1998—2001 年的双向对流效应

采用平均值法确定 1998—2001 年上海市入境旅游流空间转移态矩阵的标准值为 p=870.14，q=870.14。由此，可绘制出 1998—2001 年上海市入境旅游流空间转移态矩阵图（图 6-14）。

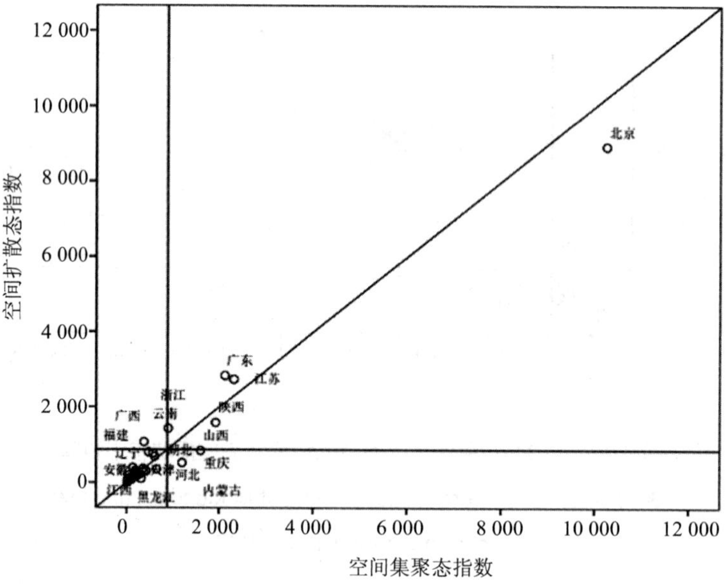

图 6-14　1998—2001 年上海市入境旅游流空间转移态矩阵

Fig. 6-14 Spatial transferring state matrix of inbound tourist flows of Shanghai during 1998-2001

由图 6-14 可知，1998—2001 年，北京、江苏、广东、陕西、浙江位于矩阵图的 I 象限（*X* 高 *Y* 高），且江苏、广东、浙江位于 I 象限的上半部，北京、陕西位于 I 象限的下半部；广西位于矩阵图的 II 象限（*X* 低 *Y* 高）；山西、重庆位于矩阵图的Ⅳ象限（*X* 高 *Y* 低）；其余的省（自治区、直辖市）均位于矩阵图的III象限（*X* 低 *Y* 低）。

由此结果可知，1998—2001 年，北京、江苏、广东、陕西、浙江既是上海市入境旅游流集聚的主要“前导客源地”，也是上海市入境旅游流扩散的主要“后续目的地”，其中，上海市向江苏、广东、浙江扩散入境旅游流的能力略强于此 3 省向上海市集聚旅游流的能力，上海市向北京、陕西扩散入境旅游流的能力略弱于此 2 省（直辖市）向上海市集聚入境旅游流的能力。广西是上海市入境旅游流扩散的主要“后续目的地”，上海市向广西扩散入境旅游流的能力明显强于广西向上海市集聚入境旅游流的能力。山西、重庆是上海市入境旅游流集聚的主要“前导客源地”，上海市向此 2 省（直辖市）扩散入境旅游流的能力明显弱于此 2 省（直辖市）向上海市集聚入境旅游流的能力。除此 8 省（自治区、直辖市）以外的全国其他省（自治区、直辖市）对上海市入境旅游流集聚和扩散的影响作用相对有限。

（3）2002—2005 年的双向对流效应

采用平均值法确定 2002—2005 年上海市入境旅游流空间转移态矩阵的标准值为 p=1 716.60，q=1 716.60。由此，可绘制出 2002—2005 年上海市入境旅游流空间转移态矩阵图（图 6-15）。

由图 6-15 可知，2002—2005 年，北京、江苏、广东、浙江、山西、陕西位于矩阵图的 I 象限（X 高 Y 高），且江苏、广东、浙江、陕西位于 I 象限的上半部，北京、山西位于 I 象限的下半部；没有省区位于矩阵图的 II 象限（X 低 Y 高）；重庆位于矩阵图的 IV 象限（X 高 Y 低）；其余的省（自治区、直辖市）均位于矩阵图的 III 象限（X 低 Y 低）。

由此结果可知，2002—2005 年，北京、江苏、广东、浙江、山西、陕西既是上海市入境旅游流集聚的主要“前导客源地”，也是上海市入境旅游流扩散的主要“后续目的地”，其中，上海市向江苏、广东、浙江、陕西扩散入境旅游流的能力略强于此 4 省向上海市集聚旅游流的能力，上海市向北京、山西扩散入境旅游流的能力略弱于此 2 省（直辖市）向上海市集聚入境旅游流的能力。重庆是上海市入境旅游流集聚的主要“前导客源地”，上海市向重庆扩散入境旅游流的能力明显弱于重庆向上海市集聚入境旅游流的能力。除此 7 省（直辖市）以外的全国其他省（自治区、直辖市）对上海市入境旅游流集聚和扩散的影响作用相对有限。

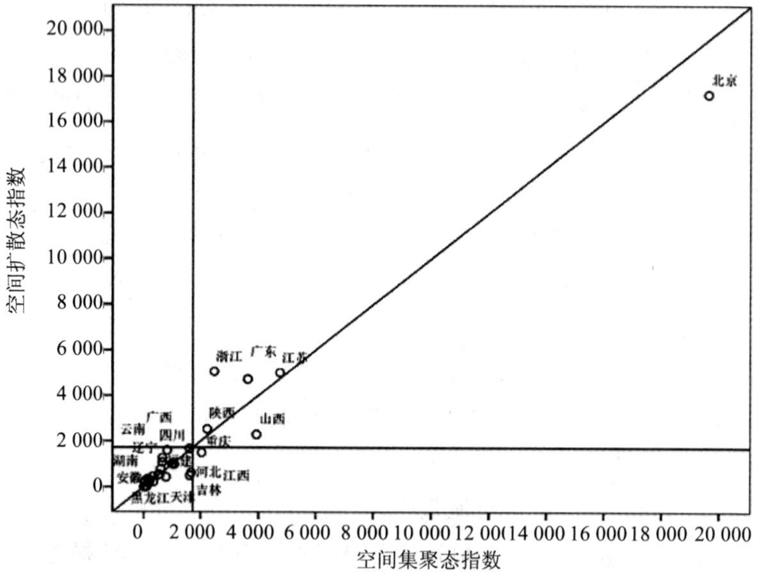

图 6-15　2002—2005 年上海市入境旅游流空间转移态矩阵

Fig. 6-15 Spatial transferring state matrix of inbound tourist flows of Shanghai during 2002-2005

（4）2006—2009 年的双向对流效应

采用平均值法确定 2006—2009 年上海市入境旅游流空间转移态矩阵的标准值为 p=1 593.99，q=1 593.99。由此，可绘制出 2006—2009 年上海市入境旅游流空间转移态矩阵图（图 6-16）。

由图 6-16 可知，2006—2009 年，江苏、浙江、北京、广东、陕西位于矩阵图的Ⅰ象限（X 高 Y 高），且江苏、浙江、北京、广东位于Ⅰ象限的上半部，陕西位于Ⅰ象限的下半部；山东位于矩阵图的Ⅱ象限（X 低 Y 高）；湖北、四川、江西、福建、安徽、重庆位于矩阵图的Ⅳ象限（X 高 Y 低）；其余的省（自治区、直辖市）均位于矩阵图的Ⅲ象限（X 低 Y 低）。

由此结果可知，2006—2009 年，江苏、浙江、北京、广东、陕西既是上海市入境旅游流集聚的主要“前导客源地”，也是上海市入境旅游流扩散的主要“后续目的地”，其中，上海市向江苏、浙江、北京、广东扩散入境旅游流的能力略强于此 4 省（直辖市）向上海市集聚旅游流的能力，上海市向陕西扩散入境旅游流的能力略弱于陕西向上海市集聚入境旅游流的能力。山东是上海市入境旅游流扩散的主要“后续目的地”，上海市向山东扩散入境旅游流的能力明显强于山东向上海市集聚入境旅游流的能力。湖北、四川、江西、福建、安徽、重庆是上海市入境旅游流集聚的主要“前导客源地”，上海市向此 6 省（直辖市）扩散入境旅游流的能力明显弱于此 6 省（直辖市）向上海市集聚入境旅游流的能力。除此 12 省（自治区、直辖市）以外的全国其他省（自治区、直辖市）对上海市入境旅游流集聚和扩散的影响作用相对有限。

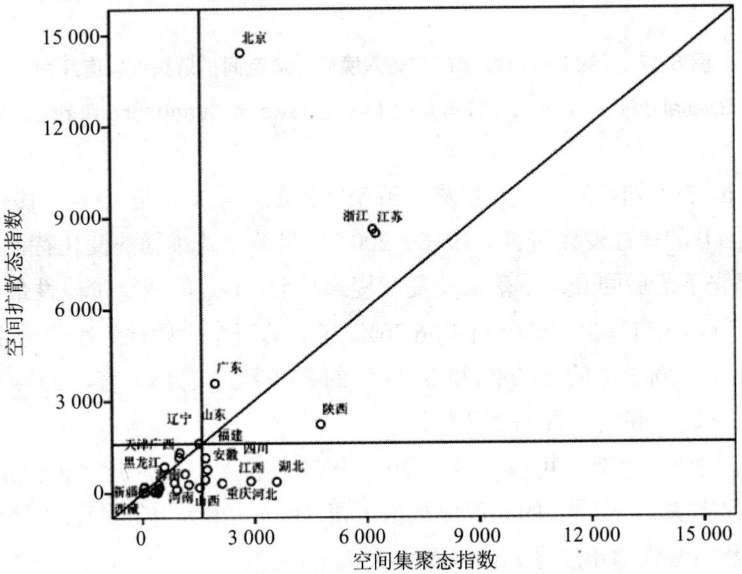

图 6-16　2006—2009 年上海市入境旅游流空间转移态矩阵

Fig. 6-16 Spatial transferring state matrix of inbound tourist flows of Shanghai during 2006-2009

6.4　广东省双向对流实证分析

6.4.1　空间扩散指数分析

由式（6-1）可得 1994—2009 年广东省入境旅游流空间扩散指数 G_{dg} 的年度序列值；由 G_{dg} 的年度序列值可得 1994—2009 年广东省入境旅游流空间扩散指数的年度序列图（图 6-17）。

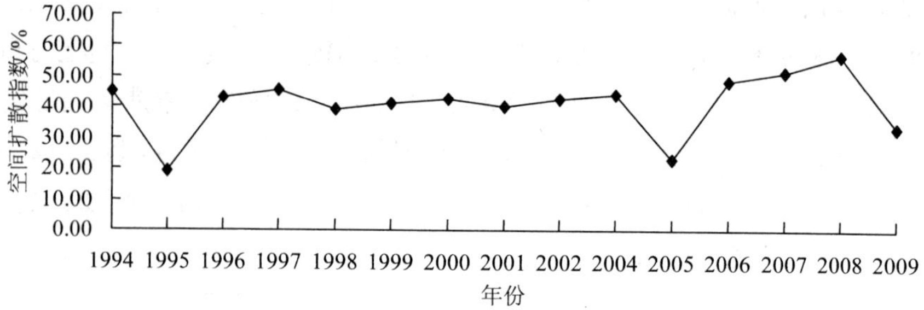

图 6-17　1994—2009 年广东省入境旅游流空间扩散指数年度序列

Fig. 6-17 Spatial diffusion index of inbound tourist flows of Guangdong during 1994-2009

由图 6-17 可知，广东省入境旅游流空间扩散指数 G_{dg} 在 1994—1996 年呈现先下落后回升的弹性变化特征，1996—2004 年呈波动式维稳的变化特征，2004—2009 年呈先下落后回升再下落的反复回旋式波动。G_{dg} 的两个阶段性最大值分别是 1997 年的 45.51%和 2008 年的 56.76%，G_{dg} 的三个阶段性最小值分别是 1995 年的 19.06%、2005 年的 22.98%和 2009 年的 33.09%。总体而言，1994—2009 年 G_{dg} 呈兼具波动性和稳定性的变化特征。

由 G_{dg} 的年度序列值可得 1995—2009 年广东省入境旅游流空间扩散指数 G_{dg} 的年度变化率 R_{dg}；由 R_{dg} 的年度序列值可得 1995—2009 年广东省入境旅游流空间扩散指数的变化率年度序列图（图 6-18）。

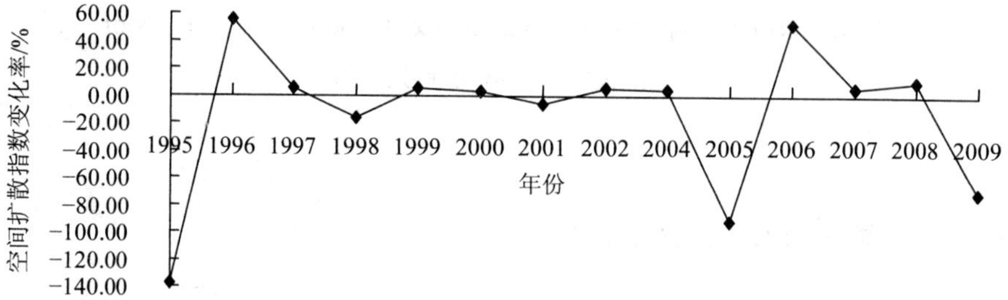

图 6-18　1995—2009 年广东省入境旅游流空间扩散指数变化率年度序列

Fig. 6-18 Annual rate of spatial diffusion index of inbound tourist flows of Guangdong during 1995-2009

由图 6-18 可知，广东省入境旅游流空间扩散指数变化率 R_{dg} 整体呈现波动式维稳的变化特征：1995—1998 年为 R_{dg} 的第一个波动周期，R_{dg} 在这个波动周期内由 1995 年的−137.30%先上升至 1996 年的 55.78%，后不断下降至 1998 年的−16.46%；1998—2001 年为 R_{dg} 的第二个波动周期，R_{dg} 在这个波动周期内由 1998 年的−16.46%先上升至 1999 年的 5.40%，后又不断降至 2001 年的−5.91%；2001—2005 年为 R_{dg} 的第三个波动周期，R_{dg} 在这个波动周期内由 2001 年的−5.91%先上升至 2002 年的 5.52%，后不断减降至 2005 年的−92.33%；2005—2009 年 R_{dg} 进入第四个波动周期，R_{dg} 在这个波动周期内由 2005 年的−92.33%先上升至 2006 年的 52.49%，再下降至 2007 年的 5.45%，再反弹至 2008 年的 9.87%，后又下降至 2009 年的−71.53%。

6.4.2　空间集聚指数分析

由式（6-2）可得 1994—2009 年广东省入境旅游流空间集聚指数 G_{cg} 的年度序列值；由 G_{cg} 的年度序列值可得 1994—2009 年广东省入境旅游流空间集聚指数的年度序列图（图 6-19）。

由图 6-19 可知，广东省入境旅游流空间集聚指数 G_{cg} 在 1994—1996 年呈现不断下降的变化趋势，1996—2005 年呈现小幅波动的维稳趋势，2005—2009 呈现波动式下降的变化趋势。G_{cg} 的三个阶段性最大值分别是 1994 年的 57.78%、1997 年的 48.41%和 2008 年的 44.05%，G_{cg} 的三个阶段性最小值分别是 1996 年的 42.98%、2001 年的 40.75%和 2006 年的 28.52%。总体而言，1994—2009 年 G_{cg} 呈波动式下降的变化趋势。

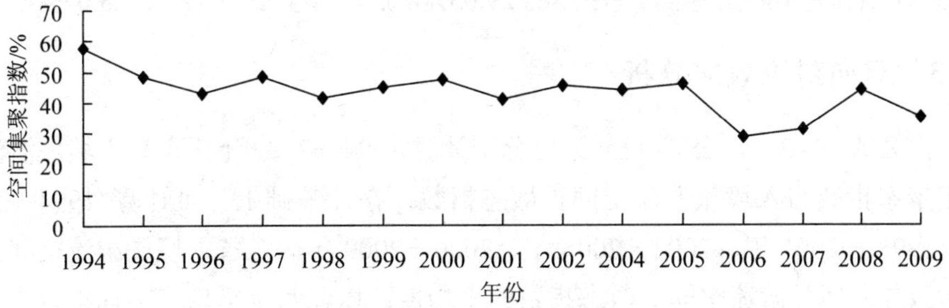

图 6-19　1994—2009 年广东省入境旅游流空间集聚指数年度序列

Fig. 6-19 Spatial concentrate index of inbound tourist flows of Guangdong during 1994-2009

由 G_{cg} 的年度序列值可得 1995—2009 年广东省入境旅游流空间集聚指数 G_{cg} 的年度变化率 R_{cg}；由 R_{cg} 的年度序列值可得 1995—2009 年广东省入境旅游流空间集聚指数的变化率年度序列图（图 6-20）。

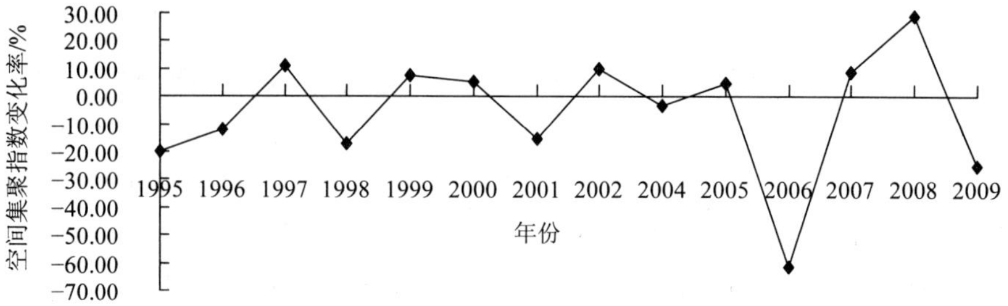

图 6-20　1995—2009 年广东省入境旅游流空间集聚指数变化率年度序列

Fig. 6-20 Annual rate of spatial concentrate index of inbound tourist flows of Guangdong during 1995-2009

由图 6-20 可知，广东省入境旅游流空间集聚指数变化率 R_{cg} 整体呈现波动式上升的变化趋势：1995—1998 年为 R_{cg} 的第一个波动周期，R_{cg} 在这个波动周期内由 1995 年的−19.97%先不断上升至 1997 年的 11.22%，后又下降至 1998 年的−17.14%；1998—2001 年为 R_{cg} 的第二个波动周期，R_{cg} 在这个波动周期内由 1998 年的−17.14%先上升至 1999 年的 7.65%，后又不断降至 2001 年的−15.61%；2001 —2006 年为 R_{cg} 的第三个波动周期，R_{cg} 在这个波动周期内由 2001 年的−15.61%先上升至 2002 年的 9.70%，后微降至 2004 年的−3.28%，再回升至 2005 年的 4.95%，又降至 2006 年的−61.21%；2006—2009 年 R_{cg} 进入第四个波动周期，R_{cg} 在这个波动周期内由 2006 年的−61.21%先不断上升至 2008 年的 29.05%，后又降至 2009 年的−25.04%。

6.4.3　双向对流效应分析

由公式（6-3）～公式（6-5）可分别计算 1994—2009 年广东省入境旅游流空间集聚态指数与入境旅游流空间扩散态指数；在此基础上，可计算 1994—1997 年、1998 —2001 年、2002—2005 年、2006—2009 年广东省入境旅游流空间集聚态指数与入境旅游流空间扩散态指数的平均值；以此两个平均值指标组合成二维空间，通过两个指标的标准值 p、q 的确立，可将平面二维空间划分为四个象限，从而得到 1994—1997 年、1998—2001 年、2002—2005 年、2006—2009 年广东省入境旅游流空间转移态矩阵图。

（1）1994—1997 年的双向对流效应

采用平均值法确定 1994—1997 年广东省入境旅游流空间转移态矩阵的标准值为 p=3 155.12，q=1 067.83。由此，可绘制出 1994—1997 年广东省入境旅游流空间转移态矩阵图（图 6-21）。

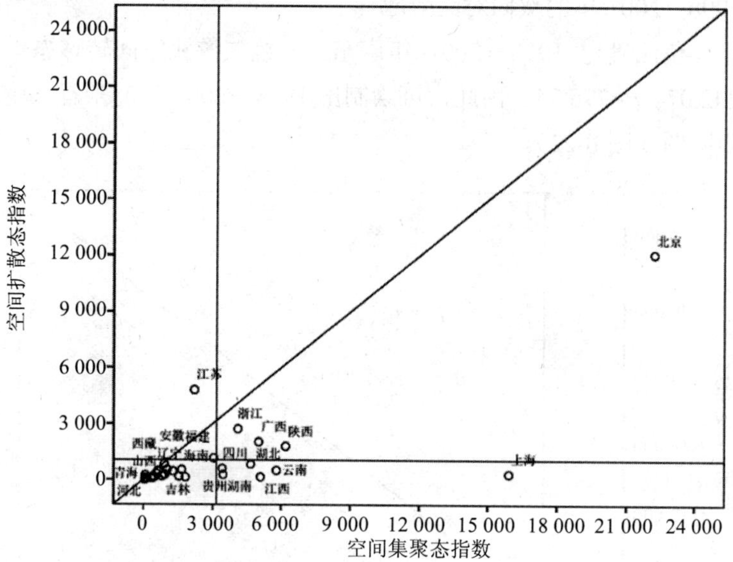

图 6-21　1994—1997 年广东省入境旅游流空间转移态矩阵

Fig. 6-21 Spatial transferring state matrix of inbound tourist flows of Guangdong during 1994-1997

由图 6-21 可知，1994—1997 年，北京、陕西、广西、浙江位于矩阵图的Ⅰ象限（X 高 Y 高），且均位于Ⅰ象限的下半部；江苏、福建位于矩阵图的Ⅱ象限（X 低 Y 高）；上海、云南、江西、湖北、湖南、四川位于矩阵图的Ⅳ象限（X 高 Y 低）；其余的省（自治区、直辖市）均位于矩阵图的Ⅲ象限（X 低 Y 低）。

由此结果可知，1994—1997 年，北京、陕西、广西、浙江既是广东省入境旅游流集聚的主要“前导客源地”，也是广东省入境旅游流扩散的主要“后续目的地”，且广东省向此 4 省（自治区、直辖市）扩散入境旅游流的能力略弱于此 4 省（自治区）向广东省集聚入境旅游流的能力。江苏、福建是广东省入境旅游流扩散的主要“后续目的地”，广东省向此 2 省扩散入境旅游流的能力明显强于此 2 省向广东省集聚入境旅游流的能力。上海、云南、江西、湖北、湖南、四川是广东省入境旅游流集聚的主要“前导客源地”，广东省向此 6 省（直辖市）扩散入境旅游流的能力明显弱于此 6 省（直辖市）向广东省集聚入境旅游流的能力。除此 12 省（自治区、直辖市）以外的全国其他省（自治区、直辖市）对广东省入境旅游流集聚和扩散的影响作用相对有限。

（2）1998—2001 年的双向对流效应

采用平均值法确定 1998—2001 年广东省入境旅游流空间转移态矩阵的标准值为 p=3 442.07，q=775.34。由此，可绘制出 1998—2001 年广东省入境旅游流空间转移态矩阵图（图 6-22）。

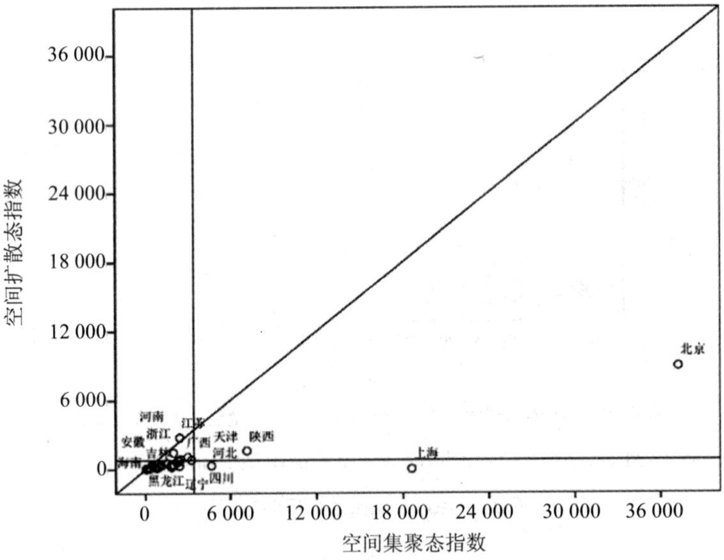

图 6-22　1998—2001 年广东省入境旅游流空间转移态矩阵

Fig. 6-22 Spatial transferring state matrix of inbound tourist flows of Guangdong during 1998-2001

由图 6-22 可知，1998—2001 年，北京、陕西位于矩阵图的Ⅰ象限（X 高 Y 高），且北京、陕西均位于Ⅰ象限的下半部；江苏、浙江、云南、广西、山西、湖北位于矩阵图的Ⅱ象限（X 低 Y 高）；上海、天津位于矩阵图的Ⅳ象限（X 高 Y 低）；其余的省（自治区、直辖市）均位于矩阵图的Ⅲ象限（X 低 Y 低）。

由此结果可知，1998—2001 年，北京、陕西既是广东省入境旅游流集聚的主要“前导客源地”，也是广东省入境旅游流扩散的主要“后续目的地”，其中，广东省向此 2 省（直辖市）扩散入境旅游流的能力均略弱于此 2 省（直辖市）向广东省集聚入境旅游流的能力。江苏、浙江、云南、广西、山西、湖北是广东省入境旅游流扩散的主要“后续目的地”，广东省向此 6 省（自治区）扩散入境旅游流的能力明显强于此 6 省（自治区）向广东省集聚入境旅游流的能力。上海、天津是广东省入境旅游流集聚的主要“前导客源地”，广东省向此 2 直辖市扩散入境旅游流的能力明显弱于此 2 直辖市向广东省集聚入境旅游流的能力。除此 10 省（自治区、直辖市）以外的全国其他省（自治区、直辖市）对广东省入境旅游流集聚和扩散的影响作用相对有限。

（3）2002—2005 年的双向对流效应

采用平均值法确定 2002—2005 年广东省入境旅游流空间转移态矩阵的标准值为 p=4 969.42，q=1 559.44。由此，可绘制出 2002—2005 年广东省入境旅游流空间转移态矩阵图（图 6-23）。

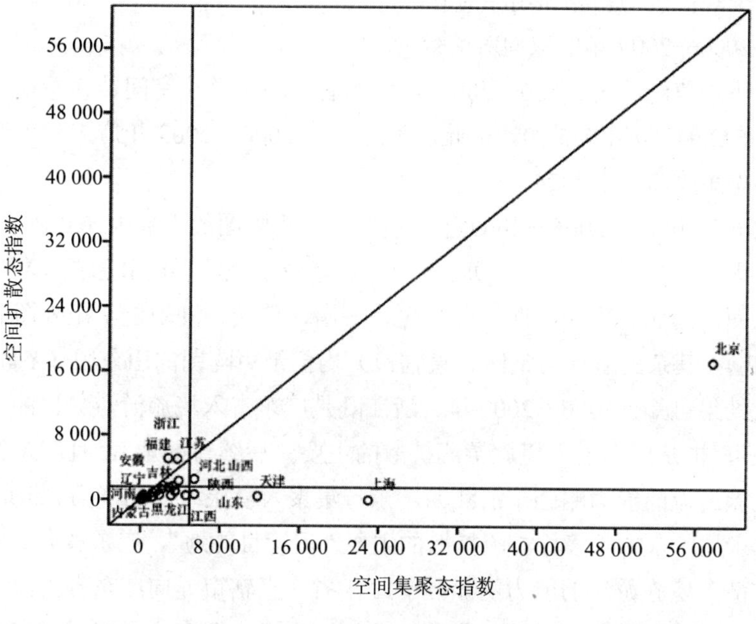

图 6-23 2002—2005 年广东省入境旅游流空间转移态矩阵

Fig. 6-23 Spatial transferring state matrix of inbound tourist flows of Guangdong during 2002-2005

由图 6-23 可知，2002—2005 年，北京、陕西位于矩阵图的 I 象限（*X* 高 *Y* 高），且北京、陕西均位于 I 象限的下半部；江苏、浙江、山西、广西、四川位于矩阵图的Ⅱ象限（*X*低 *Y*高）；上海、天津、河北位于矩阵图的Ⅳ象限（*X*高 *Y*低）；其余的省（自治区、直辖市）均位于矩阵图的Ⅲ象限（*X*低 *Y*低）。

由此结果可知，2002—2005 年，北京、陕西既是广东省入境旅游流集聚的主要“前导客源地”，也是广东省入境旅游流扩散的主要“后续目的地”，其中，广东省向此 2 省（直辖市）扩散入境旅游流的能力略弱于此 2 省（直辖市）向广东省集聚入境旅游流的能力。江苏、浙江、山西、广西、四川是广东省入境旅游流扩散的主要“后续目的地”，广东省向此 5 省（自治区）扩散入境旅游流的能力明显强于此 5 省（自治区）向广东省集聚入境旅游流的能力。上海、天津、河北是广东省入境旅游流集聚的主要“前导客源地”，广东省向此 3 省（直辖市）扩散入境旅游流的能力明显弱于此 3 省（直辖市）向广东省集聚入境旅游流的能力。除此 10 省（自治区、直辖市）以外的全国其他省（自治区、直辖市）对广东省入境旅游流集聚和扩散的影响作用相对有限。

（4）2006—2009 年的双向对流效应

采用平均值法确定 2006—2009 年广东省入境旅游流空间转移态矩阵的标准值为 p=5 642.94，q=1 475.10。由此，可绘制出 2006—2009 年广东省入境旅游流空间转移态矩阵图（图 6-24）。

由图 6-24 可知，2006—2009 年，浙江位于矩阵图的Ⅰ象限（*X*高 *Y*高），且位于Ⅰ象限的上半部；北京、江苏、陕西、山东位于矩阵图的Ⅱ象限（*X*低 *Y*高）；广西、江西、湖北、贵州、四川、福建、海南、重庆、湖南位于矩阵图的Ⅳ象限（*X*高 *Y*低）；其余的省（自治区、直辖市）均位于矩阵图的Ⅲ象限（*X*低 *Y*低）。

由此结果可知，2006—2009 年，浙江既是广东省入境旅游流集聚的主要“前导客源地”，也是广东省入境旅游流扩散的主要“后续目的地”，且广东省向浙江扩散入境旅游流的能力略强于浙江向广东省集聚入境旅游流的能力。北京、江苏、陕西、山东是广东省入境旅游流扩散的主要“后续目的地”，广东省向此 4 省（直辖市）扩散入境旅游流的能力明显强于此 4 省（直辖市）向广东省集聚入境旅游流的能力。广西、江西、湖北、贵州、四川、福建、海南、重庆、湖南是广东省入境旅游流集聚的主要“前导客源地”，广东省向此 9 省（自治区、直辖市）扩散入境旅游流的能力明显弱于此 9 省（自治区、直辖市）向广东省集聚入境旅游流的能力。除此 14 省（自治区、直辖市）以外的全国其他省（自治区、直辖市）对广东省入境旅游流集聚和扩散的影响作用相对有限。

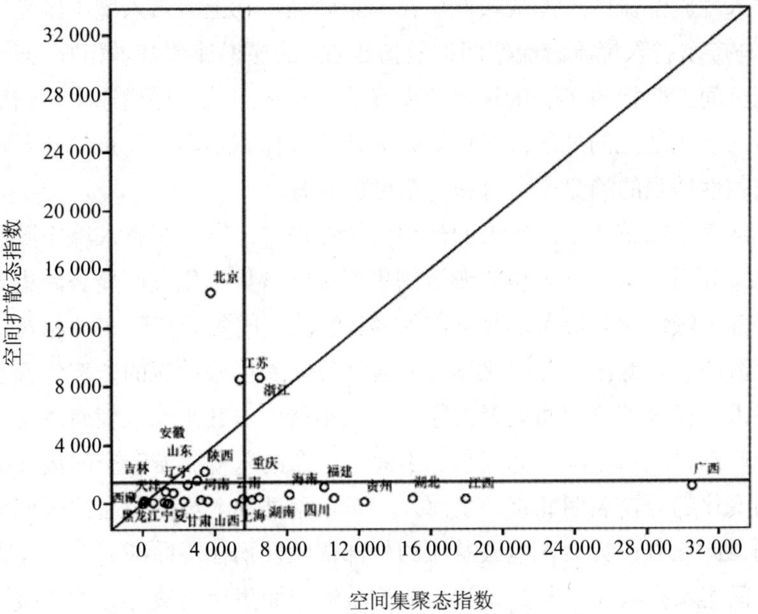

图 6-24　2006—2009 年广东省入境旅游流空间转移态矩阵

Fig. 6-24 Spatial transferring state matrix of inbound tourist flows of Guangdong during 2006-2009

6.5　本章小结

6.5.1　研究结论

（1）从入境旅游流空间扩散的外部依赖性来看：①广东省入境旅游流空间扩散指数 G_{dg} 相对最大，其入境旅游流的扩散目的地区域集中化程度显著，扩散入境旅游流的外部依赖性最大，北京市入境旅游流空间扩散指数 G_{db} 相对最小，其入境旅游流的扩散目的地区域分散化程度显著，扩散入境旅游流的外部依赖性最小，上海市入境旅游流空间扩散指数 G_{ds} 大小居中，其扩散入境旅游流的外部依赖性居于广东、北京之间，且上海市入境旅游流空间扩散指数 G_{ds} 能够长期保持相对稳定；②北京、上海、广东的入境旅游流空间扩散指数均呈现递增的变化趋势，表明北京、上海、广东向外扩散入境旅游流的区域集中性在逐渐加剧，此三省市扩散入境旅游流的外部依赖性均在不断增强；③上海市入境旅游流空间扩散指数 G_{ds} 与广东省入境旅游流空间扩散指数 G_{dg} 的递增速率基本相等，而北京市入境旅游流空间扩散指数 G_{db} 的递增速率高于上海和广东的递增速率，表明上海和广东扩散入境旅游流的外部依赖性增强的趋势大体相当，而北京扩散入境旅游流的外部依赖性增强的趋势比上海和广东更加显著。

（2）从入境旅游流空间集聚的外部依赖性来看：①广东省入境旅游流空间集聚指数 G_{cg} 相对最大，其入境旅游流的集聚源区域集中化程度显著，集聚入境旅游流的外部依赖性相对最大，北京市入境旅游流空间集聚指数 G_{cb} 相对最小，其入境旅游流的集聚源区域分散化程度显著，集聚入境旅游流的外部依赖性相对最小，上海市入境旅游流空间集聚指数 G_{cs} 大小居中，其集聚入境旅游流的外部依赖性居于广东、北京之间；②北京、上海、广东的入境旅游流空间集聚指数均呈现递减的变化趋势，表明北京、上海、广东集聚外部入境旅游流的区域集中性在逐渐减弱，此三省市集聚入境旅游流的外部依赖性均在不断减弱；③北京市入境旅游流空间集聚指数 G_{cb} 与广东省入境旅游流空间集聚指数 G_{cg} 的递减速率基本相等，而上海市入境旅游流空间集聚指数 G_{cs} 的递减速率高于北京和广东的递减速率，表明北京与广东集聚入境旅游流的外部依赖性减弱的趋势大体相当，而上海集聚入境旅游流的外部依赖性减弱的趋势比上海和广东更加显著。

（3）北京、上海、广东的入境旅游流扩散表现出典型的“等级式”与“接触式”并存的扩散模式。三省（市）入境旅游流扩散的“趋高向峰”性特征极其显著——其扩散的目的地区域多为北京、上海、广东、陕西、广西、云南、江苏、浙江、山东、福建等旅游资源等级高的省区或是入境旅游业绩突出的东部沿海经济发达地区；与此同时，基于空间距离的“摩擦阻力效应”，入境旅游流扩散的时空地域格局还遵循“距离衰减规律”，呈现鲜明的地域连续性与渐进性——其扩散目的地区域时常还包括与其自身在空间地域邻近的省区。在此两种扩散模式的共同作用之下，入境旅游流扩散系统总体呈现为地域空间梯级演进的动态平衡发展模式。

（4）北京、上海、广东的入境旅游流空间集聚也表现出典型的“等级式”与“接触式”并存的集聚模式。三省区入境旅游流集聚的“趋高向峰”性特征极其显著——其集聚的源头区域仍多为北京、上海、广东、陕西、广西、云南、四川、江苏、浙江、山东、福建等旅游资源等级高的省区或是入境旅游业绩突出的东部沿海经济发达地区；与此同时，基于空间距离的“摩擦阻力效应”，入境旅游流集聚的时空地域格局也遵循“距离衰减规律”，呈现鲜明的地域连续性与渐进性——其集聚源区域时常还包括与其自身在空间地域邻近的省区。在此两种集聚模式的共同作用之下，入境旅游流空间集聚系统总体呈现为地域空间梯级演进的动态平衡发展模式。

（5）入境旅游流空间转移态矩阵的综合对比分析表明，北京、上海、广东的入境旅游流集聚源区域与扩散目的地区域在多数情况下都近距离均匀地分布于直线 $Y=X$ 的附近。这一分布特征表明，北京、上海、广东的入境旅游流集聚源区域与扩散目的地区域具有高度一致性和重合性，北京、上海、广东彼此互为“前导客源地”和“后续目的地”，入境旅游流扩散的区域互动性与双向对称性十分显著。相比较而言，北京市、上海市入境旅游流空间集散的共轭性与对称性更优，广东省入境旅游流空间集散的共轭性与对称性较差；此外，随着时间的推移，北京市和上海市的扩散属性强化的趋势更加显著，而广东省的集聚属性强化的趋势更加显著。

6.5.2　启示思考

（1）北京、上海、广东入境旅游流扩散的外部依赖性在不断上升，与此同时，北京、上海、广东入境旅游流集聚的外部依赖性却在不断下降。两者得以并行不悖地存在，在客观上就表明了：①伴随入境旅游流的发展壮大，入境旅游流的扩散遵循“路径依赖”与“路径强化”的客观规律作用，即入境旅游流的扩散所受的无形“束缚”不断强化，其扩散的目的地区域和扩散的路径也不断强化，在理论上甚至可以达到“路径锁定”的终极效果，从而使得入境旅游流扩散的外部依赖性不断上升；②伴随入境旅游流的发展壮大，入境旅游流的集聚存在“路径发散”与“反路径锁定”的客观规律作用，即入境旅游流的集聚所受的无形“束缚”不断解除，其集聚的源头区域和原有的集聚路径不断发散化，在理论上甚至可以达到“均质集聚”的理想境界，从而使得入境旅游流集聚的外部依赖性不断下降。

（2）中国入境旅游流集散地域空间的等级性和梯级差异化特征鲜明。北京、上海、广东等东部入境旅游热点省区不仅是中国东部地区入境旅游流集散的核心区域，而且已成为中国入境旅游流集散的“一级”核心区域，即中国入境旅游流集散的热点和核心区域；陕西、广西、云南、四川等西部入境旅游热点省区不仅是中国西部地区入境旅游流集散的核心区域，而且已成为中国入境旅游流集散的“二级”核心区域，即中国入境旅游流集散的准热点和准核心区域。中国中部地区目前虽尚未形成十分显著的入境旅游流集散的核心区域，但湖北、内蒙古、黑龙江、山西、河南、安徽、江西等省与入境旅游热点省区之间的入境旅游流互动性正在日益增强，因此，可以预言，伴随中部地区的产品升级与产业转型、区位优化和市场拓展、基础服务设施不断完善，中国入境旅游流集散的“三级”核心区域未来必将在中部地区出现。当然，这个过程不可避免地会因为政府和市场的双重作用而经历一些反复的变化。

（3）中国入境旅游流集散整体呈现“东—西递进式”的空间地域发展格局。一方面，基于区位环境、交通可达性、旅游资源等因素，入境旅游流高度集中于中国东部省区的地域空间特征尤为鲜明，在世界级旅游产品的引导作用下，中国入境旅游流集散表现出显著的“东—西递进式”流动模式；另一方面，基于经济社会环境、国际化程度、旅游产业配套设施等因素，以及入境游客从口岸城市离境的客观需要，中国入境旅游流集散表现出规模化的“西—东递进式”流动模式。在此两种流动模式的共同作用下，中国入境旅游集散已成为一个“东部引领西部，西部反作用于东部”的时空地域格局复杂的动态平衡系统。基于系统中此两股力量的时空分异与优势对比，综合考虑多重现实因素的客观影响，中国入境旅游流集散的“东—西递进式”空间地域发展格局将长久维持下去，在短时期内发生变化的可能性不大。

（4）探讨入境旅游流扩散的动态规律特征，应基于时空二元综合的分析视角和“科学求真”的哲学锐器。针对入境旅游流扩散的研究，应在历时性的数理分析基础上，加以共时性的地域空间结构特征辨析，既要掌握基于时间思维的定量的数理分析技巧，更应重视基于空间思维的地域空间相互作用理论及其实际应用，实现“共时性”分析与“历时性”分析视角的互补，即对特征元素时空动态结构的系统综合分析，唯此，方能深入揭示“流向”“流量”“时空动态”等入境旅游流扩散转移的矢量要素特征及其动态变迁历程；当前国内部分学者一方面积极引入国外关于地域空间相互作用的相关理论成果；另一方面往往却又将这些理论束之高阁，在实证研究中依然习惯于将旅游流地域差异和流动转移产生的原因单纯地归为经济发展战略与重大事件的间接影响，这种“二元”做法虽貌似合理却实为一种误读，因为它直接导致了理论与实践之间的龃龉与异化，在本质上它更与科学的“求真性”背道而驰。

（5）入境旅游流的双向对流特征启示入境旅游流扩散的研究亟须从“单点层次”向“系统层次”转变。目前针对旅游流空间扩散地域结构分异的研究仍重视其静态性与独特性，轻视其动态性与系统性，从而导致了多数研究成果仅关注区域单一的出游（旅游客源地）或入游（旅游目的地）职能，较少关注旅游活动的“多目的地性”。这一做法既与“旅游在本质上不同于其他休闲方式在于其流动性[200]”的理论观点相矛盾，又与“许多区域既是客源地，又是目的地”的现实状况相脱节。事实上，将区域片面地定性为旅游客源地或旅游目的地的“单点层次”研究忽视了出游同入游之间的互动关联性。旅游流的集聚与扩散，犹如一枚硬币的正面与反面，二者之间既互相对应，又互为因果，缺一不可。旅游流空间扩散的双向对流既是流动之“缘”，又是流动之“果”。入境旅游流扩散的系统性综合研究亟须从静态分析向动态分析转变，将区域的“出游”与“入游”职能统一起来，并强化不同时空尺度流动规律特征的动态探索，如此方能推动入境旅游流研究从独立的和静态的“单点层次”向兼具系统性和动态性的“系统层次”转变。

第 7 章 结论与讨论

7.1 主要结论

（1）入境旅游伴生而来的差异属性是入境旅游发展时空地域格局产生的根源所在

由于经济发展并非均衡的发生于广泛的地域空间，因此在区域经济发展的过程中，必然会出现经济的空间极化和经济的空间地域格局，伴随经济增长极的出现，区域经济发展会受到极化效应和涓滴效应的双重影响，从而构建现实的经济空间地域格局；入境旅游的发展在地域空间局也存在类似的规律——基于现实多重要素的影响作用，入境旅游伴生而来的差异属性必然导致入境旅游典型区域的形成，在入境旅游典型区域出现之后，入境旅游的发展不可避免会受到极化效应和涓滴效应的双重影响，进而构建现实的入境旅游时空地域格局。

（2）入境旅游流扩散兼具“等级式”与“接触式”的地域规律特征

入境旅游流扩散既表现出典型的“趋高向峰”性也表现出典型的“距离衰减”规律——入境旅游流向外扩散的目的地区域除了旅游资源等级高的省区和入境旅游业绩突出的东部沿海经济发达地区外，主要还包括与其自身在空间地域邻近的区域。在这两种规律特征的作用之下，入境旅游流扩散的时空地域格局整体呈现出“等级式”与“接触式”并存的结构特征，其时空地域格局呈现为梯级演进的动态平衡发展模式。

（3）入境旅游流扩散整体呈现典型的“东—西递进式”发展格局与演进态势

一方面，基于区位环境、交通可达性、旅游资源等因素，在世界级旅游产品的引导作用下，中国入境旅游流扩散表现出显著的“东—西递进式”流动模式；另一方面，基于经济社会环境、国际化程度、旅游产业配套设施等因素，以及入境游客从口岸城市离境的客观需要，中国入境旅游流扩散表现出规模化的“西—东递进式”流动模式。在此两种流动模式的共同作用下，中国入境旅游空间扩散已成为一个“东部引领西部，西部反作用于东部”的时空地域格局复杂的动态平衡系统。基于系统中此两股力量的时空分异与优势对比，综合考虑多重现实因素的客观影响，中国入境旅游流扩散的“东—西递进式”空间地域发展格局将长久维持下去，在短时期内发生变化的可能性不大。

（4）入境旅游流扩散梯级网络结构已初步形成并不断调整优化

以北京为核心的环渤海区、以上海为核心的长三角区、以广东为主体的珠三角区等东部典型区不仅是中国东部地区入境旅游的核心区域，而且已成为中国入境旅游流扩散系统的“一级”核心区域；以陕西为主体的丝路三秦区、以四川为主体的川蜀天府区、以云南为主体的彩云之南区等西部典型区不仅是中国西部地区入境旅游的核心区域，而且已成为中国入境旅游流扩散系统的“二级”核心区域；以福建为主体的海峡西岸区、以黑龙江为主体的白山黑水区、以内蒙古为主体的大漠草原区、以湖北为主体的荆楚余韵区目前虽尚未成长为辐射带动效应十分显著的入境旅游核心区域，但这些区域与已有核心区域之间的入境旅游流互动性日益强化，因此可以预言：伴随这些区域旅游产业发展与壮大、旅游产品开发与升级、交通区位完善与优化、知名度提升与品牌创新，中国入境旅游流扩散系统的“三级”核心区域必将在这些地区逐步成长起来。

（5）入境旅游流扩散的根本动力机制源于流空间的天然运动属性

经典物理学的惯性定律表明：解释引起物体运动的原因并不是必需的，解释物体运动状态改变的原因才是必需的。事实上，自然运动兼具必然性和可控性，这种“天然运动”属性也同样适用于运动经济体。借鉴惯性定律的基本思路，对入境旅游流扩散可做出“天然运动”的基本假设——“入境旅游流扩散，在不受任何外力作用的时候，将保持一种原生的运动状态，直至有外力迫使它改变这种状态为止。”基于这个基本假设，入境旅游流扩散的根本动力机制源于流空间的天然运动属性，对入境旅游流扩散本原机理的探索也将跳出传统的静止状态假设研究，进入全新的运动状态假设研究。

（6）影响入境旅游流在地域空间流动的外部因素多种多样

影响入境旅游流扩散的外部因素可归结为“硬质环境”和“软质环境”两大类：“硬质环境”主要包括区位状况、旅行费用、空间距离、基础设施、服务设施、安全状况等，“软质环境”主要包括旅游资讯、友善好客、民风民俗、娱乐购物、节事庆典、餐饮美食等；影响入境旅游流扩散的地理因素可归结为自然地理因素和人文地理因素两大类：自然地理因素包括自然资源、地形地貌、气候水文等；人文地理因素包括文化遗存、经济禀赋、区位状况、政策氛围、产业运行等。在这些外部因素的共同作用下，入境旅游流扩散系统整体呈现为规模逐步提升、地域空间逐级演替的动态发展模式，且这个过程不可避免地会因为政府和市场的共同作用而经历一些反复的变化。

7.2 启示思考

（1）探索入境旅游流扩散的本原机理需从宏观和微观的双重视角入手

对入境旅游流扩散特征的最基础的表述可以通过空间距离来表现，入境旅游流的流动是在空间距离影响下受到力的作用的必然结果，这种力被定义为附属于区位的规模化度量。入境客流扩散的研究发端于“个体行为视角[219]”的旅游者行为规律分析，指向“区域视角”的社会群体流动规律探讨，这两个命题之间既存在因果关联性，也存在本质差异性，因此，探索入境客流扩散的本原机理需从宏观和微观的双重视角入手。“旅游动机”“吸引要素”“障碍因素”等的原生变量原本只是针对单个入境游客的行为规律分析而设定的调查指标，然而，当所有这些作为个体的入境游客聚集为一个群体的“旅游流”时，这些原本作用于单个入境游客的要素将纷纷转化为“动机束”“吸引束”“障碍束”等衍生变量而作用于旅游流的社会群体流动。基于统计学的分析方法，可以发现虽然作为个体的每一名入境游客的个人行为及其空间状态往往具有随机性与无序性，但这些入境游客聚集为一个群体的“旅游流”时，其群体流动将表现出显著的规律性和秩序性，且这种群体流动的规律是可认知的和可观控的。从而，研究入境旅游流扩散的流动规律特征应紧紧围绕“旅游者”这个一切旅游活动的核心，进而延伸至入境旅游客流群体的流动规律特征，基于“流空间”的天然运动属性和运动的规律性深入发掘入境旅游流扩散的必然性与可知性，此外，入境旅游流扩散的流动规律特征应紧紧围绕空间结构和空间相互作用，探索遵循空间地域结构特征的入境旅游流扩散的本原机理。

（2）入境旅游流的双向对流特征启示入境旅游流扩散的研究亟须从“单点层次”向“系统层次”转变

入境旅游流扩散的目的地区域与集聚源区域的高度重合性和一致性，表明了入境旅游流扩散鲜明的区域互动性特征与双向对称性特征。然而，目前针对旅游流空间扩散地域结构分异的研究仍重视其静态性与独特性，轻视其动态性与系统性，从而导致了多数研究成果仅关注区域单一的出游（旅游客源地）或入游（旅游目的地）职能，较少关注旅游活动的“多目的地性”。这一做法既与“旅游与其他休闲方式的本质区别在于它的天然流动性[200]”的理论观点相矛盾，又与“许多区域既是客源地，又是目的地”的现实状况相脱节。事实上，将区域片面地定性为旅游客源地或旅游目的地的“单点层次”研究忽视了出游同入游之间的互动关联性，旅游流的集聚与扩散，恰如一枚硬币的正面与反面，二者之间既是互相对应，也是互为因果，缺一不可。旅游流空间扩散的双向对流既是流动之“缘”，也是流动之“果”。入境旅游流扩散的系统性综合研究亟须从静态分析向动态分析转变，将区域的“出游”与“入游”职能统一起来，并强化不同时空尺度流动规律特征的动态探索，如此方能推动入境旅游流研究从独立的和静态的“单点层次”向兼具系统性和动态性的“系统层次”转变。

（3）探索入境旅游流扩散的本原机理必须高度关注“理想状态”与“非理想状态”的“实验式”分离

目前学术界对入境旅游流扩散的研究虽面面俱到，但却囿于将动力机制同阻力效应相混淆，多数学者习于针对现实的“非理想状态”开展研究而却不能设定一个“实验式”的“理想状态”，这一做法致使旅游流扩散的驱动机制研究陷入混沌，其结果就是多数研究成果止步于入境旅游流扩散的“现象规律”考究，却很难深入发掘入境旅游流扩散的“本原机理”。提出非理想状态与理想状态的“实验式”分离这一观点正是作者感慨于目前学术界的现状而有所感悟。作者不避浅陋，提出这一观点，旨在抛砖引玉，也是试图跳出传统研究中的“思维陷阱”，倡导对入境旅游流扩散的“实验式”“理想状态”研究，实现入境旅游流扩散动力机制探索的阶段性提升，助推入境旅游流扩散向“机理探索”不断深入。

（4）谋求入境旅游的区域协调发展宜区别对待

谋求入境旅游的区域协调发展应因地制宜制订科学合理的发展战略：①东部省区之间宜实施“强强合作，客流互送”的发展战略，推动东部地区入境旅游的持续发展；②东部省区同中西部省区之间宜实施“强弱协作，互利共赢”的发展战略，突出各自的区位或资源优势，谋求东部地区与中西部地区入境旅游的互动式发展；③中西部省区之间宜实施“弱弱携手，扬长避短”的发展战略，充分发挥各自资源优势，加强旅游合作开发与市场共享，实现优势互补与协调发展。

7.3 拟创新之处

本书力图在以下五个方面有所创新：

（1）将社会物理视角引入旅游流扩散研究

创新性地将社会物理的认识视角引入旅游流扩散研究，从力学、场效应、客流折射、双向对流四个认识角度，深入系统地分析北京、上海、广东入境旅游流扩散的时空规律特征及其关联互动影响。

（2）从微观和宏观的双重视角研究入境旅游流扩散

既立足微观视角，分析入境游客行为，又立足宏观视角，探讨入境旅游流流动。区别了随机性的个人行为与秩序性的社会群体流动，并指明入境旅游流时空扩散的规律是可认知与可观控的。

（3）入境旅游流折射效应的提出与应用

基于光线折射，提出入境旅游流折射模型的概念，系统分析入境旅游流扩散对其他省区的重要程度，归纳演绎入境旅游流扩散地域格局的“长尾”分布特征，并将入境旅游流扩散的目的地区域划分为“流密介质”和“流疏介质”两类。

（4）入旅游流扩散力学视角下正向力与反向力的区别性对待

立足力学视角，对入境旅游流扩散的“正向力”与“反向力”予以区别对待，尝试探索入境旅游流扩散的深层驱动机制，基于作者亲身参与的市场调查问卷数据，借助 SPSS 和 AMOS 软件，实证分析导致入境旅游流扩散的关键影响因素及其产生作用的力度强弱。

（5）入境旅游流双向对流效应的提出与应用

基于大气对流，提出入境旅游流的双向对流效应；借助入境旅游流空间转移态矩阵，系统分析入境旅游流扩散的共轭性与双向对流特征，尝试超越旅游流扩散“单点层次”的思维定式，进入旅游流扩散“系统层次”的研究模式。

7.4 不足之处

（1）本书中多处的时间序列分析囿于 1994—1997 年、1998—2001 年、2002—2005 年、2006—2009 年这四个时段，这种划分办法忽略了不同年份之间的年际差异性，也忽略了同一年之内的时间差异性；本书中所用的空间地域分析囿于省级层面，这种划分办法忽略了对更大地域尺度的入境旅游流扩散研究，也忽略了对更小地域尺度的入境旅游流扩散研究。

（2）入境游客抽样市场调查资料是本书主要的数据来源之一，而实际上抽样样本量的随机性必然带来诸多的不确定性因素，这些漏洞可能导致信息量的不完整和研究结论的片面性；此外，受时间和精力所限，本书所用的一手抽样调查数据仅仅来自国家自然科学基金项目组的成员于2008年在北京、上海、广州、深圳所做的市场调查资料，事实上，这些一手抽样调查数据仅具阶段代表性和区域代表性，据此分析得到的中国入境旅游流时空扩散的相关结论恐难免以偏概全之嫌。

（3）本书仅对入境旅游流从北京、上海、广东向中国内地的其他省区扩散开展了深入系统分析，并未对入境旅游流从客源地向京沪粤的流动开展研究，也未对入境旅游流在中国大陆其他省区游览过后的“持续深入式”扩散流动开展研究。事实上，旅游流是客流在地域空间的矢量化流动模式，在空间中突出表现为客流的不断扩散转移，因此，入境旅游流时空扩散的研究尺度既可前推至入境旅游流从客源地向口岸的矢量化流动，也可后推至入境旅游流在多个目的地之间的矢量化流动。入境旅游流在不同时空尺度下的扩散流动模式研究既涉及数据匹配、建模分析等技术问题，也涉及经济格局、产业配套等现实问题，这些领域均有待后续研究的不断深入。

参考文献

[1] Lim C，Pan G W. Inbound tourism developments and patterns in China[J]. Mathematics and Computers in Simulation，2005，68（5）：498-506.

[2] 钱春弦. 邵琪伟：我国旅游业黄金发展期格局不会改变[N]. 中国旅游报，2009-3-6（1）.

[3] 林毅夫，蔡昉，李周. 中国经济转型时期的地区差距分析[J]. 经济研究，1998（6）：3-10.

[4] 陈秀琼，黄福才. 中国入境旅游的区域差异特征分析[J]. 地理学报，2006，61（12）：1271-1280.

[5] 席建超，甘萌雨，吴普，等. 中国入境游客旅游消费总体趋势与区域差异：1996—2005年[J]. 地理研究，2010，29（4）：737-747.

[6] 马耀峰，李天顺，等. 中国入境旅游研究[M]. 北京：科学出版社，1999.

[7] 吴三忙，李树民. 1987 年以来中国入境旅游区域差异特征与演变趋势分析[J]. 旅游科学，2008，22（2）：38-43.

[8] 陆林. 现代国际旅游流研究[D]. 中国科学院地理科学与资源研究所，1997.

[9] 马耀峰，李天顺，刘新平. 旅华游客流动模式系统研究[M]. 北京：高等教育出版社，2001.

[10] 张文尝. 中国客流的影响因素及其地区差异研究[J]. 地理学报，1988，43（3）：191-198.

[11] 马耀峰. 中国旅游地理学的优势与挑战[J]. 地理学报，2004，59（S1）：139-144.

[12] 赵华. 中国入境旅游流空间分布及其演变分析研究[D]. 西安：陕西师范大学，2007.

[13] 丁正山. 城市旅游流的空间结构与集散研究[D]. 南京：南京师范大学，2004.

[14] Wolfe R I. Perspective on outdoor recreation：A bibligographical survey[J]. The Geographical Review，1964，54（2）：203-238.

[15] Smith R H T. Concepts and methods in commodity flow analysis[J]. Economic Geography，1970，46（2）：404-416.

[16] Britton J N H. Methodology in flow analysis[J]. East Lakes Geographer，1971（7）：22-36.

[17] Uysal M，Crompton J L. Determinants of demand for international tourist flows to Turkey[J]. Tourism Management，1984，5（4）：288-297.

[18] Leiper N. Main destination ratios：Analyses of tourist flows[J]. Annals of Tourism Research，1989，16（4)：530-541.

[19] Jansen-Verbeke M，Spee R. A regional analysis of tourist flows within Europe[J]. Tourism Management，1996，16（1)：73-80.

[20] Kulendran N，King M L. Forecasting international quarterly tourist flows using error-correction and time-series models[J]. International Journal of Forecasting，1997，13（3)：319-327.

[21] Alexis S. Establishing the social tourism carrying capacity for the tourist resorts of the east coast of the Republic of Cyprus[J]. Tourism management，2000，21（2)：147-156.

[22] Witt S，Song H. Forecasting future tourist flows[R]. Tourism and Hospitality in the 21st Century，2001.

[23] Bruce P. Factors affecting bilateral tourist flows[J].Annals of Tourism Research，2005，32（3)：780-801.

[24] O'Connor A，Zerger A，Itami B. Geo-temporal tracking and analysis of tourist movement[J]. Mathematics and Computers in Simulation，2005，69（1)：135-150.

[25] McKercher B，Wong C，Lau G. How tourists consume a destination[J]. Journal of Business Research，2006，59（5)：647-652.

[26] Becken S，Vuletich S，Campbell S. Developing a GIS-supported tourist flow model for New Zealand[M]. Developments in Tourism Research，2007.

[27] Kim S S，Timothy D J，Hwang J. Understanding Japanese tourists' shopping preferences using the decision tree analysis method[J]. Tourism Management，2011，32（3)：544-554.

[28] Xia J，Zeephongsekul P，Packer D. Spatial and temporal modelling of tourist movements using Semi-Markov processes[J]. Tourism Management，2011，32（4)：844-851.

[29] 陆林. 山岳风景区客流研究[J]. 地理学报，1994，49（3)：236-246.

[30] 马耀峰，李永军.中国入境旅游流的空间分析[J]. 陕西师范大学学报（自然科学版)，2000，28（3)：121-124.

[31] 秦学. 我国城市旅游研究的回顾与展望[J]. 人文地理，2001，16（2)：73-78.

[32] 汪德根，陆林，刘昌雪，等. 山岳型旅游地国内客流时空特性——以黄山、九华山为例[J]. 山地学报，2004，22（5)：625-632.

[33] 沈振剑. 河南省旅游流时空变化的预测及发展趋势[J]. 经济经纬，2005（4)：120-122.

[34] 马晓龙. 西安旅游区入境旅游流时空演变及系统调控[J]. 人文地理，2006，21（4)：88-95.

[35] 钟静，张捷，李东和，等. 历史文化村镇旅游流季节性特征比较研究——以西递、周庄为例[J]. 人文地理，2007，22（4）：68-71.

[36] 张佑印，马耀峰，赵现红. 中国一级城市入境旅游流时空演变模式分析[J]. 城市问题，2008（2）：90-94.

[37] 张佑印，马耀峰，马红丽，等. 北京入境集聚扩散旅游流平衡点转移规律研究[J]. 旅游学刊，2009. 24（12）：31-35.

[38] 方世敏，赵金金. 基于齐夫定律的红色旅游景区旅游流扩散研究——以延安为例[J]. 延安大学学报（社会科学版），2010，32（1）：67-74.

[39] 邓明艳. 成都国际旅游市场旅游流特征的分析[J]. 经济地理，2000，20（6）：115-117，124.

[40] 马耀峰，李永军.中国入境后旅游流的空间分布研究[J]. 人文地理，2001，16（6）：44-47.

[41] 王洁. 以广深为起点的海外旅游流的流动分析[J]. 统计与信息论坛，2002（9）：31-38.

[42] 丁正山. 南京国内旅游流时空演变研究[J]. 旅游学刊，2004，19（2）：37-40.

[43] 涂建军. 四川省入境旅游客流时空动态模式研究[J]. 长江流域资源与环境，2004，13（4）：338-342.

[44] 马晓龙，吴必虎. 西安旅游区旅游流空间结构研究[J]. 地理与地理信息科学，2004，20（5）：95-97.

[45] 黄泰，张捷. 基于旅游流特征分析的旅游区域影响研究——以淮安市为例[J]. 旅游科学，2006，20（2）：18-26.

[46] 张新妮. 青岛入境旅游流空间动态研究[D]. 青岛：青岛大学，2006.

[47] 卞显红，沙润，杜长海.长江三角洲城市入境旅游流区域内流动份额分析[J]. 人文地理，2007，22（2）：32-38.

[48] 刘宏盈，马耀峰，白凯，等.口岸入境旅游流扩散转移特征研究[J]. 社会科学家，2008（1）：99-103.

[49] 赵瑞，马耀峰，张碧星. 以西安为节点的海外旅游流空间流动分析[J]. 山西师范大学学报（自然科学版），2008，22（3）：117-120.

[50] 程宇. 中国典型旅游城市入境旅游流的模糊聚类分析[J]. 江西农业学报，2010，22（8）：178-180.

[51] 杨琳琳，陆玉麒，丛晓光. 山东省入境旅游流的时空结构研究[J]. 国土与自然资源研究，2011（1）：76-77.

[52] Williams A T，Zelinsky W. On some patterns of internationals tourist flows[J]. Economic Geography，1970，46（4）：549-567.

[53] Dann G. Tourist motivation an appraisal[J]. Annals of Tourism Research，1981，8(2)：187-219.

[54] Martin C A，Witt S F. Tourism demand forecasting models：Choice of appropriate variable to represent tourists' cost of living[J]. Tourism Management，1987，8（3）：233-246.

[55] Christine A W，Stephen F W，Wilson N. Forecasting international tourist flows[J]. Annals of Tourism Research，1994，21（3）：612-628.

[56] Formica S，Uysal M. The revitalization of Italy as a tourist destination[J]. Tourism Management，1996，17（5）：323-331.

[57] Zhang Q，Han Q，Terry L .An analysis of Mainland Chinese visitors' motivations to visit Hong Kong[J]. Tourism anagement，1999，20（5）：587-594.

[58] Andreas P. Why people travel to different places[J]. Annals of Tourism Research，2001，28（1）：164-179.

[59] Christine L，Grace W P. Inbound tourism developments and patterns in China[J]. Mathematics and Computers in Simulation，2005，68（5-6）：498-506.

[60] Kim J H，Moosa I A. Forecasting international tourist flows to Australia：A comparison between the direct and indirect methods[J]. Tourism Management，2005，26（1）：69-78.

[61] Endo K. Foreign direct investment in tourism—Flows and volumes[J]. Tourism Management，2006，27（4）：600-614.

[62] Song H，Witt S F. Forecasting international tourist flows to Macau[J]. Tourism Management，2006，27（2）：214-224.

[63] Zhang J，Jensen C. Comparative advantage：Explaining tourist flows[J]. Annals of Tourism Research，2007，34（1）：223-243.

[64] Cooper C，Hall C M. Contemporary tourists，tourist behaviour and flows[M]. Contemporary Tourism，2008.

[65] Marrocu E，Paci R. They arrive with new information：Tourist flows and production efficiency in the European regions[J]. Tourism Management，2011，32（2）：750-758.

[66] 张捷，都金康，周寅康，等. 观光旅游地客流时间分布特性的比较研究——以九寨沟、黄山及福建永安桃源洞鳞隐石林国家风景名胜区为例[J]. 地理科学，1999，19（1）：49-55.

[67] 陆林，宣国富，章锦河，等. 海滨型与山岳型旅游地客流季节性比较——以三亚、北海、普陀山、黄山、九华山为例[J]. 地理学报，2002，57（6）：731-740.

[68] 路紫，刘娜，Zui Z. 澳大利亚旅游网站信息流对旅游人流的导引：过程、强度和机理问题[J]. 人文地理，2007，22（5）：88-95.

[69] 刘珍珍，章锦河，包曾婷. 旅游流与贸易流的相关性分析[J]. 旅游论坛，2009. 2（6）：801-806.

[70] 彭华. 旅游发展驱动机制及动力模型探析[J]. 旅游学刊，1999，14（6）：6-12.

[71] 保继刚，龙江智. 城市旅游驱动力的转化及其实践意义[J]. 地理研究，2005，24（2）：274-382.

[72] 杨兴柱. 旅游流驱动力系统分析[J]. 地理研究，2011，30（1）：23-36.

[73] 吴传钧. 迎接中国地理学进入发展的新阶段[J]. 地域研究与开发，2002，21（3）：1-5.

[74] 楚义芳. 旅游的空间经济分析[M]. 西安：陕西人民出版社，1992.

[75] 林南枝，陶汉军.旅游经济学[M]. 天津：南开大学出版社，2000.

[76] 张辉. 旅游经济论[M]. 北京：旅游教育出版社，2002.

[77] 国家旅游局. 中国旅游统计年鉴[M]. 北京：中国旅游出版社，1994—2009.

[78] 国家旅游局. 入境游客抽样调查资料[M]. 北京：中国旅游出版社，1994—2009.

[79] Pearce D. Tourism today：A geography analysis[M]. New York：John Wiley & Sons，1987.

[80] 郭来喜，保继刚. 中国旅游地理学的回顾与展望[J]. 地理研究，1990，9（1）：78-86.

[81] 保继刚，楚义芳.旅游地理学[M]. 北京：高等教育出版社，1993.

[82] 陆林. 旅游地理文献分析[J]. 地理研究，1997，16（2）：105-112.

[83] 陆大道，郭来喜. 地理学的研究核心——人地关系地域系统——论吴传钧原始的地理学思想与学术贡献[J]. 地理学报，1998，53（2）：97-105.

[84] 刘锋. 旅游地理学在中国的发展与回顾[J]. 地理研究，1999，18（4）：434-443.

[85] 陆大道. 50 年来我国经济地理学的进展[J]. 经济地理，2000，20（1）：1-6.

[86] 吴必虎，冯若梅，张丽. 90 年代中国旅游地理学进展研究[J]. 经济地理，2000，20（3）：91-95.

[87] 唐顺铁，郭来喜. 旅游流体系研究[J]. 旅游学刊，1998，13（3）：38-41.

[88] Cohen E. Traditions in the qualitative sociology of tourism[J]. Annals of Tourism Research，1988，15（1）：29-46.

[89] Pearce D. Tourism development[M]. Harlow，London & New York：Longman，1989.

[90] 汪宇明，高元衡. 上海与长江流域各省区间的旅游互动[J].地理学报，2008，63（6）：657-668.

[91] 谢彦君. 基础旅游学[M]. 北京：中国旅游出版社，2004.

[92] 高仁华. 大连国内旅游流空间流动规律的实证分析[D]. 大连：东北财经大学，2005.

[93] Matley J M. The geography of international tourism[R]. Association of American

Geographers，1976.

[94] Juckle J A，Brunn S，Roseman C. C. Human spatial behavior：A social geography[M]. North Scituate：Duxbury Press，1976.

[95] Lundgren J. Geographical concepts and the development of tourism research in Canada[J]. Geo-Journal，1984，9（1）：17-25.

[96] Prideaux B，Kim S. M. Bilateral Tourism imbalance：Is there a cause for concern：the case of Australia and Korea[J].Tourism Management，1999，20（4）：523-532.

[97] Pearce D. Japanese tourists in Europe[J]. Geographical Review of Japan，1995，68（1）：63-74.

[98] Oppermann M.International tourist flows in Malaysia[J]. Annals of Tourism Research，1992，19（3）：482-500.

[99] Myriam J V. A regional analysis of tourist flows within Europe[J]. Tourism Management，1995，16（1）：73-82.

[100] Vladimír Baláz，Miyuki Mitsutake. Japanese tourists in transition countries of Central Europe：Present behavior and future trends[J]. Tourism Management，1998，19（5）：433-443.

[101] Coshall. J. Spectral analysis of international tourist flows[J]. Annals of Tourism Research，2000，27（3）：577-589.

[102] Teresa G M，Teodosio P A. An econometrics model for international tourist flows to Spain[J]. Applied Economies Letters，2000（7）：525-529.

[103] Jackson R. Beyond the tourist bubble？ Cruise ship passengers in port[J]. Annals of Tourism Research. 2004，31（1）：44-60.

[104] Luis S J. Tourism revenues and residential foreign investment flows in Spain[J]. Applied Economics，2004，34：1399-1410.

[105] Samuel Seongseop Kim，Jerome Agrusa，Heesung Lee，et al. Effects of Korean television dramas on the flow of Japanese tourists[J]. Tourism Management，2007，28（5）：1340-1353.

[106] 陈建昌，保继刚. 旅游者的行为研究及其实践意义[J]. 地理研究，1988，7（3）：44-51.

[107] 张凌云. 旅游流空间分布模型：普洛格理论在定量研究中的推广[J]. 地域研究与开发，1988，7（3）：41-42.

[108] 张红. 我国旅游热点城市境外游客旅游流空间分布特征[J]. 人文地理，2000，15（2）：56-57.

[109] 刘静艳，马耀峰，张红. 上海境外游客旅游空间流动趋势研究[J]. 中山大学学报（自然科学版），2001，40（S2）：119-122.

[110] 杨国良，张捷，艾南山，等. 旅游流齐夫结构及空间差异化特征——以四川省为例[J]. 地理学报，2006，61（12）：1281-1289.

[111] 牛亚菲，谢丽波，刘春凤. 北京市旅游客流时空分布特征与调控对策[J]. 地理研究，2005，24（2）：283-292.

[112] 章锦河，张捷，李娜，等. 中国国内旅游流空间场效应分析[J]. 地理研究，2005，24（3）：293-303.

[113] 薛莹. 旅游流在区域内聚：从自组织到组织——区域旅游研究的一个理论框架[J]. 旅游学刊，2006，21（4）：47-54.

[114] 卞显红，沙润，杜长海. 长江三角洲城市入境旅游流区域内流动份额分析[J]. 人文地理，2007，22（2）：32-38.

[115] 林岚，康志林，甘萌雨，等. 基于航空口岸的台胞大陆旅游流空间场效应分析[J]. 地理研究，2007，26（2）：403-413.

[116] 李馥利，吴晋峰，马耀峰. 基于旅游流转移的陕西省入境旅游时空动态分析.[J] 干旱区资源与环境，2009，23（11）：156-160.

[117] 靳诚，陆玉麒，徐菁. 基于域内旅游流场的长三角旅游空间结构探讨[J]. 中国人口·资源与环境，2009，19（1）：114-119.

[118] 刘宏盈. 中国长三角入境旅游流西向梯度扩散研究[D]. 西安：陕西师范大学，2010.

[119] 赵现红. 中国典型区域入境旅游流空间扩散驱动机制研究[D]. 西安：陕西师范大学，2010.

[120] 刘法建，张捷，章锦河，等. 中国入境旅游流网络省级旅游地角色研究. 地理研究，2010，29（6）：1141-1152.

[121] 张佑印. 北京入境集聚扩散旅游流时空演变规律及动力机制研究[D]. 西安：陕西师范大学，2011.

[122] Deasy G，Griess P. Impact of a tourist facility on its hinterland[J]. Annals of the Association of American Geographers，1966，56（1）：29-306.

[123] Dann G M S. Ego-enhancement and tourism[J]. Annals of Tourism Research，1977，4（4）：184-194.

[124] Campbell C K. An approach to research in recreational geography[J]. in B.C. Gccasional Paper No.7.Vancouver：Department of Geography，University of British Columbia，1978. 85-90.

[125] Crompton J L. Motivations for pleasure vacation[J].Annals of Tourism Research，1979，6（4）：408-424.

[126] Dann G M S. Tourism motivation：An appraisal[J]. Annals of Tourism Research，1981，8（2）：187-219.

[127] Chon，K. The role of destination image in tourism：a review and discussion[J]. Tourism Review，1990（45）：2-9.

[128] Mansfeld Y. From motivation to actual travel[J]. Annals of Tourism Research，1992，19（20）：399-419.

[129] Crouch G. Effect of income and price on international tourism[J]. Annals of Tourism Research，1992，19（4）：643-664.

[130] Crouch G. Demand elasticities for short-haul versus long-hall tourism[J]. Journal of Travel Research，1994，23（2）：2-8.

[131] Gnoth J. Tourism motivation and expectation formation[J]. Annals of Tourism Research. 1997，24（2）：283-304.

[132] Crompton J L. Motives of visitors attending festival events[J]. Annals of Tourism Research，1997，24（2）：425-439.

[133] Oppermann M. Predicting destination choice：A discussion of destination loyalty[J]. Journal of Vacation Marketing，1999（5）：51-65.

[134] Cees G. Tourism Information and pleasure motivation[J]. Annals of Tourism Research，2000，27（2）：301-321.

[135] Dwyer L. Destination competitiveness：Development of a model with application to Australia and the Republic of Korea[M]. Canberra：Department of Industry Science and Resources，2001.

[136] Lew A，McKercher B. Modeling tourist movements：A local destination analysis[J].Annals of Tourism Research，2006，33（2）：403-423.

[137] Grable K，Male G，Mazanec J A. Internatlonal city tourism：analysis and stategy. London and Washlngton Pinter，1997.

[138] 范泽孟，刘怡君，汪云林，等. 社会物理学：国际前沿研究透视[M]. 北京：科学出版社，2007.

[139] Clippinger J. Social networks and science relating to human nature[Z]. Boston：Berkman Luncheon Series，2004.

[140] 爱因斯坦. 爱因斯坦文集，1 版[J]. 北京：商务印书馆，1976.

[141] 肖前，李秀林，汪永祥. 辩证唯物主义原理[M]. 北京：人民出版社，1981.

[142] 黄顺基，吴延涪，黄天授，等. 自然辩证法教程[M]. 北京：中国人民大学出版社，1985.

[143] 施国良. 宏观场论[M]. 武汉：中国地质大学出版社，1987.

[144] Hayles D. Chaos and order：Complex dynamics in literature and science[M]. Chicago：University of Chicago Press，1991.

[145] Casti J. Complexification[M]. London：Abacus，1994.

[146] Abbott A. Time matters[M]. Chicago：University of Chicago Press，2001.

[147] Bainbridge W S. The future in the social sciences[J]. Futures，2003，35（6）：633-650.

[148] Atkin R H. From cohomology in physics to Q-connectivity in social science[J]. International Journal of Man-Machine Studies，1972，4（2）：139-167.

[149] Eric S. K. Social physics and the effects of others：Tests of the effects of audience size and distance on social judgments and behavior[J]. Journal of Personality and Social Psychology，1983，45（6）：1263-1279.

[150] David G. More heat than light：Economics as social physics，physics as nature's economics[J]. The Review of Austria Economics，1991，5（1）：123-128.

[151] Burne D. Complexity theory and the social science[M]. London：Routledge，1998.

[152] Kaufmann V. Rethinking mobility[M]. London：Ashgate，2002.

[153] Weidlich W. Physics and social science—The approach of synergetics[J]. Physics Reports，1991，204（1）：1-16.

[154] 汤银英. 物流场理论及应用研究[D]. 成都：西南交通大学，2004.

[155] 黄顺基，吴延涪，黄天授，等. 自然辩证法教程[M]. 北京：中国人民大学出版社，1985.

[156] 北京大学哲学教研室. 马克思主义哲学原理[J]. 北京：北京大学出版社，1984.

[157] Lewin K. Field theory in social science：Selected theoretical papers[M]. New York：Harper & Row，1951.

[158] 杨先卫，阎理. 基于场理论的经济空间分析探讨[J].经济地理，2006，26（1）：20-36.

[159] 杨萍. 从旅游流到物质流：对旅游经济增长与发展的思考[J]. 思想战线，2010，36（4）：124-128.

[160] 王新生，姜友华. 场论理论在经济客体地位评价中的应用[J]. 地理科学，1997，17（3）：214-217.

[161] Castells Manuel. 网络社会的崛起[M]. 夏铸九译. 北京：社会科学文献出版社，2001.

[162] 郑可佳，马荣军. Manuel Castells 与流空间理论[J]. 华中建筑，2009，27（12）：60-62.

[163] 吴晋峰，包浩生. 旅游系统的空间结构模式研究[J]. 地理科学，2002，22（1）：96-101.

[164] 孙中伟，路紫. 流空间基本性质的地理学透视[J]. 地理与地理信息科学，2005，21（1）：110-112.

[165] 皮埃尔·布迪厄，华康德. 实践与反思——反思社会学导论[M]. 北京：中央编译出版社，2004.
[166] 杨国良. 旅游流空间扩散[M]. 北京：科学出版社，2008.
[167] 徐乐乐. 基于旅游流分析的杭州入境旅游市场开拓研究[D]. 杭州：浙江大学，2003.
[168] 王长生，旅游场平衡研究[J]. 渝州大学学报，2001，18（5）：69-72.
[169] 谢彦君，旅游体验的情境模型：旅游场[J]. 财经问题研究，2005（12）：64-69.
[170] 王子龙，谭清美. 产业空间经济场研究[J]. 博士论坛，2006（6）：64-67.
[171] Evans R. Social networks and private spaces in economic forecasting[J]. Studies in History and Philosophy of Science，2007，38（4）：686-697.
[172] 马耀峰，王冠孝，张佑印. 中国典型区域入境旅游流空间场效应实证研究——以四川省为例[J]. 资源科学，2008，30（11）：1747-1753.
[173] 李君轶，马耀峰，杨敏. 旅游网络信息场理论及其导流机制研究[J]. 情报杂志，2008（12）：87-90.
[174] 黄沛. 中国典型区域入境旅游流空间场效应分析[D]. 西安：陕西师范大学，2011.
[175] 李创新，马耀峰，张颖，等. 入境旅游流集聚扩散空间场效应时空动态分析——基于丝路东段典型区的实证研究[J]. 陕西师范大学学报（自然科学版），2011，39（2）：81-88.
[176] 寿绍文. 中尺度大气动力学[M]. 北京：高等教育出版社，2009.
[177] 袁宇杰. 旅游流的研究及旅游“双流”系统的构建[J]. 旅游科学，2005，19（1）：6-11.
[178] Campbell C K. An approach to research in recreational geography[M].British Columbia：Department of Geography，University of British Columbia，1967.
[179] Lue C C，Crompton J L，Fesenmaier D R. Conceptualization of multi-destination pleasure trips[J]. Annals of Tourism Research，1993，20（2）：289-301.
[180] Stewart S I，Vogt C A. Multi-destination trip patterns[J].Annals of Tourism Research，1997，24（2）：458-461.
[181] Lundgren J. The Development of tourist travel system：A metropolitan economic hegemony par excellence[M]. Jahrgang：Jahrbuch fur Fremdenverkegr，1972.
[182] 保继刚. 旅游开发研究：原理·方法·实践[M]. 北京：科学出版社，2000.
[183] 吴必虎. 大城市环城游憩带（ReMAB）研究[J]. 地理科学，2001，21（4）：354-359.
[184] 楚义芳. 关于旅游线路设计的初步研究[J]. 旅游学刊，1992，7（2）：9-13.
[185] 白凯. 基于发生学的中国入境旅游者行为研究[D]. 西安：陕西师范大学，2008.
[186] 卞显红. 城市旅游空间结构形成机制研究[D]. 南京：南京师范大学，2008.
[187] 黄明芳. 结构方程模式理论与应用[M]. 北京：中国税务出版社，2005.

[188] Kline R B. Principles and practice of structural equation modeling[M]. NewYork：The Guiford Press，2005：60.

[189] 郭毅，侯丽敏，戚海峰，等. 基于关系视角的营销理论[M]. 上海：华东理工大学出版社，2006.

[190] Anderson J C，Gerbing D W. The effect of sampling error on convergence，improper solutions，and goodness-of-nt indices for maximum likelihood confirmatory factor analysis[J]. Psychametrika，1984，49（2）：155-173.

[191] Anderson J C，& Gerbing D W. Structural equation modeling in practice：A review and recommended two-step approach[J]. Psychametrika，1988，49（2）：155-173.

[192] 刘军，富萍萍. 结构方程模型应用陷阱分析[J]. 数理统计与管理，2007，27（2）：268-272.

[193] 侯杰泰，温忠麟，成子娟. 结构方程模型及其应用[M]. 北京：教育科学出版社，2007.

[194] Browne M W，Cudeck R. Alternative ways of assessing model fit[J]. Sociological Methods and & Research，1992，21（2）：230-258.

[195] Schermelleh-Engel K，Moosbrugger H. Evaluating the fit of structural equation models：Tests of significance and descriptive goodness-of-fit measures[J]，Methods of Psychological Research Online，2003，8（2）：23-74.

[196] Marsh H W，Grayson D. Latent variable models of multitrait-multimethod data[J]. In Hoyle R（Ed.），Structural Equation Modeling：Concepts，Issues and Applications[M]. Canada，Thousand Oaks：Sage. 1995：177-198.

[197] Oh H. Price fairness and its asymmetric effects on overall price，quality，and value judgments：The case of an upscale hotel[J]. Tourism Management，2003，24（2）：397-399.

[198] 林嵩. 结构方程模型原理及AMOS应用[M]. 武汉：华中师范大学出版社，2008：42-49.

[199] 温忠麟，侯杰泰，马什赫伯特. 结构方程模型检验：拟合指数与卡方准则[J].心理学报，2004，36（2）：186-194.

[200] Leiper. Tourism and Leisure：The significance of tourism in the leisure spectrum [A]. Cant G，Pearce D，O' Rourke B. Proceedings of the 12th New Zealand Geography Conference[C]. Christchurch：New Zealand Geographical Society，1984：249-253.

[201] 黄沛，马耀峰，张博. 基于空间场效应的陕西入境旅游流空间转移特征研究[J]. 资源开发与市场，2010，26（4）：358-361.

[202] 章锦河，张捷，刘泽华. 基于场理论的区域旅游空间竞争研究[J]. 地理科学，2005，25（2）：249-256.

[203] 王永明，马耀峰，王美霞. 上海入境旅游流对长江流域各省区空间场效应研究[J]. 经济地

理，2010，30（5）：854-858.

[204] Smith S L J. 游憩地理学：理论和方法[M]. 吴必虎，等译. 北京：高等教育出版社，1992.

[205] 钟士恩，张捷，任黎秀. 旅游流空间模式的基本理论及问题辨析[J]. 地理科学进展，2009，28（5）：705-712.

[206] 钟士恩，张捷，韩国圣，等. 旅游流空间模式基本理论：问题分析及其展望[J]. 人文地理，2010，25（2）：31-36.

[207] 卞显红. 城市旅游空间分析及其发展透视[M]. 北京：中国物资出版社，2005.

[208] 李创新，马耀峰，张佑印，等. 中国旅游热点城市入境客流与收入时空动态演化与错位. 经济地理，2010，30（8）：1372-1377.

[209] 牛文元. 社会物理学理论与应用[M]. 北京：科学出版社，2009.

[210] Warntz W. Transportation，social physics and the law of refraction[J]. The Professional Geographer. 1957，9（4）：2-7.

[211] Dhuinn E N，Hughes N，McEndoo S. Social physics：Why people do what particles do[G]. Poster of physics Department，Trinity College Dublin，2003.

[212] 毛端谦，张捷，包浩生. 基于 Lancaster 特性理论的旅游目的地选择模式——理论分析与江西省旅游客流的实证研究[J]，2005，24（6）：992-999.

[213] 吴晋峰，包浩生. 旅游流距离衰减现象演绎研究[J]. 人文地理，2005，20（2）：62-65.

[214] 杨国良，钟亚秋，王李清潆，等. 四川省旅游流空间扩散方向及路径[J]. 地理科学进展，2008，27（1）：56-63.

[215] 庞闻，马耀峰. 旅游流规模分布的分形与分维——以我国入境旅游为例[J]. 西北大学学报（自然科学版），2010，40（5）：905-909.

[216] 陈雪琼，吴水芳. 中国出境旅游流流向的空间结构优化研究[J]. 华侨大学学报（哲学社会科学版），2010（1）：30-36

[217] 陈浩，陆林，郑嫱婷. 基于旅游流的城市群旅游地旅游空间网络结构分析——以珠江三角洲城市群为例[J]. 地理学报，2011，66（2）：257-266.

[218] Shih Hsin-Yu. Network characteristics of drive tourism destinations：An application of network analysis in tourism[J]. Tourism Management，2006，27（6）：1029-1039.

[219] Botton A. The art of travel[M]. London：Hamish Hamilton，2002.

[220] Dianne Dredge. Policy networks and local organization of tourism[J]. Tourism Management，2006，27（2）：269-280.

[221] 罗利建. 中国行为科学导论[M]. 北京：电子工业出版社，1988.

后　记

本书是对母校和导师教育六年的总结，也是自己进入旅游专业研究领域十年的纪念。

2005 年，我进入到自己喜爱的旅游专业。“兴趣是最好的老师”是自己当时唯一的朴实想法。在此之前，也曾遭遇到了一些不理解，但 22 岁正值青春年少的我坚持了自己的选择，坚持要走自己选择的方向道路，并且坚信只要是自己喜爱的事情，全身心地投入进去，就不可能没有收获。

2007 年，自己发表了第一篇学术论文《遗产类城市都市旅游开发模式研究——以西安市为例》，当时的喜悦之情，至今仍觉溢于言表。至 2008 年 6 月硕士毕业之时，已有六篇学术论文先后发表。伴随旅游研究的不断深入，在这个过程中发现的新问题越来越多，也日益感到自己解决问题所需的理论支撑依然十分薄弱。

2008 年，毅然选择了读博的道路。博士阶段研究的入手点一开始就选择了“入境旅游流扩散的机理研究”。当时有一个很好的科研条件，就是导师马耀峰教授主持的国家自然科学基金《中国典型区域入境旅游流东—西递进空间演化机理研究》（NO. 40771058）启动伊始，我们有一个很好的合作团队，大家纷纷摩拳擦掌，都想在这个国家级科研基金的平台上“挖出宝藏”，自己当然也不甘落后。现在回想起来，如果说自己在硕士阶段是跨越了旅游专业研究的门槛，探索寻找科学研究的道路，那么在博士阶段则是真正迈上了旅游理论研究的大道。

2008 年 10 月，刚刚进入到博士阶段学习的我，受导师派遣带领 5 位硕士生一道从西安奔赴昆明、大理、丽江开展国家自然科学基金的市场抽样调查。由于是面向入境游客的现场拦访，又是第一次远离老师和学校独立地在陌生的城市开展工作，还要照顾好自己和团队成员的生活，这一次开展抽样调查的过程颇多坎坷。现在回想起来，还是很佩服大家当时的勇气与毅力，在云南将近半个月的时间里，我们团队克服了重重困难，高质量地完成了近千份的抽样调查问卷，其中

90%的问卷是英语、法语、德语、日语、韩语，剩下 10%的问卷是繁体中文。这些高质量的调研问卷数据，正是大家以后开展学术论文和学位论文写作的基础资料数据。

这次开展一线调研的经历令我至今难忘，也使我从中收获巨大。我几乎全过程地参与了调研问卷设计、调研问卷翻译、一线抽样调研、游客问题解答、现场情况处理、问卷信息整理、问卷信息分析、问卷信息统计、问卷信息统计等每一个环节，从中学到的开展科学研究的“应有方法”、树立科学研究的“应有态度”、寻找科学问题的“应有能力”，这些宝贵的收获至今仍能使我从中受益。

从 2009 年开始，伴随一篇篇学术论文的发表和博士学位论文研究的深入，一个困扰我的疑问始终挥之不去——“入境旅游流扩散的机理”究竟是什么？如果从世俗的视角来看，这个问题的答案似乎就近在眼前；但如果从一个严肃的学术研究的视角来看，我却总是无法抓住它。在旅游理论研究领域获取的诠释不能令我满足和信服之后，我开始将目光投向相关的交叉学科：系统动力学和应用数学。客观而言，或许这些学科的理论真的能够对我的问题给出合理的科学解释，但在经历数十个日日夜夜在图书馆翻阅相关文献资料之后，以及在数十次向物理专业和数学专业的老师同学们请教之后，我确认当下我真得不能再钻这个牛角尖了——读博三年毕竟精力有限，无论是系统动力学还是应用数学领域给出的些许答案都已远远超出我能够驾驭的知识范畴。

在当时能够“看得懂”和“读得明白”的参考书目中，《社会物理学理论与应用》和《社会物理学：国际前沿研究透视》给了我深深启迪。本书中明确提出的“从微观和宏观的双重视角研究入境旅游流扩散”、“既立足微观视角，分析入境游客行为，又立足宏观视角，探讨入境旅游流流动”、“随机性的个人行为偏好与秩序性的社会群体流动之间既有联系又有区别”、“入境旅游流时空扩散的规律是可认知与可观控的”等观点，事实上都是当时在这些参考文献的启发下提出的新观点。

在本书写作的过程中，也曾遭遇各种各样的困难、烦恼和困惑，在此不再一一赘述。在本书完成之际，我对社会物理学的认识更加深入——我不仅看到了其应用于旅游流空间扩散研究时的理论优势，同时也意识到其客观存在的机械唯物主义倾向。我认识到社会物理学终究只是一种研究方法，不能奢望其解决当下所有的理论问题和现实问题。基于对社会物理学研究方法的深刻思考与领悟，犹记自己曾经在本书初稿中写下两段“相关哲学启示”——“自然世界规律的普遍性与自由意志的有限性并存，复杂的运动经济体也可应用物理学研究方法分析之”、“真理的复杂性与真理的简单性互为依托，始终遵循从规律到机理的哲学研究范式，就能发现并总结出这些真理”。这两段话后来在修改稿中因被疑“写学位论文如何还写出了哲学启示”而不得不忍痛将其删除。但这个事情现在回想起来，也不得不佩服在过程中自己曾经达到过的写作状态和思维深度。

2011 年 7 月，我从陕西师范大学旅游管理专业博士毕业以后，进入直属国家旅游局的中国旅游研究院工作，从而有更多的机会接触到国家层面的宏观旅游业管理、旅游政策法规、旅游战略规划、旅游产业运行、国际旅游市场开发等产业实践问题。本书中所提出的一些基础理论观点，如“入境旅游流空间扩散兼具‘等级式’与‘接触式’特征”、“入境旅游流扩散的‘东—西递进式’流动模式与‘西—东递进式’流动模式并存，但前者的势力更强”、“入境旅游流的扩散遵循‘路径依赖’与‘路径强化’的客观规律作用，入境旅游流的集聚存在‘路径发散’与‘反路径锁定’的客观规律作用”、“入境旅游流空间扩散梯级网络结构已初步形成并不断调整优化”等，都已在实践中得到了很好的验证。

参加工作四年来，也有了更多的机会参与国内外的学术研讨会，本书中所提出的相对新颖的理论观点，如“入境旅游流扩散的‘天然运动’基本假设”、“入境旅游流扩散的根本动力机制源于流空间的天然运动属性”、“对入境旅游流扩散本原机理的探索，不应仅建立在传统的静止状态假设之上，或可考虑构建全新的运动状态基本假设”、“入境旅游流扩散的系统性综合研究亟须从静态分析向动态分析转变，将区域的‘出游’与‘入游’职能统一起来，并强化不同时空尺度流动规律特征的动态探索”、“入境旅游流研究需要从独立的和静态的‘单点层次’向兼具系统性和动态性的‘系统层次’转变”等，在学术会议上的互动和交流中，这些观点也获得了业内专家和诸多同行者的首肯。

立足“系统层次”的科学视角和研究思路，2012 年我“追本溯源”地将研究视角往前延伸至旅游客源国的“文化表征”，并提交了自己的第一份国家自然科学基金青年基金申请书《入境旅游流对境外客源国文化表征的时空响应研究——以旅华日本游客为例》，有幸收获了个人研究生涯中作为主持人的第一个国家级科研基金。2013 年，在进入中国科学院地理科学与资源研究所博士后科研流动站工作伊始，我“顺藤摸瓜”地将研究视角往后延伸至旅游目的地的“地方性”，提交了中国博士后科学基金第 54 批面上资助项目申请书《入境客主交互与旅游目的地地方性的双向互动与时空响应》，有幸获准立项。如果将这些所谓的“好事情”前因后果总结一下的话，我认为我的科研立项申请之所以能够获准，源于多个因素的共同作用，其中，本书构建的科研体系应是最根本的成功基石。

参加工作之初，恰逢国家旅游局旅游促进与国际合作司会同中国旅游研究院启动《中国入境旅游发展年度报告》的联合编制工作，由于在校期间所学专业和研究方向的契合性，单位最终决定由我这个“初生牛犊”作为该年度报告的执行主编，具体牵头编制工作。作为该报告的执行主编，我既希望能够以学术的范式来体现出研究的深度，又必须能够清晰反映出入境旅游市场年度变化的特征，以为政府决策、业界发展与学术研究提供有益的参考。该报告立足全球主要旅游目的地横向对比的视角，客观判断中国入境旅游的发展历程与现状；立足我国主要客源市场出境旅游综合对比的视角，分析判定中国入境旅游的真实发展态势；立足于在国内主要旅游热点城市抽样调查的技术手段，归纳演绎入境旅游客流在国内扩散分布的路径依赖特征；通过对比入境旅游市场的供给与需求，论证供求之间的空间不匹配是导致入境游客高度集中于东部地区的主要原因；通过对比入境旅游市场的认知与我国的对外营销，反映旅游营销内容、渠道与市场认知、偏好之间的差距。由于是年度性的工作，每年都会出版新的研究报告。迄今为止，《中国入境旅游发展年度报告 2012》、《中国入境旅游发展年度报告 2013》、《中国入境旅游发展年度报告 2014》都已相继出版发行。

伴随研究工作的深入，我逐渐认识到当前中国入境旅游市场正从跨越型增长阶段进入到一个稳定型增长的新阶段。在对比国内外旅游目的地发展经验与教训的基础上，我和同事们如今正一道致力于落实“调结构、谋发展”大思路下的具体问题，包括，签证便利化、购物免退税、第五航权、国家旅游形象、新式宣传推广、游客满意度等。

当前，伴随中国经济发展进入到“新常态”，中国入境旅游在理论研究、产业实践、宏观政策、发展思路等方面都有诸多未解的问题有待我们去共同探索。

书稿付梓之际，特别感谢我的导师马耀峰教授。十年前，在陕西师范大学雁塔校区曲江流饮池畔我与他邂逅，是他的一席话把我引入了旅游学术研究的大门，我的学术研究生涯由此开始。在我攻读硕士学位和博士学位的六年里，导师勤勤恳恳地履行了“传道”、“授业”、“解惑”的职责。导师严谨专精的治学态度、独特敏锐的见解视角、与时俱进的求索意识都深深影响了我，他高屋建瓴的思维方式和授人以渔的育人方略使我至今依然受益。

在本书写作的过程中，得到很多师长和朋友们的帮助。陕西师范大学旅游与环境学院的吴成基、孙根年、薛东前、延军平、任志远等诸位教授和博士生导师曾经对本书提出重要的改进思路和建议。赵振斌、严艳、师谦友、王晓峰、李君轶、白凯、李振亭、吴冰、陈志钢等老师曾经对本书的写作提供有益的建议和帮助。我读硕士和博士阶段的“同门”张佑印、赵现红、谢雪梅、王晓华、董亚娟、亢雄、郑鹏、高军、刘宏盈、王凯、窦开龙、唐仲霞、庞闻、杨敏、马梅芳、张颖、魏颖、褚玉良、王永明、张艳茹、李京晶、刘永建、马红丽、郑长海、黄沛、张博、王冠孝、孙学强、潘宇、张乃利、李馥利、潘旭莉、张柳、吴晶、张娟娟、高亚丽、张子竞、杨妮、赵超、张岩君、胡巧娟、刘军胜、马林、姜嫣、张高军等兄弟姐妹们，以及赵毓梅、刘宇峰、王洁洁、马丽君、张建忠、李红岩、张书礼、马骞等同学都曾经对我提供了热忱的帮助。在此一并致谢！感谢中国旅游研究院各位领导和同事对本书给予的帮助！本书出版过程中，中国环境出版社的孔锦主任等付出了辛勤的汗水，特致谢意！

感谢亲爱的妻子陈素景对我学习和工作的理解与支持，感谢可爱的儿子李承阳带给全家人的幸福与快乐，感谢父母给我的无尽的爱。

书中对理论问题的梳理和思辨，对实践发展的分析和总结，都是基于个人的学术研究所提，其中的观点和思路只代表个人的思考，文责自负。偏颇和不足之处恐在所难免，恳请读者指正。

李创新

2015 年 4 月 10 日于北京